# Das große Buch der magischen Kräfte

# DAS GROSSE BUCH DER
# MAGISCHEN KRÄFTE

*Weissagen, Hellsehen, Kartenlegen*

*von Erika Sauer*

## Bassermann

ISBN 3 8094 1282 1

© 2002 by Bassermann Verlag,
einem Unternehmen der Verlagsgruppe Random House GmbH,
81673 München

**Umschlaggestaltung:** Heinz Kraxenberger, München
**Redaktion:** Herta Winkler
**Redaktion dieser Ausgabe:** Silke Kirsch
**Zeichnungen:** Wally Löw, Erika Sauer
**Herstellung dieser Ausgabe:** JUNG MEDIENPARTNER, Niedernhausen

Druck: GGP Media, Pößneck

101510496X817 2635 4453 6271

# Inhalt

# Vorwort

*„Glaube, dem die Tür versagt, steigt als Aberglaub' ins Fenster. Wenn die Götter ihr verjagt, kommen die Gespenster."* Diesen Vierzeiler schrieb Emanuel Geibel, der Dichter des Liedes „Der Mai ist gekommen". Vieles, über das wir in diesem Buch berichten, grenzt an Aberglaube. Hier wird auch von Hilfsmitteln gesprochen, die ein echter „Spökenkieker" in die Hand nehmen muß, um möglicherweise etwas von dem zu erfahren, was uns noch blüht. Dabei wollen wir nicht dem Aberglauben das Wort reden, sondern mit allem Vorbehalt an die Dinge herangehen.

Was ist Aberglaube? In einem Konversationslexikon können wir es begründet finden: „*... der Glaube an das wahrnehmbare Wirken magischer Kräfte, der aus vorwissenschaftlichen Erkenntnisepochen und abgesunkenen Religionsformen in vielen Bräuchen, Sagen, Märchen, in Volksheilkunde, Zaubersprüchen und Zauberhandlungen erhalten ist und ständig sich erneuert. So leben im Aberglauben die Furcht vor Dämonen, wiederkehrenden Toten, Geistern und Zauberei, das Schutzstreben durch Abwehrzauber, Fruchtbarkeitszauber, Erforschung der Zukunft und die Grundvorstellung, daß Naturgeschehen und menschliches Leben unmittelbar zusammenhängen.*"

*Was ist eigentlich Aberglaube?*

Nicht alles, was aus grauer Vorzeit berichtet wird, ist in diese Kategorie einzuordnen. Zwar wird in unserem Buch auch von Zaubermitteln und Traktätchen die Rede sein, die den Menschen von alters her vor bösen Mächten und Schaden bringenden Einflüssen schützen sollten, aber wir werden ebenso von erstaunlichen Wahrnehmungen und wundersamen Dingen berichten können, die naturwissenschaftlich nicht zu erklären sind. Aber das ist auch jedweder Glaube nicht.

*Wundersame Dinge, die naturwissenschaftlich nicht zu erklären sind*

Noch vor wenigen Jahrzehnten konnte sich niemand vorstellen, daß eines Tages Fernsehsatelliten rund um die Erde bewegte Bilder von einem Kontinent zum anderen in unser Heim schicken würden. Dieses Sehen über Tausende von Meilen ist wie ein Wunder, zumal das Sichtfeld eines Menschen ja nicht weiter reicht als an den Horizont.

13

**Wenn das Unbewußte auf Sendung geht ...**

Nur im Traum überwinden wir Zeit und Raum ohne Hilfsmittel. Aber das, was wir dort erleben, ist oft so verschwommen und verworren, daß wir es nicht zu deuten vermögen. Wir wissen jedoch, daß hier unser Unbewußtes auf Sendung ist, jener Sender, den die meisten von uns in der Hast des Tages nicht empfangen können, weil er sichtlich gestört ist.

Und doch gibt es Wege, das Unbewußte auch im wachen Zustand einmal ins Bewußtsein zu rufen: durch unser Erinnerungsvermögen, durch Ahnungen, die uns Zukünftiges eingeben. Dieses Buch wird beweisen, daß jeder von uns – so beschränkt dieses Vermögen zunächst auch sein mag – in die Zukunft schauen, also weissagen kann. Eine kleine Hellsehschule soll dabei Anleitung geben, wie wir durch Konzentration und Versenken in uns selbst unser Sichtfeld ins Unbewußte erweitern können.

**... und sei es nur ein Partyspaß**

Ob man es glaubt oder nicht, es ist ebenso spannend wie interessant, in das Geheimnis sogenannter okkulter Dinge einzudringen. Machen Sie, lieber Leser, die Probe aufs Exempel! Und wir sind guter Dinge, daß Sie in vielen Kapiteln unseres Buches viel Brauchbares für sich und Ihre Freunde finden werden. Und sei es nur, um daraus einen Partyspaß zu machen. Wir haben nichts dagegen und wünschen Ihnen und Ihren Gästen schon jetzt viel Freude.

*Erika Sauer*

# 1. Kapitel

# *Babylons Weise und ihre Wissenschaften*

Schon fünfzigtausend Jahre vor unserer Zeitrechnung lebten von Westeuropa bis weit nach Asien hinein während der letzten Eiszeit die Neandertaler, Menschen von untersetzter, recht plumper Gestalt, mit flacher Stirn und fliehendem Kinn. Ihren Namen hat diese älteste Menschenrasse nach dem Neandertal bei Düsseldorf, wo 1856 zum erstenmal das Skelett eines dieser Menschen, die während der Altsteinzeit unsere Erde bewohnten, gefunden wurde.

Die Neandertaler lebten in recht primitiven Verhältnissen, in Erdhöhlen oder vom Wasser ausgespülten Felsnischen, waren Jäger, Fischer und Sammler. Sie gingen auf Großwildjagd und erlegten mit ihren grob zurechtgehauenen, aber messerscharfen Steinkeilen, mit primitiven Keulen und Speeren die riesigen Mammuts, deren spitze, elfenbeinerne Stoßzähne sie zu Speerspitzen und allerlei nützlichem Gerät verarbeiteten, sowie die Auerochsen und die gewaltigen Bären, deren Felshöhlen sie für sich requirierten. Ihr Jagdeifer war so groß, daß sie zum Aussterben der Mammuts und auch der Auerochsen beitrugen.

*Wie der Neandertaler auf die Jagd ging*

Die damaligen Menschen beseelte vor allem der Wille, in einer Welt voller Gefahren zu überleben. Die Siedlungsgebiete dieser frühgeschichtlichen Eiszeitmenschen konnten durch viele weitere Funde nachgewiesen werden, so in Frankreich, Belgien, Deutschland, Italien, Südrußland, auf dem Balkan, in Israel, im Irak, in China, auf Java und in Sambia.

Ihr Denkapparat unter der flachen Schädeldecke war noch recht klein. Und doch stellten auch die Neandertaler schon Überlegungen an, was nach ihrem Lebensende wohl aus ihnen wer-

den würde. Funde aus Höhlengräbern im Irak beweisen nämlich, daß die Neandertaler ihren Toten Nahrung als Wegzehrung
ins Jenseits mitgaben. Sie legten ihnen auch steinerne Werkzeuge
in die letzte Ruhestätte, damit sie in der Totenwelt genauso zurechtkommen könnten wie in ihrem bisherigen Leben am Rande
der großen Eiswüste.

Wahrscheinlich spielte bei diesem Totenkult auch die Furcht
der Überlebenden mit, die Verstorbenen könnten als Geister und
Dämonen ins Diesseits zurückkehren und sich an jenen rächen,
die ihnen keine Wegzehrung gegönnt hatten. Aus all dem geht
hervor, daß sich bereits der Eiszeitmensch Gedanken um zukünftiges Geschehen machte; denn auch bei ihm war die Angst vor
dem Tod und dem, was danach kommen würde, übermächtig.

Die Neandertaler, die viele tausend Jahre den bewohnbaren
Teil unserer Erde bevölkerten, starben aus. Eine neue Rasse
Menschen trat auf den Plan. Wie ihre Vorfahren suchten diese
als sichere Behausungen finstere Höhlen, die sie wohnlich aus-
gestalteten. Die Künstler unter ihnen malten sogar ihre Woh-
nungen und Kultstätten mit Zeichnungen aus ihrer Umwelt aus.
Und sie schnitzten auch die ersten Kultfiguren aus dem Elfenbein
der Mammutstoßzähne. Oft waren es recht klobige Schnitzereien,
die aber heute noch erkennen lassen, daß man sich ein Bild

machen wollte von den Geistern und Dämonen, vor denen man
sich fürchtete. Diese Figuren waren gleichzeitig Amulette gegen
alles Böse und sollten als Talismane ihre Träger vor jedweder
Gefahr schützen.

Schon diese Urbevölkerung der Erde glaubte an Götzen und
Götter in ihrer Umwelt, von denen sie sich Schutz vor den Un-
bilden des Wetters, vor wilden Tieren und vor feindlichen Mitmenschen erhofften.

## Die Wahrsagekunst im Vorderen Orient

Spätere Menschengeschlechter suchten ihre Götter in der Weite
des Himmels oder auf hohen Bergen, die man tunlichst mied,
um „die da oben" nicht zu stören. Jede Stadt und jedes Dorf, oft
sogar jede Familie hatte ihre eigenen Götzen, die man anbetete
und denen man Opfer brachte, um sie gnädig zu stimmen.

Im Vorderen Orient las man in den Eingeweiden der Opfertiere,
um Erkenntnisse über zukünftige Ereignisse zu gewinnen. Daraus

entwickelte sich eine Wahrsagekunst, die mit der Zeit von geschulten Priestern den Gläubigen vermittelt wurde.

Die Zukunftsdeutung wurde später weiter verfeinert. So wissen wir von zwölf Keilschrifttafeln aus der Bibliothek des assyrischen Königs Assurbanipal (668 bis 626 v. Chr.), auf denen das in den babylonischen Sagenschatz eingegangene Epos „Gilga-

**Von Priestern vermittelte Wahrsagekunst**

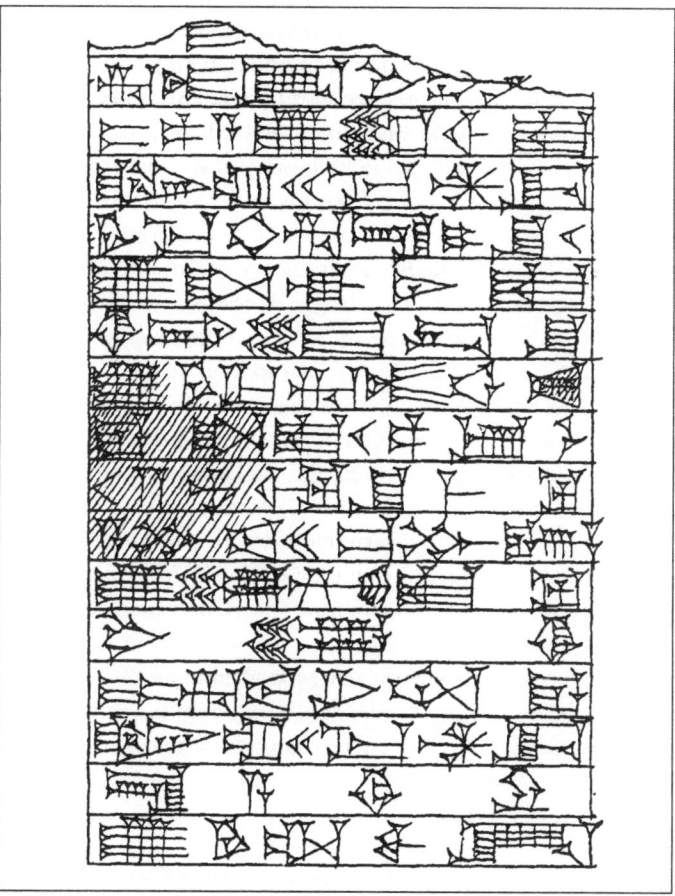

*Keilinschrift der Stele Nabonids, des letzten Königs von Babylon. Zu den Keilschrifttafeln aus der Bibliothek des assyrischen Königs Assurbanipal gehören auch diejenigen, die das Sagenepos „Gilgamesch" enthalten .*

mesch" aufgezeichnet ist. Darauf berichtete ein unbekannter Dichter vor viertausend Jahren allerlei Wundersames über den sumerischen König von Uruk, Gilgamesch. Danach begegnete dieser einst in der Unterwelt dem Gott der Wassertiefe Ea, der ihm fortan Träume schenkte, aus denen er die geheimsten Absichten der Götter deuten konnte.

*Der mytholo-gische Hinter-grund der Träume*

Dem unbekannten Dichter waren damals schon viele Arten von Träumen bekannt. Er ließ seinen königlichen Helden mit Hilfe göttlicher Traumeingebung in die Zukunft schauen und vor schlimmen Zeiten warnen. Der mythologische Hintergrund des Epos färbte auf die gesamte antike Traumdeutung ab, die von nun an mit geradezu wissenschaftlicher Akribie betrieben wurde. Dazu schreibt Georg Fink in seinem im Falken-Verlag erschienenen Buch „Traumdeutung – Die Bilderwelt unserer Traumwelt entschlüsseln": *„Da die Seele, das Unbewußte im Menschen, nicht faßbar war, setzte man an ihre Stelle die Götter, die von nun an für alle Arten von Träumen verantwortlich waren, für die guten wie für die bösen."*

*Chaldäer deu-teten als erste die Sprache der Götter*

Das Verdienst, Träume nach ihrem verzerrten Inhalt als Sprache der Götter wissenschaftlich auszulegen, gebührt den Chaldäern, die im Südwesten Babyloniens im ersten Jahrtausend vor Christi Geburt mehrere kleine Staaten gegründet hatten.

Die Kunst dieser Orientalen, Träume zu deuten, war so berühmt, daß man später alle Traumdeuter aus dem babylonischen Raum als Chaldäer bezeichnete. Wie es auch in der Bibel im Buch Daniel am Anfang des zweiten Kapitels nachzulesen ist: *„Im zweiten Jahr des Reiches Nebukadnezars hatte der König einen Traum, davon er erschrak, daß er aufwachte. Und er hieß alle Sternseher, Weisen und Chaldäer zusammenfordern, daß sie ihm, Nebukadnezar, seinen Traum sagen sollten."*

Nebukadnezar, der 586 v. Chr. Jerusalem eroberte und die Juden in die babylonische Gefangenschaft führte, forderte von den Weisen seines Landes und den Chaldäern schier Unmögliches: Sie sollten einen Traum deuten, dessen Inhalt er selbst vergessen hatte. Aber als sie ihm wiederholt versuchten klarzumachen, das könne kein Mensch, befahl er alle Weisen und Traumdeuter vor Gericht, wobei der Richterspruch im voraus gesprochen war: Tötet sie!

Nur der biblische Prophet Daniel bat um Aufschub des Urteilsspruchs. Und der grausame König stimmte zögernd zu, worauf Daniel zu Gott betete, daß er ihm Nebukadnezars *„verborgenes Ding durch ein Gesicht des Nachts offenbart"*. Schon am nächsten Morgen konnte er dem König dessen für verloren gehaltenen Traum von einem glänzenden Bild erzählen, das *„schrecklich anzusehen"* war und am Ende in Stücke zerbarst. So ähnlich, deutete Daniel den Traum, werde es dem jetzt so mächtig und glänzend dastehenden Reich Nebukadnezars eines Tages unter seinen Nachfolgern ergehen – es werde zerbrechen.

*Das schreckliche Bild eines vergessenen Traums*

Dazu Georg Fink: *„Auch in der biblischen Geschichte kommt der Traum von Gott, die Deutung überläßt der König seinen Weisen; unter ihnen nahmen die Chaldäer, wie man sehen konnte, einen besonderen Rang ein, der ihnen aber von dem jüdischen Propheten Daniel streitig gemacht wurde. Nachdem er den Traum gedeutet hatte, wird man im Volke wohl auch Daniel – die Bibel berichtet darüber nichts – zu den Chaldäern gezählt haben, die als Traumdeuter den Astrologen, Hellsehern und Wahrsagern gleichgesetzt waren, deren Sachgebiete vor Jahrtausenden noch als Wissenschaft galten."*

Im ersten Jahrtausend vor Christi Geburt lebten die Menschen im Vorderen Orient in einer Welt von Geistern und Dämonen. Der Sitz der Seele, glaubten sie, sei die Leber, weshalb ihre Wahrsager aus der Leber eines Tieres auch die Zukunft zu deuten hatten. Daß es da viele Quacksalber und Gaukler gab, die dem gemeinen Volke das Geld aus den Taschen zogen, ist verständlich.

*Ist die Leber der „Sitz der Seele"?*

Die Regierenden aber hielten sich Leute, die zu ergründen versuchten, was einmal sein werde. Diese nach dem damaligen Wissensstand geschulten Menschen wurden hoch verehrt. In Babylonien und Assyrien waren übrigens die ersten Astrologen Priester, die aus dem Stand der Planeten, aus Mond- und Sonnenfinsternissen und atmosphärischen Erscheinungen den Willen der Götter erforschten; sie waren also zugleich Astronomen.

Die frühesten astrologischen Aufzeichnungen stammen aus Assyrien. In den Ruinen von Ninive wurden – wie schon erwähnt – unter den Überresten der Bibliothek des Königs Assurbanipal Keilschrifttexte gefunden, die neben den ersten Berichten über Traumdeutungen auch das älteste bisher bekannte Schrifttum zur Astrologie enthalten. Diese Quellen lassen bereits Einflüsse der Sumerer aus dem dritten Jahrtausend v. Chr. vermuten.

Die Aufzeichnungen lassen erkennen, daß die Astrologie nach den damaligen Kriterien ebenfalls eine ernst zu nehmende

Wissenschaft war. Tatsächlich wurden über Jahrhunderte und Jahrtausende von den damaligen Gelehrten die Planetenbahnen aufgezeichnet, und ihre Berechnungen waren auch ohne optische Geräte so genau, daß sie nur geringfügig von den astronomischen Messungen unserer Tage abwichen. Aus solch exakten Beobachtungen der Gestirne entwickelte sich die Astronomie, die aber fast im gesamten Altertum nicht von der Astrologie zu trennen war.

Auch auf diesem Gebiet leisteten die Bewohner Mesopotamiens, die Sumerer, Assyrer und Babylonier, Erstaunliches. Sie schufen unter anderem schon früh einen Kalender, der zwölf Monate zu dreißig Tagen enthielt. Auf dem Wissen, daß sich die Sterne im Jahreslauf jede Nacht um einen Grad vorwärtsbewegen, basiert auch die bis heute gültige Auffassung, daß ein Kreis 360 Grad hat.

Die Babylonier teilten das Sternenzelt astrologisch in den Tierkreis und seine zwölf Häuser auf, wobei sie schon zukünftiges Denken erahnten. Sie sahen alle Himmelskörper von Ost nach West über die Erde dahinziehen, die sie sich als riesige Scheibe vorstellten, über der sich der Himmel wölbte. Dieses Scheibenrund zu 360 Grad wurde zur Berechnung herangezogen, die noch heute stimmt, wenn man sie auf die Kugelform der Erde überträgt.

Leider hatte der babylonische Kalender einen Fehler, der von den damaligen Wissenschaftlern schnell wegretuschiert wurde: Da sie mit den Jahreszeiten nicht immer hinkamen, schoben sie einfach von Zeit zu Zeit ziemlich willkürlich einen Schaltmonat ein. Man kann sich vorstellen, daß durch diese „Mogelei" die astrologischen Zukunftsdeutungen nicht unbedingt haargenau stimmen konnten.

## Der Irrtum der ägyptischen Kalendermacher

Etwas genauer war zweifellos der Kalender ägyptischer Astronomen, für die das Jahr mit der regelmäßig einsetzenden Nilschwelle begann und 365 Tage dauerte. Es war in zwölf Monate mit je dreißig Tagen und fünf Zusatztagen unterteilt. Das ägyptische Jahr wurde von den astrologisch und astronomisch geschulten Priestern in drei Jahreszeiten eingeteilt. Die erste umfaßte das Steigen, die Überschwemmung und das Fallen des Nils, die zweite die Zeit des Anbaues der Ackerfrüchte und die dritte die Erntezeit.

Nicht berücksichtigt wurde, daß alljährlich ein Vierteltag verlorenging, was aber die ägyptischen Priester anscheinend kalt ließ. Sie blieben lange Zeit bei ihren 365 Tagen im Jahr. Im alten römischen Kalender, der dem ägyptischen ähnelte, hatten die Monate übrigens 29 oder 31 Tage, da gerade Zahlen aus purem Aberglauben abgelehnt wurden. Das Jahr begann am 1. März, was die Monatsnamen September, Oktober, November, Dezember noch heute beweisen. Wenn der Jahreslauf der Einteilung nicht mehr entsprach, wurden willkürlich Tage oder Monate eingeschaltet und die Zeitrechnung damit scheinbar in Ordnung gebracht.

*Der ägyptische Tierkreis von der Decke des Hathor-Tempels von Dendera, die – um 1800 von Soldaten Napoleons entdeckt – 1821 herausgeschnitten und dann in den Pariser Louvre gebracht wurde. Die Abbildung entstammt einem 1812 erschienenen Buch*

Erst im Jahre 46 vor Christi Geburt ließ Julius Cäsar, beraten von dem alexandrinischen Gelehrten Sosigenes, den Kalender reformieren: Das nach ihm benannte Julianische Jahr dauerte wie bei den alten Ägyptern 365 Tage, durch Einschaltung eines zusätzlichen Tages in den durch 4 teilbaren Jahren ergab sich ein Durchschnitt von 365,25 Tagen.

21

Leider hatten Cäsars Kalendermacher aber übersehen, daß das Jahresmittel eigentlich bei 365,2422 Tagen liegt. Am Ende des 16. Jahrhunderts war der Unterschied auf zehn Tage angewachsen, weshalb Papst Gregor XIII. nach langen Beratungen mit Wissenschaftlern im Jahre 1582 anordnete, daß auf den 4. Oktober gleich der 15. Oktober 1582 folgen sollte, damit im darauffolgenden Jahr der Frühlingsanfang wieder auf den 21. März falle.

Schaltjahre waren von da an zunächst alle durch 4 teilbaren Jahre mit Ausnahme der vollen Jahrhunderte. Solche Säkularjahre sind nur noch Schaltjahre, wenn ihre ersten beiden Ziffern durch 4 teilbar sind, was auf das Jahr 2000 zutrifft. Der Gregorianische Kalender hat übrigens ein Jahresmittel von 365,2425 Tagen, so daß er erst um das Jahr 4600 einen Tag vom Lauf der Sonne abweichen wird.

*Priester lasen aus dem Stand der Gestirne der Pharaonen Schicksal ab*

All das war den Kalendermachern im alten Ägypten nicht bewußt. Ihre Astrologen erstellten trotzdem bereits Horoskope, die auf einigermaßen genauen Berechnungen der Planetenstellungen basierten. Jedenfalls waren die Pharaonen und ihre Hofbeamten im allgemeinen sehr zufrieden mit dem, was ihre sternkundigen Priester aus dem Stand der Gestirne ablasen und wie sie es deuteten.

Mit der Zeit aber wurden von geschäftstüchtigen Gauklern auch astrologische Prognosen unters Volk gebracht, die nicht mehr den wissenschaftlichen Grundsätzen der Priesterkaste entsprachen. So wurde gegen klingende Münze die alte Sonnenreligion der Ägypter schließlich zur Wahrsagerei erniedrigt, wozu später auch manche Orakelschrift beitrug, die sich bis in unsere Zeit in Form von arabisch-ägyptischen Traum- und Wahrsagebüchern erhalten hat.

## Träume als Mittler zwischen Diesseits und Jenseits

Schon früh befaßten sich auch die Ägypter mit der Traumdeutung, wie ein Papyrus aus dem 2. Jahrtausend vor unserer Zeitrechnung enthüllt, der im Britischen Museum, London, aufbewahrt wird. Auf dem Papyrus sind ungefähr 200 Träume und ihre Deutung in Hieroglyphen aufgeschrieben („Holzsägen – gut: seine Feinde sind tot").

*„Holzsägen – gut: seine Feinde sind tot"*

Nach Meinung ägyptischer Gelehrter, die ja meistens Priester waren, galt als unumstößlicher Glaubenssatz, daß Träume Weisungen der Götter an die Menschen beinhalteten. Die guten kamen vom wohlgesinnten Sonnengott Horus, die schlechten von Seth, dem Gott der Wüste und der Dürre, der Stürme und der Unwetter. Natürlich wurden Gottlose stets von bösen Träumen heimgesucht, während die Frommen in den meisten Fällen auf die guten hoffen durften.

Dazu schreibt Georg Fink in seinem Buch „Traumdeutung – Die Bildersprache unserer Traumwelt entschlüsseln": *„Der Traum galt den Ägyptern auch als Mittler zwischen Diesseits und Jenseits. Sie stellten sich die damalige Welt, das Diesseits, umspannt von einem großen Ozean, dem Jenseits, vor, zu dem auch die Überschwemmungsgebiete des Nils gehörten. Des Nachts segelte Horus in seiner Sonnenbarke über das jenseitige Gewässer, tauchte aber morgens wieder im Diesseits auf und schenkte all den Menschen neue Lebenskraft, die wie er nachts im Schlaf in die Fluten des Jenseits getaucht waren und in ihren Traumgesichten mehr über diese andere Welt erfahren hatten.*

*Im Schlaf in die Fluten des Jenseits getaucht*

*Wer sich hilflos sah, suchte im 2. Jahrhundert v. Chr. im Serapistempel zu Memphis den Rat der Götter. Dort hoffte er, in einer Art Heilschlaf die Träume zu finden, die ihn mit Hilfe traumkundiger Priester aus seiner mißlichen Lage befreien sollten."*

Wie Fink meint, scheinen im alten Ägypten die Traumdeuter eine Menge Geld verdient zu haben. *„Manche zogen daraus auch wohl schlitzohrig den Nutzen: Sie legten die Träume zahlungskräftiger und mächtiger Leute positiv aus. Und die waren gern bereit, diesen Deutungen zu glauben. Wer aber arm war, mußte bei der Traumauslegung auf das Schlimmste gefaßt sein."*

# 2. Kapitel

# Die Überstunden der Pythia in Delphi

Im alten Griechenland stand die Wahrsagekunst in hoher Blüte. In jeder Stadt, die etwas auf sich hielt, wurden den Gottheiten Tempel gebaut, wo Priester den Ratschluß der Götter in Erfahrung zu bringen suchten.

In der altgriechischen Stadt Delphi, am Südabhang des Parnaß in der Landschaft Phokis gelegen, befand sich ein altes Heiligtum der Griechen. Es war Apollon geweiht, dem Gott des Lichtes, der Dichtung und der Musik, der Jugend, Heilkunde und Weissagung. Er war Schutzherr der Musen, des Ackerbaus, der Herden und der Schiffahrt und gleichzeitig treffsicherer und jeden Sünder aburteilender Bogenschütze und Todesgott.

In Delphi hatte er seine Hauptverehrungsstätte. Gleichzeitig gab er nach Meinung seiner Gläubigen durch das Delphische Orakel seinen göttlichen Willen kund. Dort saß seine Priesterin Pythia auf einem Dreifuß über einer Erdspalte, aus der betäubende Dämpfe aufstiegen. Es wird berichtet, sie habe aus schäumendem Munde und mit rauchiger Stimme zusammenhanglose Worte gesprochen, die als göttliche Weissagung galten und den Beweis erbrachten, daß sich Pythia in einem Trancezustand befand, zumal sie sich hinterher an ihre als Prophezeiungen geltenden Aussagen nicht mehr erinnern konnte.

*Im Trancezustand den göttlichen Willen kundgemacht*

Nachdem ein Gläubiger das Orakel gehört hatte, wurde er ganz schön zur Kasse gebeten. Wer also arm war, mußte sich bescheiden und auf den Orakelspruch verzichten. Trotzdem war der Andrang der Gläubigen in Delphi so groß, daß in besonderen Stoßzeiten sich gleich drei Pythien abwechselnd auf den Dreifuß setzten und Apollons Zukunftsdeutungen in vielen Überstunden kundtaten.

Billiger machten es wohl jene griechischen Priester, die in der Antike vielfach als Heilkundige galten. Sie verordneten ihren

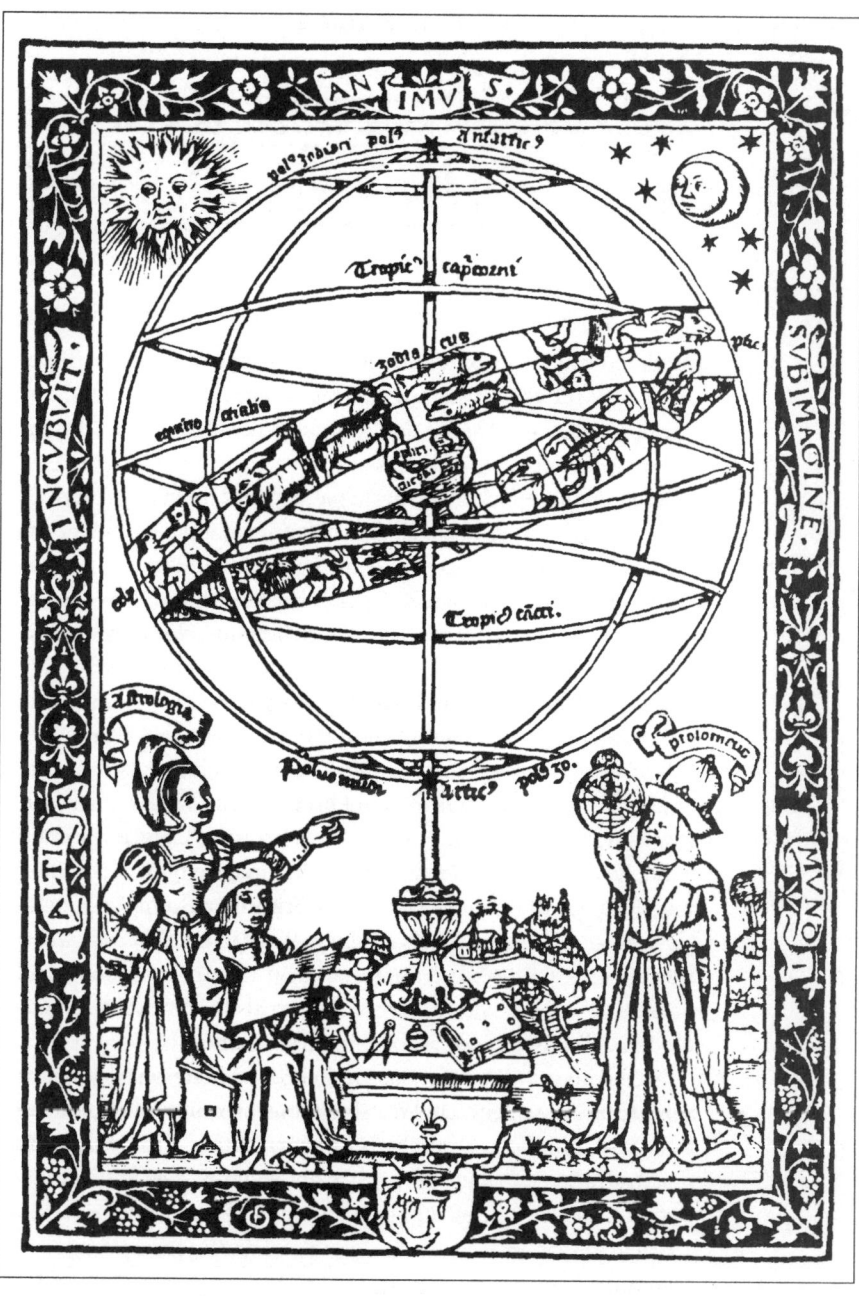

*Im Weltbild des Ptolemäus, dargestellt in einem Holzschnitt aus dem Jahre 1515, galt die Erde als Mittelpunkt des Alls*

„Patienten" in ihren Tempeln Schlaf, damit ihr Körper und ihre Seele genesen könnten; die endgültige Therapie überließen sie den Göttern, die heilende Träume sandten. Die griechischen Tempel auf der Insel Kos, in Knidos, Epidaurus und Pergamon waren regelrechte Wallfahrtsorte für die Kranken. Dort bahnte nach altem Glauben Asklepios, Gott der Heilkunde, bei den Römern Äskulap genannt, siechen Menschen nach beruhigendem Bad im Schlaf den Weg zur Heilung durch Träume, die – wie bei den Ägyptern – von seinen Priestern gedeutet wurden.

## Das Weltbild des Ptolemäus

Trotz der Auswüchse im östlichen und südöstlichen Mittelmeerraum betrieben die alten Griechen überaus ernsthaft die Astrologie. Sie galt auch hier zunächst als Geheimwissenschaft, die nur wenigen Eingeweihten und Priestern zugänglich war. Um das Jahr 150 vor Christi Geburt faßte Ptolemäus das gesamte astronomische und natürlich auch astrologische Wissen seiner Zeit in dem dreizehnbändigen Werk *„Megale syntaxis"* ausführlich zusammen.

Sein Weltbild, mit der Erde im Mittelpunkt und den auf sieben Sphären sich um sie herum bewegenden damals bekannten sie-

ben Planeten, zu denen auch Sonne und Mond gezählt wurden, blieb bis ins 16. Jahrhundert hinein wissenschaftlicher Glaubenssatz. Bis Nikolaus Kopernikus (1473 bis 1543), mehr aber noch Johannes Kepler (1571 bis 1630) das Bild zurechtrückten: Nicht die Erde ist Mittelpunkt der Welt, sondern die Sonne! Heute wissen wir, daß auch unser Sonnensystem nur eines von vielen ist, daß abertausende Sonnen unser Weltall bis hin zur Unendlichkeit durchziehen.

Trotz ihrer genialen astronomischen Erkenntnisse waren Kopernikus und Kepler keinesfalls Gegner der Astrologie. Johannes Kepler besserte sogar das karge Gehalt eines Mathematiklehrers als Kalendermacher auf. Seinen in Schwarz und Rot gedruckten Jahresbüchern fügte er „Prognostica" an: Aussichten auf das Wetter, politische Prophezeiungen und auch kleinere Jahreshoroskope für die einzelnen Tierkreiszeichen. Er blieb sein Leben lang Astronom *und* Astrologe. Und er hoffte von der Astrologie, *„solche scientia werde neben vielen Stücken der medicina sich dürfen sehen lassen"*.

Einmal rechtfertigte er sich auch für seine Abschweifung in die Astrologie mit den Worten: „*Wenn Gott jedem Tierlein Werkzeuge zur Erhaltung seines Lebens gegeben hat, warum soll es dann nicht recht sein, wenn er in derselben Absicht den Astronomen die Astrologie zuteilt?*" Später fügte er an: „*Es ist wol diese Astrologia ein närrisches Töchterlin, aber lieber Gott, wo wollt ihre Mutter, die hochvernünftige Astronomia bleiben, wann sie diese ihre närrische Tochter nit hette? Ist doch die Welt noch viel närrischer.*"

Kepler glaubte an die kosmische Gebundenheit aller Menschen: „*Alles, was in der Astrologia einer Erfahrung gleich sihet und sich nicht offenbarlich auff kindische Fundamente zeucht, das halte ich für würdig, daß man darauff Achtung gebe.*"

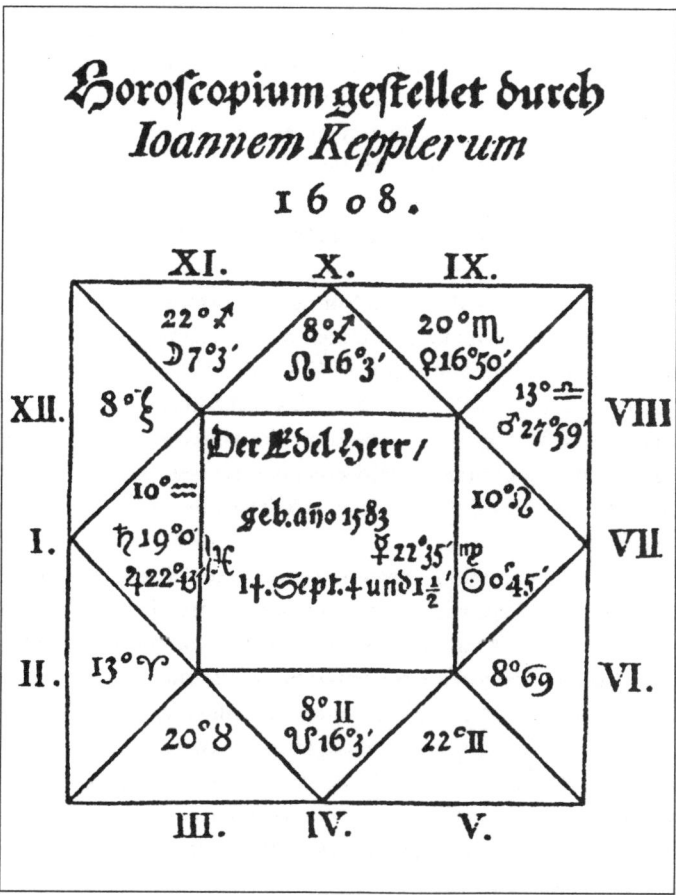

*Johannes Kepler (1571 bis 1630), dessen geniale wissenschaftliche Erkenntnisse die astronomische Forschung revolutionierten, stellte auch Horoskope. Berühmt wurde sein Wallenstein-Horoskop*

Kepler stellte das berühmte Horoskop für Wallenstein, den Feldherrn und Gegner König Gustav Adolfs von Schweden im Dreißigjährigen Krieg. Diese Zukunftsprognose ist, wenn man sie im nachhinein betrachtet, einigermaßen genau eingetroffen.

### Stimmen Horoskope heute noch?

Wie man sieht, beherrschte die Astrologie im christlichen Gewand bis in unsere Tage hinein das abendländische Denken, auch wenn Naturwissenschaftler sie als nicht erklärbar abtun. Trotzdem wurde sie noch bis ins 18. Jahrhundert hinein an Universitäten als Wissenschaft gelehrt. Dann verschwand sie von den Lehrplänen, und ihre Gegner behielten die Oberhand – für sie hatte die „exakte" Wissenschaft gesiegt.

Was aber wirft man selbst den ernsthaftesten Astrologen vor? Vor allem stehen diese Gegner von Horoskopen und den damit verbundenen Deutungen auf dem Standpunkt, ein Einfluß der Gestirne auf den Charakter und das Schicksal des Menschen sei nicht glaubhaft nachzuweisen. Wichtigster Punkt ihrer Kritik an der Astrologie ist die Tatsache, daß astronomisches Sternbild und astrologisches Tierkreiszeichen nicht mehr wie vor über zweitausend Jahren übereinstimmen.

*Der soge-nannte Früh-lingspunkt verschiebt sich im Lauf von 2160 Jahren*

Damals wanderte die Sonne zum Frühlingsanfang am 21. März in das Sternbild des Widders. Heute liegt der Frühlingsbeginn astronomisch längst im Sternbild der Fische und nähert sich schon nach der Jahrtausendwende dem des Wassermanns, weil sich dieser sogenannte Frühlingspunkt im Laufe von etwa 2160 Jahren um ein Sternbild verschiebt. Die jahrtausendealten Berechnungen seien mithin für die Katz.

Um diesen Fehler auszumerzen, erfanden die Astrologen das Tierkreiszeichen, das nichts mehr mit dem astronomischen Sternbild gleichen Namens gemein hat. Widder bleibt also Widder, auch wenn die Sonne zur Zeit längst im Zeichen Fische steht. Die mittelalterliche Ansicht von der zwangsläufigen Abhängigkeit des Menschen von seinem Sternbild scheint überholt.

Aus der einstigen Astrologie wurde die Kosmobiologie und die Astropsychologie, die sich freilich weiter an die jahrtausendealten Erfahrungen anlehnen, daß das astrologische Jahr am Frühlingsanfang beginnt und daß die kosmischen Einflüsse jahreszeitlich unterschiedlich auf Charakter und Schicksal wirken.

Natürlich haben auch die Weltraumfahrt und die Landung auf dem Mond den Gegnern der Astrologie Zündstoff gegeben. Im Zeitalter künstlicher Satelliten und Raketen sei kein Platz mehr für die Behauptung, daß im Augenblick der Geburt, des ersten Atemzugs also, wirksame kosmische Einflüsse den weiteren Lebensweg des Menschen bestimmen würden.

*Der Einfluß des Erdtrabanten auf „mondfühlige" Menschen*

Hierbei wird übersehen, daß zum Beispiel die Landung auf dem Mond den Einfluß des Erdtrabanten auf Ebbe und Flut nicht minderte, daß es nach wie vor „mondfühlige" Menschen gibt, die in Vollmondnächten unter Kreislaufstörungen leiden. So konnte zum Beispiel ebenfalls nicht enträtselt werden, daß bei bestimmten Planetenkonstellationen der Kurzwellenempfang immer dann gestört ist, wenn auch tüchtige Astrologen die Konstellation als ungünstig empfunden hatten.

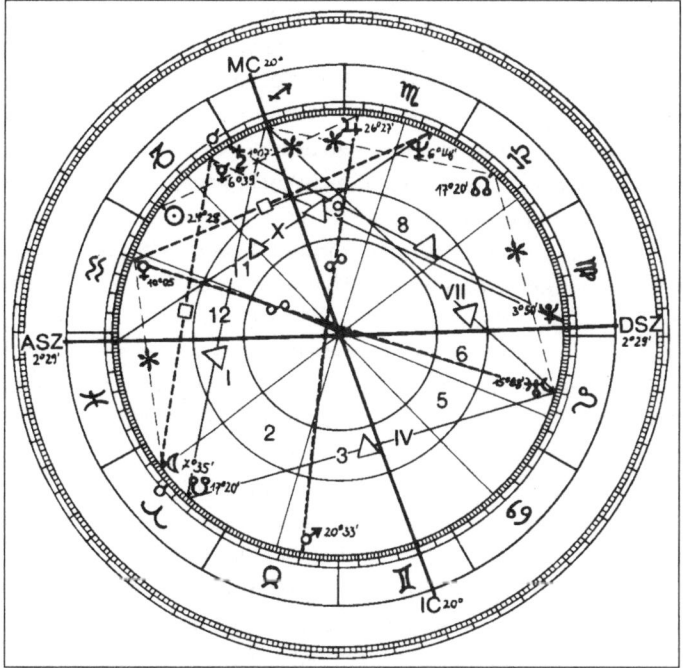

*Horoskop einer Hamburgerin, geboren 15. Januar 1959, 10 Uhr*

Der schlechte Ruf, den die Astrologie durch mancherlei Kurpfuscher und Marktschreier in den letzten Jahrhunderten bekam, ist nicht so leicht wegzuwischen. Wer aber die Ernsthaftigkeit kennt, mit der heute viele Astrologen arbeiten, der vermag nur zu unterstreichen, was der bedeutende Schweizer Psychotherapeut und Tiefenpsychologe C. G. Jung schon vor dreißig Jahren sagte: *„Die moderne Astrologie nähert sich mehr und mehr der Psychologie und klopft bereits vernehmlich an die Tore der Universitäten."*

*Nehru hörte auf den Rat seines Astrologen*
In diesem Zusammenhang ist interessant, daß auch bei vielen Großen der Welt astrologische Prognosen hoch in Kurs stehen. So vertraute zum Beispiel der verstorbene indische Ministerpräsident Jawaharlal Nehru, ein nüchterner Realpolitiker, oft dem Rat seines Astrologen. Einmal ließ er darum sogar die indischen Unabhängigkeitsfeiern vorziehen, weil dem Sterndeuter ein Termin um Mitternacht günstiger erschien als der bis dahin geplante am nächsten Morgen.

Bekannt ist übrigens auch die Tatsache, daß einige bedeutende Unternehmen in der Bundesrepublik Einstellungen von Führungskräften nicht nur von graphologischen, sondern auch von astrologischen Gutachten abhängig machen. Daß dabei die beratenden Astrologen eine Menge Geld verdienen, braucht nicht erst erwähnt zu werden.

Wir möchten freilich jede der gestellten Prognosen anzweifeln, die nicht auf der genauen Geburtsminute basiert; denn schon eine Verschiebung von wenigen Minuten kann einen ganz anderen Aspekt hervorrufen. Und weiß jeder Bewerber auf die Minute genau, wann er geboren wurde?

# 3. Kapitel

# Kühne Behauptung: Jeder kann weissagen!

Wir wollen im nachfolgenden Kapitel die für manchen recht kühne Behauptung aufstellen, daß jeder von uns weissagen kann. Und wir werden beweisen, wie sehr uns unser Ahnungsvermögen hilft, beinahe hellseherisch bestimmte Momente in unserem Leben zu erfassen. Etwa so:

Sie stehen auf dem belebten Platz einer wildfremden Stadt, die Sie zum erstenmal besuchen. Die Menschen hasten an Ihnen vorüber – Fremde. Sie fühlen sich ein wenig verloren. Aber plötzlich ist es Ihnen, als ob Sie schon einmal auf diesem Platz gestanden hätten. Und Sie sehen vor sich diese Szene: Ein Freund, den Sie jahrelang nicht getroffen haben, taucht aus dem Menschengewimmel auf, klopft Ihnen auf die Schulter und sagt: „Hallo, wen haben wir denn da?!"

*Unser Ahnungsvermögen hilft uns auf die Sprünge*

Sie wischen diese Erinnerung, von der Sie wissen, daß Sie sie nie erlebt haben, weg und denken: „Unsinn! Ich war noch nie auf diesem Platz, noch nie in dieser Stadt!" Und der Freund, wissen Sie, wohnt Meilen weit von hier.

Aber plötzlich klopft Ihnen jemand auf die Schulter und sagt: „Hallo, wen haben wir denn da?!" Und es ist Ihr Freund, den Sie jahrelang nicht gesehen haben und der nun die Szene gewissermaßen nachspielt, die Sie im Unterbewußtsein schon gesehen hatten.

Wir wollen hier nicht von elektromagnetischen Strömen reden, die Sie den Freund erfühlen ließen, ehe er in Ihr Blickfeld kam – Ströme, die auf Gedankenwellen ihr Ziel erreichen. Oder über jene grauen Gehirnzellen, die so oft zitiert werden.

Hier soll nur nüchtern die Feststellung getroffen werden, daß jeder Mensch schon einmal ein Ereignis, das dann tatsächlich auch eintraf, vorhergesehen hat. Und damit scheint der Beweis erbracht zu sein für die These: Jeder Mensch kann in bestimmten Augenblicken seines Lebens hellsehen, kann weissagen!

*Das Unbewußte läßt uns oft richtig reagieren*

Wie wir gesehen haben, steht diese Fähigkeit nicht unter der Herrschaft des Willens. Sie ist im Unbewußten angesiedelt, dem . wir nicht befehlen können, das uns aber oft richtig reagieren läßt. Es ist vielleicht der rätselhafte sechste Sinn, der bei den meisten Menschen freilich sehr verkümmert ist.

Wir lasen schon oft von großen Hellsehern, die Verbrechen aufklären konnten, deren magische Kraft aus der Tiefe des Unbewußten schöpfte. Manche dieser Hellseher wurden später als Scharlatane entlarvt, obwohl feststeht, daß sie mit vielen Weissagungen, von denen sie der erstaunten Öffentlichkeit Kenntnis gaben, durchaus richtig lagen.

### Hilft der „sechste Sinn"?

Könnte es nicht sein, daß diese berufsmäßigen Hellseher ihre Kraft, aus dem Unbewußten zu schöpfen, überstrapazierten? Diese Kräfte sind ja nicht ständig parat, sie können kaum unter Kontrolle gebracht werden.

Fest steht nur, daß der eine Mensch mehr aus dem Unbewußten schöpfen kann als der andere, daß also ein Hellseher durchaus in der Lage sein kann, mehr vorherzusehen als andere Menschen, daß er aber sowenig wie wir alle seinem Unbewußten befehlen kann, ihm zur rechten Zeit die richtige Erleuchtung zu geben.

*Vorahnungen, die zur Gewißheit werden*

Wie es phantasiebegabte Menschen gibt und solche, die kaum Phantasie haben, so gibt es auch Leute, deren „sechster Sinn" besser ausgebildet ist: Sie haben öfter Vorahnungen, die zur Gewißheit werden. Sie können – mit anderen Worten gesagt – zu bestimmten Zeiten, dann nämlich, wenn das Unbewußte ins Bewußtsein kehrt, weissagen.

Dieses Ahnungsvermögen ist bei Menschen, die wir – übrigens völlig zu Unrecht – zu den „primitiven" zählen, noch sehr viel mehr ausgebildet als bei uns, die wir Opfer der Zivilisation geworden sind. Sie ahnen Gefahren voraus und können sich vor ihnen schützen.

Und wer bei ihnen das beste Ahnungsvermögen hat, der wird zum Seher, zum Priester bestellt und – in eine fatale Lage gebracht: Er ist mit dem „sechsten Sinn" begabt, hat – mit anderen Worten – sein größeres Ahnungsvermögen bei Gelegenheit unter Beweis gestellt und soll nun ständig voraussehen, weissagen, die Erwartungen erfüllen, die seine mit weniger Ahnungsvermögen ausgestatteten Stammesgenossen in ihn gesetzt haben. Er allein weiß, daß seine innere Stimme, das Unbewußte, nicht immer reagiert; also schafft er sich magische Hilfsmittel, die den von Zeit zu Zeit aussetzenden „sechsten Sinn" ersetzen können. Wirken diese Mittel, ist das Volk zufrieden.

*Die Schwierigkeit, als „Seher" zu gelten*

Zur Erläuterung des eben Gesagten wollen wir hier eine Geschichte anfügen, die W. A. Seabrook in seinem Buch „Geheimnisvolles Haiti" (Berlin 1931) über den Wodukult erzählt, der auch heute noch auf der zweitgrößten Insel der Großen Antillen verbreitet ist.

### Das Liebesamulett im Wodukult

Seabrook berichtet darin über die hellseherisch und magisch begabte Maman Célie, die mit großem Geschick sogar einen Dieb entlarvt. Er schreibt:

*Maman Célie redete Paul gut zu, bis er mir, wenn auch widerstrebend, ein Amulett, ein Liebes-Ouanga, zeigte, das sie vor einigen Wochen für ihn angefertigt und das offenbar seine Wirkung verfehlt hatte. Er trug es aber trotzdem noch immer in einem kleinen Säckchen auf der Brust.*

*Das Liebes-Ouanga der Maman Célie*

*Maman Célie erklärte mir, wie es zusammengesetzt war und was es für eine besondere Bedeutung hatte. Zwei Nähnadeln von gleicher Größe werden zunächst nebeneinander aufgestellt und unter entsprechenden Zaubersprüchen auf die Namen des in Betracht kommenden Paares getauft. In diesem Falle hatten die Nadeln die Namen Paul und Ti-Marie erhalten. Sodann werden die Nadeln verkehrt nebeneinandergelegt, so daß die Spitze der einen das Öhr der anderen berührt.*

*Die Spitze ist das Symbol des Phallus, das Öhr das der Vulva. Die Verdoppelung des Symbols: zwei Spitzen, zwei Öhre, hat keinerlei perverse Bedeutung, sondern soll nach dem Grundsatz „Doppelt genäht hält besser" lediglich die Wirkung des Zaubermittels erhöhen. Die Nadeln werden zwischen zwei zurechtgeschnittene Wurzeln des Chica-Strauches gelegt, und das Ganze wird mit Garn umwickelt. Man nennt es ein Ouanga.*

Es gibt Liebes-Ouangas, Haß-Ouangas, Schwangerschafts-Ouangas, Schutz-Ouangas und Mord-Ouangas. Ihre Zusammensetzung ist häufig etwas kompliziert.

Ein Ouanga, das im Jahre 1921 bei irgendeiner Gelegenheit von den amerikanischen Truppen beschlagnahmt worden war, bestand nach dem offiziellen Bericht der Militärbehörde aus einem Ledersäckchen, in dem sich folgende Gegenstände befanden: Glückssteine, Schlangenknochen, die Kiefer einer Eidechse, die Zähne eines Eichhörnchens, die Knochen einer Fledermaus und eines Frosches, Knochen und schwarze Federn eines Huhns, schwarze Lammwolle, Taubenherzen, ein Stück Haut von einem Maulwurf, kleine Götzenbilder aus Wachs und Lehm, Bonbons aus braunem Zucker, gemischt mit Leber, getrocknetem Schlamm, Schwefel, Salz, Alaun und Pflanzengifte.

**Der seltsame Inhalt eines Zaubersäckchens**

Ein Fall, bei dem Maman Célies magische Kunst oder ihre Divinationsgabe zur Entlarvung eines Diebes führte, war schon deshalb von besonderem Interesse für mich, weil sie sich dabei eines Zauberzweiges bediente, jenes uralten magischen Werkzeuges, das in der Form der Wünschelrute auch heute noch in Kulturländern in Gebrauch ist.

## Ein Zweig entlarvt den Dieb

In einem Anwesen jenseits der Schlucht war ein Krug mit Geld gestohlen worden. Maman Célie wurde geholt, und ich schloß mich ihr an. Als Täter kamen nur sechs Personen, meist Mitglieder der Familie, in Betracht, die allein wissen konnten, wo der Krug für gewöhnlich versteckt gehalten wurde.

Maman Célie verlangte einen Eimer voll Asche, nahm einige Handvoll und streute sie im Kreis um sich herum. Innerhalb dieses Kreises, dessen Durchmesser etwa fünf Fuß maß, markierte sie mit der Asche vier Kreuze. Dann schnitt sie von einem Busch Zweige ab, setzte sich inmitten des Kreises auf einen Stuhl und ließ von dem Familienoberhaupt die sechs in Verdacht stehenden Personen herbeiholen. Alles dies spielte sich auf dem Hof im hellen Tageslicht ab. Der Alte mußte nun langsam die Namen der sechs hersagen. Bei jedem Namen drückte Maman Célie hinter einem der vorderen Stuhlbeine die beiden Zweige zusammen, zog sie mit einer Hand wieder hervor und löste sie voneinander. Dabei murmelte sie Beschwörungsformeln.

34

Man erklärte mir, daß die Zweige sich völlig ineinander verfangen würden, wenn der Name des Diebes genannt werde. Alle sechs Namen wurden ergebnislos heruntergebetet, und die Prozedur mußte drei- oder viermal wiederholt werden, ehe sich die Blätter der Zweige bei der Nennung eines Namens verfingen.

Der auf diese Weise gekennzeichnete Schuldige war ein fünfzehnjähriger Neffe des Alten, namens Ti-Pierre. Er beteuerte zunächst seine Unschuld; nachdem ihm jedoch eine Tracht Prügel verabreicht worden war, legte er ein Geständnis ab und erstattete einen Teil des Geldes zurück.

So entlarvt man also auch heute noch in Haiti (und anderwärts) einen Dieb, wobei zum magischen Hilfsmittel ein sehr handfestes hinzugenommen wird.

Mit Hellsehen, mit Weissagen hat die Geschichte, die uns W. A. Seabrook erzählt, nicht allzuviel zu tun, aber sie sollte uns zeigen, wie sich ein Mensch – in diesem Fall Maman Célie, die für ihre Stammesgenossen mit dem „zweiten Gesicht" begabt war – aus der Patsche hilft, wenn das Unbewußte aussetzt.

*Dem „zweiten Gesicht" aus der Patsche geholfen*

### Auch Hellseher brauchen Hilfsmittel

Wir wollten nämlich mit dieser Geschichte auch beweisen, daß berufsmäßige Hellseher eben auch Hilfsmittel beanspruchen müssen, weil ihr ansonsten möglicherweise recht gut entwickelter „sechster Sinn" ausgerechnet zu einer Zeit aussetzt, wo sie gerade in aller Öffentlichkeit ihre Kunst demonstrieren sollen. Die Hilfsmittel brauchen dabei durchaus nicht so handfester Natur zu sein wie beim haitianischen Wodukult, sie können auch Fleisch und Blut haben: Medien etwa, die dem Meister mitteilen, was er zu wissen wünscht.

Weissagen, behaupteten wir am Anfang dieses Kapitels, kann jeder; denn jedem Menschen ist ein Ahnungsvermögen gegeben, das bei dem einen gut, beim anderen nicht so gut ausgebildet ist.

*Ausgabe der „Weissagungen des Nostradamus" von 1668.
Oben die von ihm vorhergesagte Enthauptung Karls I. von
England 1649, unten der von ihm prophezeite Brand
Londons*

# 4. Kapitel

# Die Prophezeiungen des Wunderdoktors Michel de Notredame

Wir wissen, daß es zu allen Zeiten Prophezeiungen gab, die geschichtliche Ereignisse genau voraussagten. Noch heute wirken die Weissagungen des Michel de Notredame nach, der sich später den lateinischen Namen Nostradamus zulegte. Er wurde – damals galt noch der Julianische Kalender – am 14. Dezember 1503 in Saint-Rémy in der Provence geboren.

Sein Vater war ein jüdischer Notar, der für zwanzig Dukaten Taufgeld zum Katholizismus übergetreten war. Michel wuchs bei dem Vater seiner Mutter auf, dem Leibarzt des Herzogs von Kalabrien, der dem Jungen Griechisch und Hebräisch beibrachte, ihn in der Lehre und den Schriften der mittelalterlichen jüdischen Mystik, der Kabbala, unterwies und ihm auch astrologische Weisheit näherbrachte.

*Was des Herzogs Leibarzt dem kleinen Michel beibrachte*

Nach dem Tod des geliebten Großvaters kehrte er zu seinen Eltern zurück, studierte später Philosophie und Medizin in Avignon, praktizierte schon mit 22 Jahren als Arzt und promovierte im Alter von 25 Jahren an der Universität von Montpellier mit Auszeichnung zum Doktor der Medizin. In Agen an der Garonne war er Mitglied eines Debattierclubs, in dem der Botaniker und lateinische Dichter Jules-César Scaliger, der den deutschen Odendichter Klopstock beeinflußte, das große Wort führte.

Nach einer kurzen Ehe – seine Frau und seine beiden Kinder starben früh an der Diphterie – wanderte er ruhelos durch Frankreich und Italien, wo er gegen den Pesttod ankämpfte, was er in einem schmalen Büchlein beschrieb. Auf diesen Lehr- und Wanderjahren lernte er die Menschen kennen, aber er teilte nicht deren Meinung, die Seuche sei vom lieben Gott als Strafe für die Menschheit gesandt.

Er kämpfte streng gegen diesen Aberglauben an und verschrieb seinen Patienten allerlei Mittelchen, die er selbst gemixt hatte. Seine rosaroten Pillen gegen die Pest galten als Wundermittel ebenso wie ein aus Kräutern gepreßter Sud, der vor Ansteckung schützen sollte.

1544 heiratete er eine gutsituierte Bürgerstochter, mit der er sich in Salon-de-Provence, einer Kleinstadt zwischen Marseille und Avignon, niederließ. Mit ihr hatte er drei Töchter und drei Söhne.

Als zwei Jahre später erneut die Pest in Frankreich ausbrach, holten viele Städte, darunter Lyon und Marseille, den gelehrten Mann, der als Wunderdoktor galt. Michel de Notredame begab sich, auf einem Esel reitend, in rotem Wams und roten Stiefeln in die verseuchten Stadtviertel, ließ dort die Straßen tagtäglich reinigen und die Wände in den Häusern mit Weinessig bestreichen, weil solcherart Hygiene am ehesten die todbringenden Bakterien vertreiben konnte.

## Mit Knoblauch gegen die Pest

Und seine Patienten mußten Knoblauch essen, sehr viel Knoblauch. Er verordnete auch Türkis- und Granatsteine als Talismane gegen die Pest. Es ist übrigens nicht überliefert, daß er mit seinen ärztlichen Verordnungen keinen Erfolg hatte. Er selbst und sein Esel erkrankten trotz der engen Berührung mit Hunderten von Pestkranken zu keiner Zeit an der Seuche.

Seine medizinischen Bücher, die auch kosmetische Geheimrezepturen verrieten, wurden schnell berühmt. Er scheint sogar ein Hobbykoch gewesen zu sein; denn in einem seiner Bücher kann man Rezepte zum Einmachen von Früchten finden.

*Der Hobby-
koch kannte
sich sogar in
kosmetischen
Geheimnissen
aus*

In seinem Wohnort Salon-de-Provence war er nach dem zweijährigen Intermezzo als Pestarzt zwar sehr geschätzt, konnte seine Heilkunst aber nur wenig ausüben, weil er – wie es hieß – einfach zu tüchtig als Arzt war, weshalb in dem südfranzösischen Städtchen kaum jemand noch ernsthaft erkrankte. Lediglich die Damen der Honoratioren des Ortes bestellten seine selbstgebrauten Kosmetika, was ihn aber kaum so recht begeisterte.

So besann er sich der Lehrstunden im Hause seines Großvaters und betrachtete Nacht für Nacht den Sternenhimmel. Schließlich war der gelehrte Doktor Nostradamus nicht nur Arzt,

sondern auch Astronom. Und da damals die Astronomen gleichzeitig Astrologen waren, verstand er auch bald, aus den Sternen
das Schicksal zu lesen.

Er baute das oberste Stockwerk seines Hauses in ein Obser-
vatorium um und las in seiner stattlichen Bibliothek okkulte Literatur. Jedoch waren es nicht nur die Sterne, denen er zukünftiges Geschehen entlocken wollte. Er war auch mit besonderen
hellseherischen Fähigkeiten begabt.

Diese Geschichte schrieb er in Versen in der altfranzösischen
Sprache nieder. Bekannt sind heute 965 Vierzeiler und ein paar
Dutzend Sechszeiler in einigen kleinen Büchern, die er „Centurien" nannte, wohl weil jedes dieser Bücher hundert solcher Verse
enthielt. Eine Gesamtausgabe der Centurien wurde übrigens erst
zwei Jahre nach seinem Tod im Jahr 1568 veröffentlicht.

In diesen „Centurien" prophezeite er in teilweise verschlüs-
selter Sprache vieles, was inzwischen in Erfüllung ging. Nostradamus dachte um Jahrhunderte voraus bis zum Jahr 3797 unserer Zeitrechnung. Mancher nach ihm war sich sicher, daß es das
Jahr des Weltuntergangs sein werde, was aber seriöse Forscher
bestreiten.

*Michel de Notredame, genannt Nostradamus, nach einem zeitgenössi-schen Kupfer-stich von 1562*

Schon zu Lebzeiten des Michel de Notredame oder Nostradamus, wie er sich nach dem Brauch seiner Zeit lateinisch nannte, gingen einige seiner Prophezeiungen in Erfüllung. So sagte er
bereits in seiner ersten „Centurie", die er im Jahre 1555 verfaßte,
den Turniertod des französischen Königs Heinrich II. voraus. In
Vierzeiler 35 lesen wir, 1911 ins Deutsche übersetzt von Max
Kemmerich:

*Der junge Löwe wird den alten überwinden auf kriegeri-
schem Felde durch Einzel-Zweikampf: In goldenem Käfig wird
er ihm die Augen ausstechen, von zwei Brüchen der erste, dann
sterben eines grausigen Todes.*

Bei Hof nahm man die Prophezeiung des Nostradamus, dessen geniale Weissagungen bis Paris vorgedrungen waren, sehr
ernst. So glaubte die Königin, Katharina von Medici, in dem alten
Löwen ihren Mann zu erkennen. Sie zeigte ihm deshalb auch
den Vierzeiler, den aber Heinrich II. ins Reich des Aberglaubens
verwies.

Vier Jahre nach der Prophezeiung des Nostradamus erfüllte
sich des Königs Schicksal: Er forderte bei einer Hochzeitsfeier
den schottischen Grafen Delorges Montgomery spaßeshalber
zum Zweikampf zu Pferde heraus. Montgomerys Lanze durch-
stach, ohne daß es der Graf wollte, das goldene Visier des Königs
(Nostradamus' „goldener Käfig") und durchbohrte ein Auge
Heinrichs. Zehn Tage später, am 10. Juli 1559, starb der König
an seiner schweren Verwundung.

Seitdem galt Nostradamus als der berühmteste Hellseher sei-
ner Zeit. Katharina von Medici, die Witwe des Königs, besuchte
Nostradamus in seinem Haus in Salon und sorgte später dafür,
daß er einer der Leibärzte ihres Sohnes, des Königs Karl IX.,
wurde. Dieser stand in hohem Maß unter dem Einfluß seiner
Mutter, die ihm nach Nostradamus' Tod das Einverständnis zur
Ermordung von zweitausend Hugenotten mit ihrem Führer
Coligny in Paris und weiterer etwa zwanzigtausend französischer
Protestanten in der Nacht zum 24. August 1572, dem
Bartholomäustag, abtrotzte.

Übrigens war Michel de Notredame seit der Vorhersage des
Todes von König Heinrich II. ein Günstling des französischen
Hofes. Seine Mitbürger in Salon mochten ihn nicht so sehr, weil
sie ihn für einen Freund der Hugenotten hielten, obwohl er zeit
seines Lebens gläubiger Katholik war.

## Was Nostradamus über Hitler sagte

Viele seiner verklausulierten Prophezeiungen sind noch Jahrhunderte nach seinem Tod eingetroffen. Wir wollen hier nur einige wenige nennen. Nostradamus schildert zum Beispiel den Weg Hitlers zur Macht wie folgt:

*Schnödem Tod folgt bald unwürdiges Leben.*
*Neuer Kurfürst wird in Sachsen ernannt.*
*Braunschweig muß ihm Liebeszeichen geben,*
*liefern den Aufwiegler aus ans Land.*

Dem „schnöden Tod", dem ersten Weltkrieg, folgte das „unwürdige Leben", die Zeit der Wirren nach dem Kriege und die Weltwirtschaftskrise. Vor seiner Ernennung zum Reichskanzler („Kurfürst in Sachsen"?), mußte der Österreicher Hitler erst eingebürgert werden, was ihm mit seiner Ernennung zum Braunschweigischen Regierungsrat gelang.

*Ein Österreicher wurde Regierungsrat in Braunschweig*

Nostradamus spricht in einem weiteren Vers von Hitler als dem „Fuchs", den man gewählt habe, der sich aber zum Tyrannen entpuppte.

Der Seher sah wohl auch den zweiten Weltkrieg voraus, als er schrieb:

*Fliegend Feuer wird den großen Führer*
*der Belagerten in Schrecken setzen.*

„Fliegend Feuer" – das ist der Luftkrieg, der letztlich das Ende des von allen Seiten umzingelten Hitlerreiches herbeiführte.

Einige nicht immer ernst zu nehmende Nostradamus-Jünger glauben, daß Michel de Notredame auch einen dritten Weltkrieg vorhergesagt hat. Als Jahresdaten werden unter anderem 1999 und 2011 genannt. Ob das damit zusammenhängt, daß um eine Jahrtausendwende immer ein bißchen Weltuntergangsstimmung herrschen muß? Tröstlich ist in diesem Zusammenhang, daß er seine Weissagungen bis zum Jahr 3797 datierte, aus denen wir nur einen kleinen Ausschnitt der Prophezeiungen zum besten gaben, die schon eingetroffen sind.

Sogar seinen eigenen Tod sagte er voraus: Im Frühling des Jahres 1566 zeichnete er auf das Datum des 1. und 2. Juli ein kleines Kreuz und schrieb daneben „Hic propre mors est" („hier naht der Tod"). Zwei Jahre zuvor hatte er gesagt, man würde ihn nahe seinem Bett auf einer Bank tot auffinden.

*Den eigenen Tod vorhergesagt*

Und so geschah es. Am 2. Juli 1566 fand man ihn tot auf einer Bank in seinem Zimmer. Ein Lächeln lag um sein Gesicht; denn

Nostradamus war ein gläubiger Christ: Der Weltuntergang, wenn er ihn wirklich für das Jahr 3797 vorhergesagt hätte, wäre für ihn nur der Untergang des Weltlichen gewesen, das sich in eine Auferstehung zu ewigem Leben auflöst.

*Feuer prophe-*
*zeit – als*
*Brandstifter*
*hingerichtet*

Michel de Notredame hinterließ seinen Erben ein riesiges Vermögen. Unter seiner Kinderschar war der Sohn Michel, der sich wie der Vater als Hellseher betätigte. Er prophezeite unter anderem eine Feuersbrunst in der Stadt Le Pourzin und versuchte sich selber als Brandstifter, als es dort einfach nicht brennen wollte. Er wurde im Jahre 1574 hingerichtet.

Unerklärlich erscheint uns die Sehergabe, wie sie Nostradamus ein Leben lang besaß. Sie sprengt das, was wir bisher vom Unbewußten sagten. Aber sie beweist zugleich die geheimen Kräfte, die im Menschen schlummern können.

# 5. Kapitel

# Der Wettermacher des lieben Gottes

Wettersatelliten umkreisen die Erde und senden Fernsehbilder im Zeitraffer in unsere Wohnstuben. Die Meteorologen haben es heute leicht, aus diesen aus dem All gefunkten Bildern das Wetter zumindest für den kommenden Tag abzulesen. Bei ihren Langzeitprognosen müssen sie weiterhin vorsichtig sein; denn sie wissen genau, wie schnell sich das Wetter ändern kann — nach dem alten Bauernspruch:
*Wetter und Wind*
*ändern sich geschwind!*

Bauern und Schäfer ersetzten vor vielen tausend Jahren die Meteorologen. Sie gaben von Generation zu Generation ihre Erfahrungen über das Wetter zu bestimmten Zeiten weiter, und ihre Nachkommen profitierten davon.

*Bauern und Schäfer als Wetterpropheten*

Im drei Jahrtausende alten Weltschöpfungslied der Babylonier, dessen Abschrift sich in der schon erwähnten Bibliothek des Königs Assurbanipal in Ninive befand, wurde erstmals über die verschiedenartige Wirkung der Winde geschrieben. In diesem Lied wurde Marduk, Babylons Gottheit, verherrlicht:
*Er schuf einen bösen Sturm,*
*einen Wirbelwind, einen Orkan,*
*den Vier Wind, den Sieben-Wind,*
*den verwirrenden Wind,*
*den Unheilswind…*

Der alte Wetterglaube, den auch noch die Ägypter, die Griechen, Römer und Germanen pflegten, war also gewissermaßen Ursprung der meteorologischen Wissenschaft. Auch hier waren die Chaldäer, die schon als Astrologen und Wahrsager — wie wir gesehen haben — erstaunliche Erfolge hatten, die Vorreiter. Diesem semitisch-aramäischen Volksstamm, der etwa um das Jahr

1000 vor Christi Geburt das südliche Mesopotamien besiedelte
und sogar 626 vor unserer Zeitrechnung einmal ganz Babylonien
unterwarf, ist die Weiterverbreitung mancher altbabylonischer
Wetterregel zu verdanken — wie etwa der nachstehende chaldäi-
sche Erfahrungssatz, der zweifellos ebenfalls dem Weltschöpfungslied entlehnt ist:

*Wenn eine Wolke am Himmel schwarz wird,*
*bläst bald der Wind…*

Die griechischen, römischen und orientalischen Regeln wurden
auch in Mitteleuropa schnell bekannt. Vor allem die „Lauteren

*Das Wetter-*
*büchlein „Von*
*warer erkant-*
*nus des wet-*
*ters“ von*
*Leonhardt*
*Reynman,*
*erschienen*
*1505, gilt als*
*ältestes*
*meteorolo-*
*gisches*
*Druckwerk*
*in deutscher*
*Sprache*

Brüder", ein arabischer Geheimbund, der eine freie philosophische Richtung anstrebte, machten sich um die Erfassung solcher meteorologischen Weisheiten verdient. In einer Enzyklopädie wurden von ihnen sogar viele alte Wettersprüche wissenschaftlich umgedeutet, wobei auch astrologische Erkenntnisse eine Rolle spielten.

*Geheimbund der „Lauteren Brüder" sammelte Wettersprüche*

Diese sogenannte Astrometeorologie, mit der man glaubte, aus dem Stand der Gestirne das Wetter und Naturereignisse vorausbestimmen zu können, feierte bis weit in die Neuzeit hinein Triumphe. Schon im 12. Jahrhundert lagen die ersten Traktate dazu vor. Aber erst die Erfindung der Buchdruckerkunst um die Mitte des 15. Jahrhunderts machte diese Art der Wettervorhersage volkstümlich. Bis zum Ende des 15. Jahrhunderts waren im deutschen Sprachgebiet jährlich bereits drei bis vier derartige Prognostiken in lateinischer Sprache erschienen, die auch ins Deutsche übertragen wurden.

## Das erste deutsche Wetterbüchlein

Das „Wetterbüchlein" von Leonhardt Reynman gilt als das älteste meteorologische Druckwerk in deutscher Sprache. Es erschien 1505 unter dem Titel „Von warer erkantnus des Wetters" und enthielt neben astrologischen Zeichen und Hinweisen vor allem Bauernregeln.

Von den Wetterregeln, die Bauern aufstellten, sind viele auch heute noch gültig. Am Lichtmeßtag (2. Februar) zum Beispiel reimten die Bauern:

*Der Wahrheitsgehalt der Bauernregeln*

*Wenn's an Lichtmeß stürmt und schneit,*
*ist der Frühling nicht mehr weit.*
*Ist es aber klar und hell,*
*kommt der Lenz wohl nicht so schnell.*

Diese bäuerliche Wettervorhersage, vor vielen hundert Jahren aufgestellt, bewahrheitete sich von Jahr zu Jahr immer wieder. Auch die Regel vom Siebenschläfertag (27. Juni)
*Das Wetter am Siebenschläfertag*
*sieben Wochen bleiben mag.*
wurde in den letzten hundert Jahren zu über achtzig Prozent bestätigt.

Solche Bauernregeln erschienen immer wieder in vielen Kalenderbüchern, die außerdem mit mannigfachen Tips und

Traktätchen angereichert waren. Und die Kalendermacher erfanden zusätzlich mancherlei Regeln, in denen sie oft das bäuerliche Gedankengut arg verfälschten oder gar ins Lächerliche zogen.

Schon im Mittelalter kannte man zum Beispiel die Wettervorhersage vom Hahn, der auf dem Mist kräht:

*Kräht der Hahn auf dem Mist,
das Wetter im Wechsel ist,
kräht er auf dem Hühnerhaus,
hält das Wetter die Woche aus.*

Die Landbevölkerung hatte beobachtet, daß Hähne ihr Hühnervolk kurz vor einem Regen zum Misthaufen herbeikrähten, weil sich dort allerlei sonnenscheues Gewürm nach oben wagte, das es zu fressen galt. Bei schönem Wetter aber betrachtete solch stolzer Hahn seine Hühner von oben herab und krähte die Sonne an. Den an und für sich durchaus richtigen Spruch vom Hahn auf dem Mist fälschte später ein Sprücheklopfer unter den Kalendermachern in diesen um:

*Wenn der Hahn kräht auf dem Mist,
ändert sich's Wetter, oder es bleibt, wie es ist.*

Diese Verballhornung bäuerlichen Gedankenguts setzte sich durch und wird heute noch von manchem als Beweis gegen die alten Wetterregeln aufgeführt.

## *Der ewige Kalender des Abts von Langheim*

Den größten Erfolg hatte der sogenannte „Hundertjährige Kalender", dessen Verfasser der Abt des Klosters Langheim bei Kulmbach, Dr. Maurizius Knauer, war. Die Auflagenhöhe dieses Werkes wurde nur von unserer Bibel übertroffen. Der „Hundertjährige" wird auch heute noch viel gelesen und noch mehr zitiert.

Der Abt, einer der letzten großen Vertreter der Astrometeorologie, verbrachte manche Stunden mit mathematischen und astrologischen Studien in einer kleinen Sternwarte, dem „blauen Thurme", seines Klosters. Und so kam er auf die Idee, das Wetter sieben Jahre lang systematisch zu beobachten.

Diese Studien schloß er im Jahr 1654 ab und schrieb sie in einem „Beständigen Hauskalender" für seine Klosterbrüder nieder, den man eigentlich einen „ewigen Kalender" nennen sollte. Der „Wettermacher des lieben Gottes", wie ihn die Mönche bald liebevoll nannten, ging davon aus, daß die sieben damals bekannten Planeten des ptolemäischen Systems, also Sonne, Venus, Merkur, Mond, Saturn, Jupiter und Mars, der Reihe nach die Witterung eines jeglichen Jahres bestimmen würden.

*Bestimmen Planeten unser Wetter?*

Ein **Sonnenjahr**, schrieb der gelehrte Dr. Knauer, sei „mittelmäßig gut, warm und trucken", es würde weniger regnen als in anderen Jahren. Sonnenjahre sind zum Beispiel 1996 und 2003.

In einem **Venusjahr** (1997 und 2004) würde es „feucht und warm, doch minder dann Jupiter" sein. Es herrsche oft eine schwüle Witterung vor.

**Merkurjahre** (1998 und 2005) seien von einer „veränderlichen und unbeständigen Natur… kalt und trucken". Sie brächten oft schlechte Ernten.

In einem **Mondjahr** (1999 und 2006) sei es „kalt und feucht, doch etwas wenig warm dabei". Der Mond fördere das Wachstum der Pflanzen, sei aber gemäß seiner Natur recht wetterwendisch.

Stets sei ein **Saturnjahr** (2000 und 2007) „einer kalten Natur und etwas wenig trucken". Der Saturn, wußte der in der Astrologie bewanderte Klostervorsteher, gilt als Schicksalsplanet von übler Bedeutung. Er sorge für manche schlimmen Wetterlagen, Überschwemmungen, Erdbeben und besonders viele Orkane. Das Jahr 1993/94 war ein solches Saturnjahr und brachte unserer Erde viele Katastrophen, von denen schon Maurizius Knauer sprach.

Ein **Jupiterjahr** (2001 und 2008), so schrieb der Abt für seine Klosterbrüder nieder, sei „warm und feucht, mittelmäßig und lüfftig". Zwar wirke Saturn noch bis in den April hinein nach, aber danach sei eine späte, jedoch sehr gute Ernte und ein vorzüglicher Wein zu erwarten.

*Saturn ärgert noch den Jupiter*

Schließlich sei ein **Marsjahr** (2002 und 2009) „sehr hitzig und trucken". Es würde häufig regnen und gewittern.


### Thüringer Arzt sorgte für den neuen Namen

Wie wir schon erwähnten, war der Kalender des Dr. Maurizius Knauer zunächst nur für seine Klosterbrüder bestimmt, kam dann aber in die Hände des Thüringer Arztes Christoph von Hellwig, der in Eisleben aus dem eigentlich siebenjährigen Kalender einen hundertjährigen machte, der in vielen Auflagen als meteorologisches Wunderwerk gepriesen wird, obwohl er von dem Klostervorsteher auf astrologischer Grundlage erstellt wurde.

**Die alten Regeln neu entdeckt**

Vor allem die Landbevölkerung glaubte an die Richtigkeit dieses Kalenders und die darin beschriebene Sieben-Jahres-Regel. Und mancher Bauer vergaß darüber möglicherweise seine eigenen und die von seinen Vorfahren gemachten Erfahrungen mit dem Wetter. Wie gut, daß neben dem „Hundertjährigen" noch viele andere Haus- und Bauernkalender weiter gedruckt wurden, die zwar die Vorhersagen des Maurizius Knauer veröffentlichten, aber auch die alten Regeln wieder aufleben ließen, ja, sogar neu entdeckten.

# 6. Kapitel

# Blick in die Zukunft: Kleine Schule des Hellsehens

Hellseher und Wahrsager gab es zu allen Zeiten. In Verruf gerieten sie nur durch Jahrmarktschreier, die mit ihrer tatsächlichen oder vermeintlichen Gabe, in die Zukunft zu schauen, hartes Geld machten.

Noch heute gibt es in der Bundesrepublik schätzungsweise an die 5 000 solcher Zukunfts-„Experten". Sie verlangen bis zu 800 Mark pro Sitzung. Die Trefferquote schwankt.

*Noch heute 5000 teure Zukunfts-„Experten"*

Nur wenige betreiben das Geschäft mit der Zukunftsdeutung ernsthaft, und zu Recht vermutete der Münchner Parapsychologieforscher Walther Gross: *„Da wird viel getrickst und mit unfairen Methoden gearbeitet."*

Er selbst halte viel von dem tschechischen Hellseher Milos Valecek-Haage, der in München eine kleine Praxis unterhält und — gemessen an der Mehrzahl seiner „Kollegen" — recht preiswert seine Prognosen stellt. Er kommt *„durch die Augen in den Menschen rein"* und weiß oft schon nach kurzen Augen-Blicken, wie es um den Kunden zukünftig bestellt sein wird. Seine eigene Zukunft kann er nicht vorhersagen; denn es sei leichter, andere mit kritischen Augen zu betrachten als sich selbst.

Milos Valecek-Haage will seine Gabe nicht überbewertet wissen. *„Es gibt"*, sagte er in einem Interview mit der Süddeutschen Zeitung, *„in jedem Dorf der Tschechoslowakei zwei, drei Leute, die wahrsagen."*

So, wie es in Westfalen die „Spökenkieker" gibt, die den Blick in die Zukunft wagen und oft mit erstaunlicher Treffsicherheit nahendes Unheil erahnen.

## Kein symbolischer Hexentanz

Das alles sollte man nicht nur mit „Aberglaube" abtun. Es gibt eben Menschen unter uns, die hellsichtiger sind als andere, in denen zwar die Gabe schlummert, aber durch Umwelteinflüsse fest verkapselt ist.

Bleiben wir dabei: Jeder kann weissagen, jeder kann hellsehen! Und man braucht dabei keinesfalls einen Hexentanz aufzuführen und mit einer schwarzen Katze seine Gabe symbolisch zu unterstreichen, die auch nicht Teufelswerk ist, sondern naturgewollte Anlage. Hier wollen wir den Versuch unternehmen, das simpel zu erklären:

*Wie in einem Computer gespeichert: die Stimmen in unserem Inneren*

Jeder weiß um die Stimmen, die aus dem Unbewußten ins Bewußtsein drängen. In unserem Inneren wurden sie wie in einem Computer gespeichert und sind plötzlich präsent. Wir erinnern uns an fast vergessene Ereignisse, Personen und Dinge, die in unserem vergangenen Leben einmal eine Rolle spielten, und wir ahnen auch manchmal Zukünftiges voraus.

Dabei wird uns klar, daß unser Leben eigentlich ja nur Vergangenheit und Zukunft bedeutet. Das Jetzt, der Augenblick, ist im Nu vorbei, er ist schon Vergangenheit, wenn er uns bewußt wird. Und die Zukunft erleben wir nur in milliardenfachen Augenblicken, die vorübereilen. Einen Teil unseres Lebens können wir überschauen, so wie wir Raum und Zeit überschauen können, soweit unser Auge, unsere Sinne reichen.

## Der Mensch verliert sein Zeitmaß

Hat der Mensch überhaupt einen Zeitsinn? Er mißt ja die Zeit nach Naturvorgängen, nach Jahreszeiten, Monaten, Tagen und Nächten. Aber er verliert sofort sein Zeitmaß, wenn er tagelang in einem dunklen Raum festgehalten wird. Bergleute, die fast eine Woche lang unter Tage eingeschlossen waren, glaubten, als man sie aus ihrem unterirdischen Gefängnis befreite, es habe sich höchstens um 20 Stunden gehandelt.

Und doch können wir mit Hilfe unserer Sinne die Zeit messen. Ein Beispiel: Wir sehen, wie jemand in hundert oder mehr Metern Entfernung einen Pfahl einschlägt, aber wir hören erst Sekunden später den Hammerschlag. Die einfache physikalische Erklärung: Das Licht ist schneller als der Schall. Ein Blinder hört nur den Hammerschlag. Der Sehende kann ihm vor seiner eigenen Wahrnehmung den Schlag ankündigen; denn er hat dem Blinden den Sinn voraus, erst zu sehen, dann zu hören. Er kann voraussehen, was anschließend zu hören war.

Unser Auge, sagten wir eben, kann nur einen begrenzten Teil von Raum und Zeit überbrücken. Scharfe Augen sehen mehr als schwache. Ein Fernglas, eine Brille helfen uns, weiter in die Ferne zu sehen, den Raum weiter zu erfassen.

Setzen wir diese Erfahrung auf den Begriff Hellsehen um: Wer seine Sinne schärft, kann vorausschauender sein als der andere, der sich durch alle möglichen Umwelteinflüsse einnehmen läßt.

*Geschärfte Sinne helfen hellsehen*

Hellsehen ist nichts anderes als ein verfeinerter Zeitsinn, der Räume überbrücken läßt. Die Anlage dazu schlummert in jedem Menschen, wobei der sogenannte Primitive uns Kulturmenschen meist überlegen ist, weil er durch zivilisatorische Errungenschaften nicht so abgelenkt wird wie wir.

Bei uns gibt es oft nur „Spezialbegabungen", die einem bestimmten Sinn Schärfe verleihen. Ein Automechaniker vermag zum Beispiel am laufenden Motor zu hören, ob er regelmäßig läuft. Ein Maler erkennt Farben, die wir nicht auseinanderhalten; ein Jäger unterscheidet am Büchsenknall, mit welchem Gewehr da geschossen wurde; für uns ist Knall gleich Knall.

Wer also mehr als andere sehen will, muß seine Sinne schärfen. Wer hellsehen will, muß die Konzentration aufbringen, Umwelteinflüsse abzuschalten und sich auf sich selbst zu besinnen, in sich hineinzuhorchen. Möglich, daß dann in einer stillen Stunde die Erleuchtung kommt, auf die er gewartet hat.

## Hellsehen ist erlernbar

Hellsehen ist durchaus erlernbar. Aber es gibt auch in der Schule des Hellsehens begabte und unbegabte Schüler, Menschen, die das Schulziel erreichen, und andere, die vorher kapitulieren.

Und so, wie es Grundschule und Unter-, Mittel- und Oberstufe einer weiterbildenden Schule gibt, können wir beim Hellsehen ebenfalls vier Stufen unterscheiden, wobei die ersten beiden von fast jedem Menschen erreicht werden.

*Vier Stufen auf dem Weg zur Perfektion*

Was hat es mit diesen vier „Bildungswegen" auf sich? Wir sprachen von den Stimmen in unserem Inneren, die aus dem Unbewußten plötzlich bewußt würden. Hier wurden sie wie in einem Computer gespeichert und sind plötzlich präsent.

Folgen wir also der kleinen Schule des Hellsehens, und versuchen wir, sichtbar zu machen, was andere nicht sehen können...

# Stufe 1: Unser Erinnerungsvermögen

Diese erste Stufe ist gewissermaßen die Grundschule des Hellsehens. Wir vermögen dank der in uns gespeicherten Vorgänge aus unserem Leben, unseren Erfahrungen, den Lern- und Denkprozessen uns an Dinge und Ereignisse zu erinnern, die zeitweise verschüttet waren. Es dämmert uns plötzlich, weil der Computer in uns — meist ungefragt — „ausspuckt", was wir fast vergessen hatten.

*Wenn das Unbewußte kräftig nachhilft*

Bei einer Reise in ein fremdes Land wird zum Beispiel selbst dem einst durchschnittlichen Schüler möglicherweise die Vokabel bewußt, die er in der Schule erlernte und die ihm hilft, sich zu verständigen. Er erinnert sich, sagen wir. In Wirklichkeit half das Unbewußte kräftig nach, dieses Wissen an die Oberfläche zu spülen.

Als Rüstzeug für diese erste Stufe zum Hellsehen braucht man nicht viel. Oft reicht es, seine Gedanken zu sammeln und sich an das gewünschte Ergebnis heranzutasten. Wir brauchen meist nur die Eingebung, und in Gedankenschnelle wird der vom Unbewußten gespeiste Computer ermitteln, was wir zu wissen wünschen.

Die Fehlerquote ist geringer als in den nächsten drei Stufen der Hellsehschule. Hier wird ja auch nicht mit einer oder mehreren Unbekannten gerechnet, sondern mit dem, was einfach zu belegen ist.

### Dem Unbewußten ist nicht zu befehlen

Schon früheste Kindheitserlebnisse werden von unserem Unbewußten erfaßt, schlechte und gute Anlagen oder Gewohnheiten, unsere Erziehung, die Beeinflussung durch gute und weniger gute Freunde, Schulbildung und Beruf, aber auch die Erbanlagen, die uns von unseren Eltern und Ahnen überkommen sind.

52

Die Summe all dieser unseren Charakter formenden Elemente speichert das Unbewußte für uns. Manches davon möchten wir löschen. Aber mit Willenskraft ist da kaum etwas zu erreichen: Dem Unbewußten ist nicht zu befehlen. Man muß es überzeugen, indem man seine Angewohnheiten ändert, gewissermaßen ein anderes Bild von sich selbst eingibt, das dann an die Stelle des bisher eingespeicherten treten kann.

*Ein anderes Bild von sich selbst eingeben*

Der Computer des Unbewußten wird nämlich nicht mit Zahlen und Buchstaben gefüttert, sondern mit Bildern, durch die er unser Ich in kleinste Teile zerlegen kann. Wir müssen schon kräftige Farben nehmen, um das, was uns in schlechtem Lichte zeichnet, zu übermalen.

Übrigens verschärft sich das Erinnerungsvermögen bei vielen Menschen mit zunehmendem Alter. Das kommt wohl daher, daß ältere Leute mehr Zeit finden, in sich hineinzuhorchen, in den Erinnerungen zu kramen.

### Greise denken in die Vergangenheit

So denken manche Greise oft nur noch in der Vergangenheit, die wie ein Film immer und immer wieder vor ihrem geistigen Auge abläuft. Das Heute scheint sie kaum zu interessieren, und Zukünftiges ist für diese Altersgruppe in vielen Fällen blockiert. In diesem Zusammenhang mag einleuchten, daß Menschen an der Schwelle des Todes noch einmal ihr ganzes Leben abspulen sehen bis hin zu dem Punkt, in dem sie eine jenseitige Zukunft erschauen.

*Die Zukunft scheint blockiert zu sein*

# Stufe 2: Das Ahnungsvermögen

Auch diese Stufe des Hellsehens kann eigentlich jeder normale Mensch erreichen; denn jeder von uns hat schon einmal irgend etwas vorausgeahnt, das dann auch prompt eintraf. Aber unser Ahnungsvermögen ist begrenzt. Beruflicher Streß, Verkehrslärm, Fernsehen und laute Zerstreuungen lassen uns kaum noch Zeit zur Besinnung auf uns selbst.

Umwelteinflüsse überdecken oft Signale, die unser Unbewußtes aussendet. Sie lassen unser Ahnungsvermögen schrumpfen. Wer sitzt schon nach Feierabend in der gemütlichen Kaminecke und hängt, statt in den Fernsehschirm zu schauen, den eigenen Gedanken nach, die sich ins Unbewußte mischen und plötzlich Ahnungen produzieren, die schon bald zur Gewißheit werden?

*Der Mensch verlor viel von seinem Selbst*

Der moderne Mensch hat viel von seinem Selbst verloren, das die eigene Natur spiegelt. Anders ist das mit vielen Eingeborenen in sogenannten unterentwickelten Ländern, die sich noch natur-gewollte Empfindungen erhalten haben. So berichtete der italie-nische Professor Beonio-Brocchieri in einem Leserbrief an den Mailänder „Corriere della Sera" von einer Expedition in Äthio-pien im Jahre 1936 über drei Eingeborene, die sich als Führer und Experten seiner Kolonne anschließen wollten.

### Der Einäugige heilt Fieberschauer

*„… da ist zum Beispiel ein gewaltiger Bursche, der sich sehr nützlich macht, weil er einen fabelhaften Spürsinn für Wasser hat und Quellen entdeckt.*

*Ein anderer gilt unter den Eingeborenen als Heiliger; er heilt, man weiß nicht recht wie, mit einem Blick die Tropenkrank-heiten seiner Landsleute und bringt Fieberschauer zum Ab-klingen. Es wird behauptet, er erwecke sogar Tote und unterhal-te sich, wenn er nachts in den Wäldern herumstreife, mit den Pflanzen. Du siehst ihn vor dir: ein krummer, einäugiger, stot-ternder Kerl von einem Freibeuter.*

*Vorgestern brachte ein Flugzeug die Post aus Italien. Der Pilot trug sofort einen Brief zu dem stellvertretenden Komman-danten.*

*Als dieser sich anschickte, den Umschlag aufzureißen, sagte der Heilige in aller Ruhe: ‚Der Brief, den du da aufmachst, mel-det dir die Erkrankung eines Bruders; er berichtet aber, daß es ihm jetzt besser gehe und daß er bald wieder ganz gesund sein würde.'*

*Der Kommandant begann zu lesen und riß die Augen auf: Alles stimmte! Wir waren fünf Weiße im Zelt, uns stockte der Atem …*

*Da ist auch noch der erste Bursche des Chefs, gerade sech-zehn Jahre alt, der das Kommen des dreimotorigen Flugzeugs*

*neun oder zehn Minuten vor dessen Erscheinen am Horizont
ankündigt, also auf eine Entfernung von fast fünfzig Kilometern.
Rätselhafte, magische Leute. Es ist schön, unter ihnen zu leben."*

## Naturgegebene Fähigkeiten

Gibt es für den Bericht des Professors Beonio-Brocchieri eine
logischere Erklärung als die, daß Menschen, die sich noch auf
sich und die eigenen naturgewollten Fähigkeiten konzentrieren
können, eher hellsehen können als wir, die wir den „Segnungen"
der Zivilisation ausgesetzt sind? Hier wurden von sogenannten
Primitiven Ereignisse und Dinge vorausgeahnt, die den meisten
von uns ein Rätsel bleiben müssen.

Bei uns ist das Ahnungsvermögen meistens auf einige weni- *Das Denken*
ge Beispiele beschränkt. Viel zu sehr sehen wir im Denken eine *löscht oft see-*
Funktion des Gehirns, die durch seelische Vorgänge kaum be- *lische Vor-*
einflußt wird. Es gehört ja zum Wesen der Naturwissenschaft, nur *gänge*
rational greifbare Vorgänge zu analysieren, während sie Über-
sinnliches gleichsam mit einer Handbewegung stets vom Tisch
wischt.

Aber bleiben wir beim Ahnungsvermögen. Wie können wir
es aktivieren? Wohl nur dadurch, daß wir versuchen, trotz aller
Umwelteinflüsse zu uns selbst zu kommen, seelische Konflikte
mutig anzugehen und dann auch zu lösen; denn ein Teil unserer Ahnungen ist das Produkt aus Furcht und Hoffnungen, die
seelisch bedingt sind.

## Was Todkranke ahnen

Nehmen wir die Todesangst. Sie befällt viele Menschen, die sich
schwach und krank fühlen. Und dann sagen sie es einem Vertrau-
ten: „Ich werde bald sterben." Und die Todesahnung wird zur
Gewißheit: Der Kranke hatte sich genau in dem Zeitpunkt selbst
aufgegeben, als sein Unbewußtes ihn den furchtbaren Satz aus-
sprechen ließ.

Kann man etwas dagegen tun? Labile Menschen kaum. Nur
starke Typen werden versuchen, das Bild aus dem Unbewußten
wegzuwischen und es durch ein anderes Bild zu ersetzen, das
ins Unbewußte die Hoffnung einspielt, daß das Leben noch einmal siegen werde.

Wir sagten ja: In unserem Unbewußten werden Bilder aus der Vergangenheit gespeichert, die nur durch neue Bilder gelöscht werden können.

### *Hoffnung erzeugt Ahnungen*

Auch die Hoffnung erzeugt Ahnungen, die Erfüllung finden können. Unser Unbewußtes kann nicht − wie wir sahen − zwischen Phantasie und Wirklichkeit unterscheiden. Es spiegelt die Hoffnung in einem Bild wider und fragt nun unseren Seelencomputer ab, ob da etwas zu machen sei und wie man − vielleicht über allerlei Umwege − zum Ziel seiner Wünsche kommen könne.

So kann aus Hoffen und Bangen Gewißheit werden.

# *Stufe 3: Das Versenken in sich selbst*

Nicht jeder wird auf dieser Stufe mithalten können. Mentales Training gehört dazu, das ist die Konzentration auf den Geist, das Sammeln der Gedanken auf einen Punkt, ein Ziel, das man anstrebt. Dabei sollten Körper, Seele, Denkkraft und Gemüt miteinander harmonieren, also nicht auseinanderstreben. Nur nervlich gefestigte, gesunde Menschen können diese Konzentration aufbringen.

*Harmonie von Körper, Seele, Denkkraft und Gemüt*

Man sollte dabei alle seine Gedanken zusammennehmen, um das Versenken in sich selbst zu erreichen. Diese Art der Konzentration nach innen erspart viel Kraft; die Sinne sind beruhigt und befinden sich in einem schlafähnlichen Zustand: Man schaltet sie gewissermaßen nach außen ab und richtet sie nach innen. Die Augen sind dabei geschlossen: Man ist in einer mentalen Welt, in der nur der Geist voll bewußt bleibt.

Dieser völlig entspannte Zustand zwischen Schlafen und Wachen gleicht jenem, in dem wir unsere Traumerlebnisse haben. Auf der Spur der Träume mogeln wir uns an das Unbewußte heran, stellen unsere Fragen und horchen in uns hinein. Wir wissen, daß die Schaltzentrale des Unbewußten irgendwo in unserem Hinterkopf sitzen muß, daß von dorther elektrische Wellen ausgesandt werden, die sich in jene mehr oder weniger bizarren Bilder auflösen, die im Schlaf, aber auch im Zustand des Versenkens in sich selbst sichtbar werden. Hier öffnet sich ein Weg in unser Seelenleben.

### Chemische Reaktionen in unserem Gehirn?

Letztgültig ist das, was wir Seele nennen, nicht erforscht. Der in Amerika arbeitende Wiener Arzt Professor Kneucker glaubt, daß die Seele nichts anderes sei als ein Feld chemischer Reaktionen in unserem Gehirn.

Andere Wissenschaftler meinen, sie sei der im Schlaf abgeschwächte Verstandesapparat, der durch eine Art Notaggregat unbewußte Denkprozesse fördere.

*Fördert ein Notaggregat unbewußte Denkprozesse?*

In der Naturwissenschaft ist eben auch die Seele Materie und nicht die unsichtbare, gottgewollte Kraft, die uns leben läßt bis zum letzten Atemzug und — vielleicht — sogar darüber hinaus. Für sie liefert eine nicht einmal ein Pfund schwere graue Gehirnmasse alle erforderlichen Seelenzustände. Jede andere Deutung sei persönliche Glaubenssache und damit wissenschaftlich nicht erfaßbar.

Aber trotz des Einsatzes modernster elektronischer Geräte kamen die naturwissenschaftlichen Forschungen kaum über Anfangserfolge hinaus — ganz einfach deshalb, weil sich die Spur der Seele und damit das Unbewußte ins Nebulöse, ins Reich der Träume verflüchtigt.

Wir wissen um die Schaltzentrale, um die auslösenden Faktoren in unserem Gehirn; aber nur mit psychologischen Mitteln können wir deuten, was hinter den elektrischen und chemischen Reaktionen steckt, die unser Gehirn ausführt, um zum Beispiel in Gedankenschnelle Träume zu vermitteln, die der Materie entkleidet sind, deren Deutung nur im geistig-seelischen Bereich zu suchen ist.

*Was hinter den elektrischen und chemischen Reaktionen steckt*

### Konzentration nach innen

Bei dem Versenken in sich selbst werden die gleichen Schaltungen ausgeführt wie im Traumzustand. Durch die Konzentration nach innen können wir aber unseren Geist bewußt auf einen Punkt lenken, den wir klären wollen.

Ein Beispiel mag das erläutern: Sonnenstrahlen bringen gleichmäßig Wärme auf die Erde. Werden einige von ihnen aber in einer Linse erfaßt, kann man mit ihnen ein Feuer entfachen.

*Das Wunder der Meditation*

Bei der Gedankenkonzentration ist es ähnlich: Man sollte nur an das denken, was man gerade vorhat. Man nennt diese Fähigkeit des Denkens in sich hinein auch *Meditation*.

Dieses Versenken in sich selbst ist die eigentliche Vorübung zur vierten und letzten Stufe unserer Hellsehschule. Man benötigt dazu Geduld und Ausdauer, einen wachen Geist, aber auch gesunde Nerven.

Indische Priestersekten verlangten eine Übungszeit von nicht weniger als dreißig Jahren, um den letzten Grad der Vollkommenheit zu erreichen. Das würden unsere durch die Zivilisation sowieso überstrapazierten Nerven einfach nicht aushalten.

### Der Versuch lohnt: Meditieren Sie!

Machen Sie aber ruhig den Versuch: Meditieren Sie! Konzentrieren Sie sich in der beschriebenen Weise, und schalten Sie außer dem Geist nach außen hin alles ab. Das wird Ihre Nerven stärken, vielleicht aber werden Sie auch Erkenntnisse aus dem Unbewußten ziehen können, die Ihr Leben positiv beeinflussen werden, die Sie hellsichtig werden lassen. Es liegt viel an Ihnen, ob der Versuch gelingt. Nie sollten Sie dabei ungeduldig werden; denn der vom Unbewußten gesteuerte Computer reagiert nicht auf Tastendruck, sondern nur auf die rechte Eingebung.

*„Die Melancholie" nannte Albrecht Dürer diesen berühmten Kupferstich. Er
zeigt einen ganz auf sich selbst konzentrierten Engel, dessen Blick in die
Zukunft gerichtet ist. Außer dem künstlerischen Eindruck, den dieses
großartige Werk auch heute noch auf uns macht, ist es auch in anderer
Hinsicht sehr interessant: Wir sehen auf diesem Bild auch allerlei notwendiges
Beiwerk der Hellseher im Mittelalter, so auch oben rechts ein magisches
Quadrat, das senkrecht wie waagerecht immer die Quersumme 34 ergibt*

# Stufe 4: Telepathie und Präkognition

*Schulische Hemm- schwellen*

Für diese vierte Stufe in unserer Hellsehschule braucht man vor allem Begabung. Selbst wenn man die ersten drei Stufen spielend gemeistert hat, wird man hier auf Hemmschwellen stoßen, die nur von wenigen überbrückt werden können. Klären wir zunächst die Begriffe.

## Telepathie

Darunter versteht man die unmittelbare Übertragung seelischer Vorgänge von einer Psyche auf eine andere ohne Vermittlung der bekannten Sinnesorgane, also von einem „Sender" zu einem „Empfänger". Die wissenschaftliche Parapsychologie hat durch Untersuchung telepathischer Medien und statistische Erhebungen ein so umfangreiches Material vorgelegt, daß die Telepathie erklärbar ist und damit bewiesen scheint. Es ist durchaus denkbar, daß *Gedanken auf* telepathische Vorgänge durch bestimmte elektrische Wellen aus-*elektrischen* gelöst werden, welche die Gedanken zweier Individuen, die mög-*Wellen geortet* licherweise weit entfernt wohnen, auf einen Nenner bringen.

## Präkognition

Dies ist das Vorauswissen eines zukünftigen Vorganges, bei dem physikalische Hinweise auf elektrische Wellen oder andere Energiequellen von vornherein ausscheiden, da nach Professor Hans Bender, dem ersten deutschen Lehrstuhlinhaber für wissenschaftliche Parapsychologie, *„ein noch nicht existierendes Ereignis nicht gegen den Strom der Zeit physikalische Ursache eines ihm vorauslaufenden Eindrucks sein kann"*.

Dank der parapsychologischen Forschung wissen wir, daß es das Voraussehen künftiger Ereignisse, die Präkognition, gibt, auch wenn es wissenschaftlich noch nicht exakt zu deuten ist. Als mögliche und wahrscheinliche Ereignisse sind hier auch die Wahrträume und Prophetien, über die in der Bibel berichtet wird, einzuordnen. Wer mediale Fähigkeiten hat, kann sicherlich leichter telepathisch wirken als präkognitiv. Vielleicht haben Sie, lieber Leser, selbst einmal zur gleichen Zeit den gleichen Gedanken gehabt wie ein weit weg wohnender Verwandter oder Bekannter. Sie haben später einmal darüber gesprochen und sich über derartige Übereinstimmung gewundert.

Das ist der Beweis dafür, daß Sie durchaus die Anlage haben, die vierte Stufe dieser Hellsehschule zu erreichen; denn bei Ihnen klappte ja schon die telepathische Nachrichtenübermittlung, wenn auch nicht so vorzüglich, wie sie der englische Arzt Dr. G. B. Kirkland in einem Vortrag über die Magie der Afrikaner schilderte, der in Ernesto Bozzanos Buch „Übersinnliche Erscheinungen bei Naturvölkern" abgedruckt wurde.

*Wenn die telepathische Nachrichtenübermittlung klappt*

### Eingeborener kennt keine Todesangst

*„In das Spital wurde ein Eingeborener eingeliefert, dem ein anderer Eingeborener unter Alkoholeinfluß ohne irgendeinen Grund mit einem Messerstich die Leber durchbohrt hatte.*

*Er fragte: ,Werde ich morgen noch leben?'*

*Diese Frage brachte er durchaus ruhig vor, da die Eingeborenen sich nicht vor dem Tode fürchten. Wir Zivilisierten fürchten uns vor dem Tode; die Todesfurcht ist einer der vielen Nachteile des zivilisierten Lebens.*

*Ich antwortete offen, das sei unwahrscheinlich. Er bemerkte hierauf: ,Glauben Sie, daß ich noch durchhalte, bis ich meine Angehörigen nochmals gesehen habe? Auf alle Fälle werde ich sie benachrichtigen, damit sie sofort kommen.'*

*Nun geschah es, daß die Familie ihn bei ihrem Eintreffen noch lebend vorfand, obgleich sie in einem 28 Meilen entfernten Dorfe wohnte. Ich bemerkte, daß, wie ich in diesem Falle garantieren kann, keine ,Tom-toms' (Urwald-Trommeln) in Tätigkeit traten.*

*Nun wollen wir einige Überlegungen anstellen.*

● *1. Um achtundzwanzig Meilen (etwa 50 Kilometer) durch Wälder und auf unbenutzbaren Pfaden zurückzulegen, braucht man in diesem Lande neun Stunden.*

● *2. Es gab also keinerlei Möglichkeit, die Angehörigen zu benachrichtigen, damit sie noch an das Sterbebett kämen.*

*Ein Sterbender funkte SOS*

● *3. Daraus ist zu schließen, daß der Sterbende in sich selbst einen SOS-Apparat besitzen mußte, mit dem er das Geschehnis unmittelbar übermitteln und die Familie sofort zu sich rufen konnte.*

Es sei noch bemerkt, daß das oben wiedergegebene Gespräch zwischen dem Sterbenden und mir bei Sonnenuntergang stattfand und vor Sonnenaufgang seine Familie bereits um sein Lager versammelt war."

### Telepathische Nachrichtenübermittlung

Hier handelt es sich um die echte Erscheinung telepathischer Nachrichtenübermittlung, und was Kirkland als SOS-Apparat bezeichnete, ist wohl nicht anderes als das Unbewußte des Sterbenden, das mit einer anderen Psyche kommunizierte. Ob es sich dabei um elektrische Wellen handelt, die hier Raum und Zeit überbrückten, mag dahingestellt sein. Tatsächlich aber fand das Wunschdenken des Sterbenden seine Erfüllung: Er konnte noch einmal seine Familie sehen.

Solche telepathische Übermittlung von Gedankenvorgängen ist selten, aber unser kleiner Hinweis auf eigene Erlebnisse, bei denen sich die Gedanken unserer Leser möglicherweise mit denen anderer Personen deckten, mag Anlaß sein, einmal in den Erinnerungen zu kramen, ob da nicht noch weitere Beispiele eigener telepathischer Übereinstimmungen gegeben sind.

*Zukunftsvisionen werden oft vergessen*

Bei der Präkognition ist das schon schwieriger.

Mag sein, daß manch einer unter uns schon Zukunftsvisionen hatte, aber dann wurden sie nicht aufgeschrieben. Sie wurden vergessen, weil die Zeit darüber hinwegging.

Da wäre es eigentlich ratsam, immer einen Zettel bei der Hand zu haben, um besonders prägnante, in die Zukunft weisende Traumerlebnisse aufzuschreiben oder auch Denkvorgänge schriftlich festzuhalten, die aus dem Unbewußten zu kommen scheinen. Es ist dann nur eine Frage der Zeit, ob sich die eine oder andere unserer „Visionen" als wahr erweisen wird, als Präkognition, als das bestätigte Vorauswissen eines zukünftigen Vorgangs.

In einer Hörfunksendung des Südwestfunks referierte Professor Hans Bender über die Information, die einem Amerikaner im Traum übermittelt wurde und interpretierte sie zugleich.

### Das Testament in der Bibel

*„Farmer in Amerika, schrullig, stirbt; im Testament wird nur einer der Söhne bedacht, die anderen gehen leer aus.*

*Enttäuschung bei den anderen, auch Enttäuschung über man-*
*gelnde Zuwendung.*

*Einer der nichtbedachten Söhne träumt nun ein Jahr nach*
*dem Tode seines Vaters, dieser erscheine ihm in einem alten*
*Mantel und sage: ,In diesem Mantel wirst du einen Hinweis*
*finden – suche nach – auf ein anderes Testament.' Alter Mantel*
*wird gefunden, darin ein Zettel, der auf die Familienbibel weist,*
*und dort befindet sich im Buch Genesis ein neues Testament,*
*rechtsgültig, das alle bedenkt. Wird anerkannt, schön, Spiriti-*
*sten sagen: Nur der Vater wußte das, die Information kann*
*also nur von ihm stammen, also ist schon dieser einfache Fall*
*ein Beweis für das Überleben des Todes.*

*Der Hinweis
in einem alten
Mantel*

*Die Parapsychologen sagen, das ist keineswegs zwingend,*
*das könnte so sein, aber es muß nicht so sein. Der Sohn kann*
*unter dem wachsenden Affektdruck seiner Enttäuschung para-*
*normale Fähigkeiten entwickeln, kann hellsehend sein und*
*kann auf dem Wege der außersinnlichen Wahrnehmung eben*
*das dann finden, oder er hat die Information schon zu Lebzei-*
*ten telepathisch bekommen vom Vater; die blieb aber im Un-*
*bewußten stecken, und erst, als die entsprechende aktuelle*
*Situation da war, kam sie hoch. Also: unbeweisbar!"*

Diese Geschichte dokumentiert, was wir zu Anfang dieses Kapitels über die Hellsehschule schrieben: Es ist das Unbewußte,
das den Stein ins Rollen bringt, das uns — verschlüsselt oder wie
in dem vorliegenden Fall unverschlüsselt — Erkenntnisse bringt,
die unsere Behauptung beweiskräftig machen, daß dank jenes
„Computers", den das Unbewußte für uns programmiert, jeder
die Anlage hat, in der Hellsehschule zu bestehen und sogar die
vierte Stufe zu erreichen.

*Das Unbe-
wußte bringt
den Stein ins
Rollen*

# 7. Kapitel

# ... und das Schicksal pendelt hin und her

Nicht jeder glaubt die Konzentration aufbringen zu können, die wir in unserer Hellsehschule verlangen mußten. Er will schnellere Antwort auf brennende Fragen. Es müßte schon etwas Handfesteres sein, das da zwischen Bewußtsein und Unbewußtem — bei allem Vorbehalt — den Mittler spielt.

Also pendeln Sie mal Ihr Schicksal aus! Aber glauben Sie nur ja nicht, das sei leichter. Auch Pendler haben ihre Vorschriften und Regeln, nach denen sie vorgehen müssen.

*Symmetrisch muß das Pendel sein*

Da wäre zunächst einmal das Gerät. Man kann es in einschlägigen Geschäften kaufen. Die Form als solche ist gar nicht so wichtig, nur symmetrisch müssen die Pendel sein und an einem 15 Zentimeter langen, möglichst schwarzen oder durchsichtigen Faden hängen, weil Schwarz zum Beispiel in weniger störenden Wellen vibriert als bunte Farben.

Das eigentliche Pendel sollte rund wie eine Kugel oder länglich wie ein Zylinder geformt sein und lotrecht an dem Faden hängen. Da gibt es teure Stücke, die aus Edelsteinen oder Elfenbein gefertigt wurden. Einfachere sind aus Holz oder Eisen und sehr preiswerte aus Plastik.

Für den Hausgebrauch und für den Anfänger langt aber auch eine dicke Perle oder der Ehering, die man an einen schwarzen Zwirnsfaden oder an eine dünne, durchsichtige Nylonschnur hängt, an deren Ende ein Knoten oder ein Ring gemacht wird.

### Das Pendel antwortet nur mit Ja oder Nein

Das Pendel hat natürlich seinen ganz besonderen Sinn: Es soll den von uns schon erwähnten „Computer" abfragen, den das

Unbewußte mit unseren ganz persönlichen Daten programmierte, zu denen alle Erfahrungen, Lern- und Erbprozesse zählen, die unseren Charakter formten. Leider kann das Pendel nur mit „Ja" oder „Nein« antworten, höchstens auch mit „Vielleicht".

Bevor Sie mit den ersten Übungen beginnen, bestimmen Sie, wie das Pendel ausschwingen müßte, wenn Ihr Unbewußtes mit „Ja" antwortet, und wie, wenn es „Nein" sagen sollte. Also etwa: rechtsherum im Uhrzeigersinn „Ja", linksherum „Nein" — oder umgekehrt.

*Wenn Ihr Unbewußtes antwortet ...*

Zeichnen Sie sich nun auf einem Zeichenpapier die Figur ab, die wir auf der nächsten Seite für Sie aufgemalt haben: einen Kreis mit einem einfachen Kreuz, wobei Punkt A oben, B unten, C links und D rechts angezeigt sein sollten (Sie können natürlich auch über unserer Abbildung mit dem Pendeln beginnen!).

Setzen Sie sich nun, ohne sich anzulehnen, auf einen Stuhl, wobei das Kreuz durchgedrückt sein sollte und die Füße parallel nebeneinander stehen müssen, ohne sich jedoch dabei zu berühren.

Nehmen Sie die Pendelschnur als Rechtshänder in die rechte Hand, als Linkshänder in die linke. Die andere Hand legen Sie neben sich, sie darf die, die das Pendel führt, ebenfalls nicht berühren. Sie können die Pendelschnur mit der ganzen Hand greifen, es genügt aber auch, sie mit Daumen, Zeige- und Mittelfinger zu halten. Stützen Sie den Ellbogen Ihres Führarmes auf dem normal hohen Tisch auf. Dann beruhigen Sie mit der freien Hand das Pendel, bis es auf dem Mittelpunkt unseres Kreises verharrt.

*Die richtige Haltung beim Pendeln*

## Völlig entspannt dasitzen!

Bevor Sie nun mit den Übungen beginnen, müssen Sie völlig entspannt dasitzen und sich auf Ihr Inneres konzentrieren, allerdings mit geöffneten Augen. Horchen Sie ruhig in sich hinein, und geben Sie sich locker. Nur so können Sie den Kontakt mit der unbewußten Kraft aufnehmen, die in Ihrem Inneren schlummert.

Und dann lassen Sie das Pendel schwingen. Zuerst im Uhrzeigersinn, also von A über D, B und C nach A zurück. Achten Sie darauf, ohne sich ansonsten von Ihrer Konzentration nach innen ablenken zu lassen, daß das Pendel saubere Kreise vollführt. Dann sagen Sie leise, aber bestimmt, immer wieder: „Diese Bewegung heißt Ja!"

Nach einiger Zeit halten Sie, geistig voll konzentriert, das Pendel mit der freien Hand an und lassen es in die entgegengesetzte Richtung kreisen. Diesmal sagen sie dazu: „Diese Bewegung heißt Nein!"

So sprechen Sie Ihr Unbewußtes an, täglich eine Viertelstunde, eine oder zwei Wochen lang, bis Sie glauben, daß nun der Bewegungsablauf des Pendels programmiert sein könnte. Später, wenn Sie im Pendeln sattelfester geworden sind, können Sie dann noch einen Ausschlag von A nach B mit „Ich habe dazu keine Mei-

*Über einem solchen Kreis sollten Sie mit dem Pendeln beginnen*

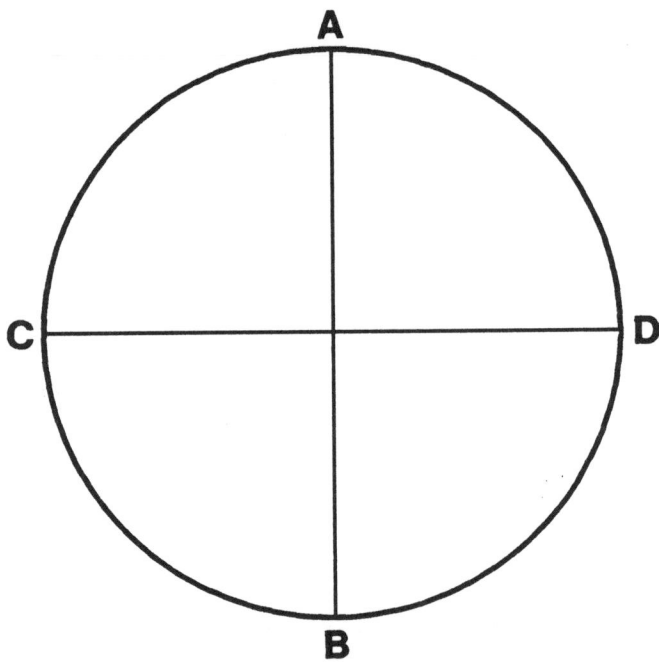

*Hilfsmittel für Amateure: Der Pendelkreis*

nung" und von C nach D mit „Ich weiß es nicht" eingeben. Aber zunächst mögen „Ja" und „Nein" genügen. Wenn Sie sicher sind, daß von Ihnen benutzte Pendel allein kraft Ihres Geistes rotieren könnte, gehen Sie zu den ersten echten Übungen über.

Halten Sie das Pendel über den Mittelpunkt des Kreises. Dabei darf sich die Führhand nicht verkrampfen, sondern muß ruhig und nahezu unbeweglich stillstehen. Konzentrieren Sie sich entspannt auf Ihr Inneres, aber zugleich schauen Sie das Pendel an.

Dann stellen Sie die erste Frage. Gehen Sie dabei nicht gleich aufs Ganze, sondern nehmen Sie sich zunächst Banaleres vor: „Wird das Wetter morgen schön?" Bald wird, ohne daß Sie Hand oder Finger bewegen, dank einer ideomotorischen Kraft das Pendel zu schwingen beginnen, Antwort geben. Kontrollieren Sie am nächsten Tag, ob diese richtig war, und stellen Sie eine weitere Frage.

*Die erste Frage kann ganz banal sein*

## *Wichtig: Geduld und Ausdauer*

Sie sehen schon, um Pendeln richtig zu erlernen, braucht man neben mentalem Training eine Menge Geduld und Ausdauer. Der menschliche Geist besitzt nämlich durchaus die Kraft, die Materie zu beeinflussen, das läßt sich mit dem Pendelausschlag beweisen. Aber wir müssen ihn erst durch entspannte Konzentration dazu verführen.

Pendeln Sie nie nach einem harten Arbeitstag, wenn die Nerven noch vibrieren. Entspannen Sie sich erst, ruhen Sie sich vorher aus oder verlegen Sie Ihre Pendelversuche in die frühen Morgenstunden, weil dann am ehesten die Gewähr ist, daß Sie sich richtig konzentrieren können.

Und trainieren Sie Ihren Geist durch mentale Freiübungen, schalten Sie ein paarmal am Tag ab vom Alltagskram, und üben Sie sich vielleicht nur für Sekunden darin, einmal an rein gar nichts zu denken.

Wenn Sie dann die ersten ernsten, für Sie sehr wichtigen Fragen stellen, halten Sie mit Ihrer eigenen Meinung zurück. Sie könnte das Unbewußte beeinflussen, und Sie wären um eine ehrliche Antwort betrogen. Wenn Sie befürchten müssen, daß Sie zu emotionsgeladen an die Dinge herangehen könnten, geben Sie lieber einem anderen geübten Pendler das Gerät in die Hand und lassen ihn neutral Ihre Frage stellen.

*Vorsicht! Man kann sich auch selbst betrügen*

Einige Pendler warnen davor, in der Nähe von starken elektrischen Geräten, wie Fernsehapparaten, Kühlschränken oder Geschirrspülmaschinen, zu pendeln. Die Elektrizität kann nach ihrer Meinung die ideomotorische Kraft empfindsam stören und falsche Ergebnisse hervorrufen.

Übrigens: Wenn Sie nach einiger Zeit feststellen, daß Ihr Pendel nahezu fehlerfrei arbeitet, haben Sie die Gewißheit, daß Sie es richtig einprogrammiert haben.

Von nun an wird es, nach Ansicht erfahrener Pendler, stets die richtigen Antworten parat haben, wenn Sie präzise Fragen stellen.

**Das Pendel ist nur Mittel zum Zweck**

Das Pendel ist ja eigentlich nur Mittel zum Zweck. So wie mancher Wahrsager oder Hellseher eine Kristallkugel braucht, um sich zu konzentrieren, ist es hier die schwingende Bewegung eines Gegenstandes. Wesentlich ist eigentlich nur das Versenken in sich selbst, um aus dem Unbewußten wichtige Erkenntnisse ziehen zu können.

Die Arbeit mit dem sogenannten *siderischen Pendel* (von griechisch sideros = Eisen), das aus einem Metallring (das kann auch ein Ehering sein!) besteht, soll in der Hand eines erfahrenen Pendlers, ähnlich wie bei der Wünschelrute, zur Entdeckung verborgener Krankheitsherde führen können.

Mit ihm — hieß es — würde man auch verborgene Schätze auffinden. In diesem Falle wollen wir uns kein Urteil anmaßen. Sicher spielt dann wohl die (äußerst seltene) Hochempfindlichkeit einzelner Menschen mit, die sich wie bei der Wünschelrute auf das „Arbeitsgerät" auswirkt.

Wer nicht an die „Wunderkraft" des Pendels glauben möchte, sollte alles nur als ein Spiel ansehen, das man — vielleicht — gewinnen kann...

# 8. Kapitel

# Die Schatzsucher mit der Wünschelrute

Nicht einmal 200 Jahre ist der Gebrauch des Pendels bekannt. Aber schon im Mittelalter verwandte man die Wünschelrute, zunächst zum Aufspüren verborgener Erzgänge. Dazu schrieb der Mineraloge und Arzt Georg Agricola (1494–1555), der sich als Forscher und Darsteller der Gesteins-, Bergbau- und Hüttenkunde des 16. Jahrhunderts hervortat:

*„Von denen, die den Gebrauch der Wünschelrute gutheißen, nehmen einige eine Gabel vom Haselstrauch, die sie für geeigneter als andere halten, besonders, wenn der Haselstrauch über einem (Erz-)Gang gewachsen ist. Andere benutzen je nach dem Erz verschiedene Ruten, und zwar verwenden sie die Rute von Hasel für die Silbererzgänge, die der Esche für Kupfererz, die der Kiefer für Blei- und Zinnerz und eisen- oder stahlgefertigte für Gold.“*

**Eiserne Ruten sollen Gold orten können**

Im 17. Jahrhundert gehörte der Rutengänger vielfach zum beamteten Bergwerkspersonal, war also eine geachtete Persönlichkeit, die allerdings viele Neider hatte, weil sie – nach Meinung ihrer Kritiker – eine nur kurz bemessene Dienstzeit hatte. Deshalb sann die Obrigkeit erfindungsreich auf zusätzliche Tätigkeiten, die man schon bald fand: Im gleichen Jahrhundert bereits wurde die Wünschelrute auch erstmals als Wassersucherin benutzt.

Trotz mehr oder weniger erfolgreicher Anwendung fand sie unter den Gelehrten, so bei Gottfried Wilhelm Leibniz (1646–1716), heftige Gegner, vor allem wohl deshalb, weil sie von allerlei Jahrmarktsgauklern auch als Wahrsageinstrument verwendet wurde.

*Die Rute wird an beiden Gabelenden mit „Untergriff" angefaßt,*
*die Handflächen nach oben: Rutengänger anno 1743*

## Wie man die Rute hält

Bis zum heutigen Tag blieb die Wünschelrute, aus demselben Material wie zu Zeiten des Agricola gefertigt, das Gerät zum Aufsuchen verborgener Wasseradern oder — freilich abgeschwächt — von Bodenschätzen, aber auch von sogenannten Reizstreifen, in denen Erdstrahlen ihr Unwesen treiben. Der Rutengänger hält dabei die Wünschelrute mit beiden Händen in Spannung. Darauf kommt es durch Muskelbewegungen, die nicht vom bewußten Willen gelenkt werden, zu Ausschlägen, die Ort und Tiefe des gesuchten Vorkommens anzeigen sollen. Während jeder von uns — wie wir gesehen haben — mit einem Pendel umgehen kann, ist die Arbeit mit der Wünschelrute schwieriger. Man kann zwar das Rutengehen erlernen, muß aber zusätzlich körperlich und geistig wie ein hochempfindliches Radargerät reagieren, um das, was in der Erde gesucht wird, auch orten zu können.

*Körperlich und geistig wie ein Radargerät reagieren*

Über das Material, aus dem eine Wünschelrute besteht, hat uns schon Georg Agricola aufgeklärt. Nun wollen wir sehen, was ein Rutengänger zu tun hat, damit die Rute beziehungsweise deren Gabelspitze in seinen Händen unter bestimmten Bedingungen ausschlägt.

Folgen wir dabei der „Gebrauchsanweisung", die der Nervenarzt Dr. med. H. Haenel 1918 in einem Heft des Verbandes der Rutengänger unter dem Titel „Zur physiologischen Mechanik der Wünschelrute" gab:

## Regeln für Rutengänger

*Sehen wir uns die Haltung eines erfahrenen Rutengängers einmal genauer an. Er beachtet folgende Regeln:*

*1. Die Oberarme bis zu den Ellbogen liegen am Oberkörper an.*

*2. Die Rute wird an beiden Gabelenden mit „Untergriff" angefaßt, d.h. die Handflächen nach oben gewendet.*
*Zur besseren und kürzeren Verständigung für die nachfolgenden Ausführungen wird diese Handhaltung, Handflächen nach oben, mit dem wissenschaftlich dafür gebräuchlichen Ausdruck **Supination**, die entgegengesetzte, Handflächen nach unten, als **Pronation** bezeichnet werden.*

*3. Die Rute wird mit diesem Griff horizontal, die Spitze nach vorn zeigend, gehalten und*

4. das Wichtigste: Sie wird gespannt, d.h. gespreizt, ausein-
andergezogen, als ob man sie an ihrem Vereinigungspunkte
bei der Spitze zerreißen wollte. Je nach der Dicke und
Festigkeit des Holzes oder Metalls ist dazu eine größere oder
geringere Muskelanstrengung nötig. Sie darf nicht zu
schwach sein. Ganz dünne, schmiegsame Gerten sind als
Wünschelrute in der Regel unbrauchbar; der Widerstand
muß ein elastischer sein, deshalb ist dürres Holz oder star-
res Metall ebenfalls nicht verwendbar.

## Die richtige Muskelspannung

Dieses „Spannen" der Wünschelrute müssen wir nun etwas
eingehender betrachten; am besten ist es, wir führen es an
einem frisch vom Busche geschnittenen Gabelzweige einmal
selber aus. Die Gabelenden finden ihren Hauptstützpunkt im
Handteller zwischen Daumenwurzel und erstem Mittelhand-
knochen; der Zeigefinger ist am stärksten, die folgenden immer
weniger gebogen.

*Wenn die
Rutenspitze
ein Zittern
verrät ...*

Wollen wir jetzt die Gabel spannen, so drängen wir die
Unterarme nach außen auseinander – ohne die Ellbogen vom
Rumpfe zu entfernen – und unterstützen die Wirkung dadurch,
daß wir die Finger stärker beugen, besonders den fünften, vierten und dritten. Schon dabei bemerken wir, daß die Rutenspitze,
die vor Beginn der Spannung ruhig nach vorn wies, in eine
leichte Unruhe, ein Zittern, gerät, so daß ein labiles Gleichgewicht entsteht. Welche Muskeln arbeiten jetzt, um die gestellte
Aufgabe zu erfüllen?

a) Die Muskeln, die von Brust und Rücken zum Oberarm
laufen, ziehen diesen an den Rumpf heran.

b) Die Beuger am Oberarm halten den Unterarm in der recht-
winklig gebeugten Haltung.

c) Schulterblatt- und Schultermuskeln suchen den Oberarm
und mit ihm den Unterarm nach auswärts zu drehen, dem
Widerstand der Rute entgegen.

d) Die Fingerbeugemuskeln suchen die Rutenenden in die
Handfläche hineinzudrücken.

e) Schließlich sorgen die Supinationsmuskeln dafür, daß die
Rutenspitze nach vorn zeigt, die Handflächen also aufwärts
gewendet bleiben.

72

Diese letztere Aufgabe ist nun aber grundsätzlich anderer Art als die andere, die Rute zu spannen. Der Rutengänger weiß ja, daß die Rute ausschlagen soll und will und daß er sie darin nicht hindern darf. Sie muß trotz der Spannung — vielmehr, wie wir schon erkennen, gerade infolge derselben — in seinen Händen „spielen". Mag er also auf die Muskelgruppen a) bis d) selbst eine erhebliche Kraft anwenden, die Gruppe e) wird unter allen am schwächsten innerviert, nur das Mindestmaß wird aufgewandt, das nötig erscheint, um die horizontale Ausgangsstellung der Rute trotz gegenwirkender Kräfte beizubehalten. Dazu kommt noch, daß er leicht schon durch die horizontal gehaltenen Unterarme, wenn auch irrtümlicherweise, diese letztere Aufgabe erfüllt glaubt.

Es mag vielleicht sonderbar erscheinen, daß es gelingen sollte, unter einer ganzen Menge stark arbeitender Muskeln eine einzelne Gruppe dermaßen anzusparen und entspannt zu halten; aber die Selbstbeobachtung am einfachen Rutenexperiment zeigt, daß das gar nicht so schwierig ist, daß der kennzeichnende „Griff" des Rutengängers sich sehr leicht erlernt, ja, daß er sich in der beschriebenen Haltung fast von selbst einstellt. *Der richtige Griff ist leicht zu erlernen*

## Was geht an der Rute vor?

Wir sahen, was an dem Rutengänger in der üblichen Bereitschaftshaltung sich abspielt. Was geht dabei an der Rute vor? Die Gabelenden werden auseinandergedrängt; kraft ihrer Elastizität haben sie das Bestreben, sich einander wieder zu nähern.

- Sie könnten das durch Annäherung der Oberarme — geht nicht, die liegen ja schon am Rumpf an;
- durch Einwärtsdrehung der Unterarme — geht auch nicht, die nach auswärts ziehenden Muskeln stehen entgegen;
- durch Strecken der sich beugenden Finger — geht aus demselben Grunde ebensowenig — entgegenwirkende willkürliche Innervation (das ist eine Reizübertragung auf die Nerven).

Wo findet die Rute die Stelle des geringsten Widerstandes? Dort, wo — wie wir sahen — die schwächste Innervation stattfindet, bei den Supinatoren. Und hier findet sie auch ihre Bemühungen schließlich von Erfolg gekrönt.

An seinen eigenen Händen kann sich das jeder leicht klarmachen. Die Daumenwurzeln, an denen die Gabelenden ihren Hauptstützpunkt finden, liegen bei supinierter Hand nach außen, also am weitesten voneinander entfernt. Dreht die elastische Kraft der Rute die Hände in Pronationshaltung, so sind damit die Gabelenden einander näher gekommen, ohne daß an der Entfernung der Unterarme etwas geändert worden wäre.

Die Elastizität der Rute hat die Zugkraft der spreizenden Arme gewissermaßen überlistet, den schwächsten Punkt des Angreifers herausgefunden und den dort fast Widerstandslosen leicht und überraschend überwunden.

Da beim Übergang von Supination in Pronation der fünfte Finger unter den Daumen zu liegen kommt, muß auch die Rutenspitze nach abwärts sich bewegen — so weit, bis sie in Ruhelage kommt. Das ist der Fall, sobald sie senkrecht nach unten zeigt, wenn also die Hände die Mittellage zwischen Pro- und Supination erreicht haben, wo die Handflächen nach innen weisen.

Der Entfernungsunterschied der Gabelenden zwischen der horizontalen Ausgangs- und der senkrechten Endlage beträgt, gleichgebliebenen Unterarmabstand vorausgesetzt, zweimal eine halbe Handbreite, also jedenfalls genügend, um auch ziemlich erhebliche Spannungsspreize auszugleichen. Der Gegenzug der Rute hat plötzlich aufgehört, der Rutengänger merkt, wie mit dem Ausschlag das „Arbeiten" der Rute in seinen Händen auf einmal zu Ende ist, er hört auf mit weiterem Spannen, das Experiment ist abgeschlossen.

*Auf einmal ist das „Arbeiten" der Rute zu Ende*

## Spiel der Gelenke

Zu den oben auseinandergesetzten psycho-physischen Momenten, bei denen wir in der Supination den geringsten Widerstand aufgefunden haben, kommt noch ein rein anatomisch-mechanisches hinzu: Die Pro- und Supination der Hand erfolgt nicht im Handgelenk, sondern in dem Gelenk zwischen Speichenköpfchen und Oberarmknochen, also in einem Abschnitt des Ellbogengelenkes. Und zwar handelt es sich hier um eines der selteneren Gelenke am Skelett, deren Bewegungen in der Längsachse des Knochens erfolgen, zum Unterschiede von den

74

Scharniergelenken, die um die Querachse, oder den Kugel-
gelenken, die um mehrere Achsen sich drehen.

Gliedabschnitte, die in der erstgenannten Weise „eingelenkt"
sind, lassen sich nun infolge der günstigen Verteilungsver-
hältnisse von Last, Kraft und Drehpunkt besonders leicht bewegen; man überzeugt sich leicht, daß man die Hand in viel
rascherer Folge ein- und auswärts als auf- und abwärts oder
daumen-kleinfingerwärts bewegen kann. Oder, als Beispiel
eines anderen Drehgelenkes, daß man mit dem Kopfe viel
rascher und leichter schütteln als nicken kann. Dieser rein
mechanische oder konstruktive Anteil kommt noch dazu, um
den Ausschlag der Rute besonders leicht im Sinne der Pronation, also nach unten erfolgen zu lassen.

*„Der Kopf
kann leichter
geschüttelt
werden als
nicken"*

## Die bewegende Kraft

Die Frage, woher die bewegende Kraft beim Ausschlag der
Wünschelrute stammt, können wir nach dem Vorhergehenden
dahin beantworten: aus zwei Quellen, 1. der spannenden Kraft
der Armmuskeln des Rutengängers und 2. dem Widerstande,
den die Rute infolge ihrer Elastizität der Spreizung entgegen-
setzt. Die spezielle Form des Ausschlags ist bedingt durch den
Mechanismus des Handgelenks.

Das labile Gleichgewicht in der Ausgangsstellung ist ebenfalls die Folge zweier Momente: 1. eines psychisch-physiologi-
schen, das einzig die Supinatoren nahezu entspannt läßt unter
den übrigen stark innervierten Armmuskeln, 2. eines anato-
misch-physiologischen, das auf der ausnehmend leichten
Beweglichkeit gerade dieses Supinationsgelenkes am Speichenköpfchen beruht. Das stabile Gleichgewicht wird erreicht
dadurch, daß die Gabelenden trotz Fortdauer des spannenden Zuges infolge der plötzlichen Pronation eine Lage finden,
in der sie wieder genähert und damit also entspannt sind.

Schon diese Feststellungen sind geeignet, ein aufklärendes
Licht zu werfen auf verschiedene Punkte, die bei dem Wün-
schelrutenphänomen unklar oder rätselhaft erschienen. Zuerst
die auffallende Tatsache, daß das Material, allerhand Holz-
oder Metallarten, so gar keine Rolle zu spielen scheint, daß der
eine dies, der andere jenes bevorzugt und alle schließlich wirksam sind.

*Ganz klar: Es kommen ja bei der Bewegung keine magne-*
*tischen oder hygroskopischen oder ähnliche Kräfte, sondern*
*nur die Elastizität in Betracht.*

**Der eigene**
**Muskelzug**
**erzeugt**
**elastischen**
**Widerstand**

*Weiter die Angabe, die man von allen Rutengängern hören*
*und lesen kann, daß die Rute selber zu „arbeiten" scheint: Er*
*spürt eben den elastischen Widerstand, den sein eigener*
*Muskelzug weckt, und wird sich nicht bewußt, daß er gerade*
*an der „ausschlaggebenden" Stelle es an der nötigen Gegen-*
*wirkung fehlen läßt.*

*Er spricht von der plötzlichen Heftigkeit des Ausschlages:*
*Natürlich, denn je stärker die Rute gespannt war, um so ener-*
*gischer strebt sie nach Überwindung, Überrumpelung der span-*
*nenden Kraft in ihre Ruhelage zurück.*

## Wenn die Rute „rotiert"

*Was wir bisher betrachtet haben, ist der mechanisch-physio-*
*logische Vorgang bei der Normalhaltung und -bewegung, die*
*am häufigsten ist und von weitaus der Mehrzahl der Ruten-*
*gänger bevorzugt wird. Aber wer auf diesem Gebiete mehr Er-*
*fahrung hat, wird sofort als Einwand gegen unsere Erklärung*
*auf die verschiedenen anderen Typen- und Bewegungsformen*
*hinweisen, die hier, wenn auch seltener, vorkommen.*

*Sehen wir zu, ob sie einer physiologischen Erklärung in ähn-*
*licher Weise zugänglich sind.*

**Die Rute**
**strebt zuerst**
**nach oben**

*Da ist zuerst der Ausschlag nach oben statt nach unten. Bei*
*dem „Spielen" der Rute in den Händen, im labilen Gleichge-*
*wicht, haben wir schon gespürt, daß sie mit ihrer zitternden*
*und schwankenden Spitze abwechselnd nach unten und nach*
*oben strebt. Sie tut das deshalb, weil durch eine Übersupina-*
*tion die Daumenseiten der Hände sich ja ebenfalls, wenn auch*
*um einen geringeren Grad als bei der Pronation, einander*
*nähern, die Gabelenden also eine gewisse Entspannung erfah-*
*ren.*

*Außerdem gelingt es ihnen dabei ziemlich leicht, von dem*
*Stützpunkt an der Daumenwurzel ab und nach vorn, nach*
*der Daumenspitze zu abzugleiten, wobei sie ebenfalls sich ent-*
*spannen.*

*Drittens aber wird man ohne weiteres bemerken, daß die*
*Haltung nach oben keine Ruhelage ist: Die Rute, die nach oben*

76

schlägt, schnappt fast regelmäßig über die Vertikale hinaus, schlägt mit ihrer Spitze gegen die Brust des Haltenden und würde, wenn sie dieses Hindernis nicht träfe, ohne weiteres hintenherum in die Abwärtslage gelangen – der Anfang des „Rotierens" der Rute. Sie findet über den Umweg einer ihrem Streben nur unvollkommen genügenden Übersupination doch das Ziel der entspannenden Pronation.

Bleibt sie wirklich in der Aufwärtslage stehen, so ist das nur dadurch möglich, daß der Rutengänger in diesem Momente den gewünschten Erfolg für eingetreten erachtet und alle Innervationen löst. Der Ausschlag nach oben widerspricht also keineswegs der gegebenen mechanischen Erklärung, er fügt sich ihr zwanglos ein.

## Gebückter Gang

Eine weitere, von manchen Rutengängern beliebte Ausgangsstellung ist die, daß sie vornübergebückt die Unterarme auf die Oberschenkel stützen und so mit gebeugten Knien das Gelände abgehen.

*Mit gebeugten Knien das Gelände abgehen*

Eine Stellung, die nicht so unbequem ist, wie sie auf den ersten Blick aussieht, und einen Vorteil, wie mir scheint, darin hat, daß sie das Spiel der Rute auch nach oben und besonders hinten freiläßt: die Rutenspitze kann, ohne auf ein Hindernis zu treffen, zwischen den Oberschenkeln durch nach hinten und sogar noch weiter auf- bzw. abwärtsschlagen– und wird nicht, wie bei der aufrechten Grundstellung, durch die Brust in dieser Bewegung gehemmt. Gegen das Abweichen der Ober und Unterarme nach innen, das sonst durch das Anliegen an der seitlichen Brustwand gehindert wird, bildet das Aufstützen der Ellbogen auf die Oberschenkel dieselbe Sicherheit, das Spiel der Pro- und Supinatoren erfolgt dabei ebenso leicht.

## Unaufhaltbare Drehung

Weiter begnügt die Rute sich in selteneren Fällen nicht mit dem Ausschlag, sondern gerät in den Händen des Rutengängers in fortgesetzte, angeblich unaufhaltbare Drehung. Wie kann das zustande kommen?

*Beim Ausschlag nach oben (aus der Grundstellung mit Untergriff) haben wir schon gesehen, daß die Rute das Bestreben hat, das Ziel zu überschreiten, statt eines Viertelkreises einen Dreiviertelkreis zu beschreiben. Aber auch der Ausschlag nach unten kann so heftig sein, daß die Rute über die Senkrechte hinausschnellt.*

*Sucht sie nun der Rutengänger aufzuhalten, so kann er den naheliegenden Irrtum begehen, daß er statt zu entspannen nur noch fester zupackt, d.h. stärker auseinanderzieht und die für einen Moment ausgeschaltete Eigenelastizität der Rute damit wieder erweckt. Er hat dann den Eindruck, daß sie sich trotz allen Widerstrebens – d. h. in Wirklichkeit wegen dieses seines Widerstrebens – nicht aufhalten läßt. Außerdem muß er, um die Rutenspitze am Körper vorbeizulassen, die Oberarme mehr oder weniger ausstrecken, und wir haben schon gesehen, daß das die Kontrolle über Art und Stärke der eigenen Muskelanstrengungen weiter erschwert.*

✻

**Nicht jeder Mensch ist zum Rutengänger berufen**

Mit dieser „Gebrauchsanweisung" können nur die unter unseren Lesern etwas anfangen, die besonders feinfühlig unbewußte Reaktionen aufnehmen und – ebenfalls unbewußt – weiterleiten können. Es ist also nicht jeder Mensch zum echten Rutengänger berufen.

Die besten unter diesen haben meist auch eine hellseherische Begabung, die sie befähigt, den Rutenausschlag unbewußt zu „befehlen", wenn sie fündig wurden. Auch sie konzentrieren sich ähnlich, wie wir es in unserer Hellsehschule kennengelernt haben.

## Gefährliche Erdstrahlen

Ein guter Rutengänger hat auch heute noch immer zu tun. Zwar sind die Erzlager in unseren Breiten nach einem Raubbau ohnegleichen kaum mehr ergiebig, weshalb es sich eigentlich nicht mehr lohnt, nach verborgenen Gängen zu suchen. Aber bei der Wassersuche werden wie vor zweihundert Jahren immer noch Rutengänger mit mehr oder weniger großem Erfolg eingesetzt.

Ein neues Gebiet eroberten sich die Rutengänger, als entdeckt wurde, daß Strahlungen aus dem Erdinneren und sich kreuzende Wasseradern schwere Schäden am menschlichen Organismus hervorrufen können.

78

Die Wetterfühligkeit vieler Menschen ist seit langen Jahren bekannt. Wir wissen, daß zum Beispiel Gewitter Kopfschmerzen und Übelkeit hervorrufen können, daß der Föhn am Nordrand der Alpen die Leute hektischer reagieren läßt als bei einer normalen Wetterlage. Viele können dann nicht schlafen, sie erfühlen regelrecht, daß in der Atmosphäre irgend etwas nicht stimmt.

*Wetterfühlige leiden, wenn in der Atmosphäre irgend etwas nicht stimmt*

Jeder Wetterwechsel läßt alte Wunden brennen und macht besonders Anfällige krank. Tiefdrucklagen, angereichert durch industrielle Luftverschmutzung, tun ein übriges, um Menschen leiden zu lassen.

Das Unheil kommt, wie wir jetzt wissen, nicht allein von oben, quasi durch die Luft. Auch im Erdinnern lagern Kräfte, die dem Menschen das Leben schwermachen können. Leider ist auf diesem Gebiet noch wenig erforscht. Wir wissen nur um die Erdfelder, die schädliche Strahlen aussenden, und daß es Wasseradern gibt, über denen es sich nicht gut leben läßt.

## Rutengänger rettet Vermißte

Ein absonderlicher Fall wurde erst in jüngster Zeit bekannt. Wie Zeitungen am 26. Februar 1994 berichteten, rettete der Wünschelrutengänger Georg Horak zwei vermißten englischen Skifahrern das Leben, die sich im Labergebiet bei Oberammergau verirrt hatten.

Wegen starken Schneetreibens hatte die Bergwacht dort schon die Suche nach den Vermißten aufgegeben. Man erinnerte sich aber an Georg Horak, der schon einmal einen Tip gegeben hatte. Der Rutengänger, der sich im Gebiet um den 1683 Meter hohen Laberberg wie sonst keiner auskennt, hatte schon fünf Jahre zuvor erklärt, wo sich ein damals vermißter Skiläufer verirrt hatte. Die Bergwacht konnte ihn nicht finden, doch einige Zeit später entdeckte man an der von Horak genannten Stelle den Kiefer des Verschollenen.

Was hatte der Rutengänger gemacht, um die beiden vermißten englischen Skifahrer richtig zu orten? Nichts anderes, als seine Wünschelrute auf eine Landkarte des Labergebiets anzusetzen.

*Wünschelrute wurde auf der Landkarte fündig*

Die Bergwacht fand die Vermißten dort, wo sie Horaks Rute ortete: auf 1340 Metern Höhe, abseits eines Tiefschneehangs. Sie hatten sich unter überhängenden Baumwurzeln verkrochen und dort sehnsüchtig auf ihre Retter gewartet.

### Die Wasserader unterm Bett

Ein junger Mann litt stets unter Schlafstörungen, wenn er in seinem Zimmer im Elternhaus schlief. Übernachtete er einmal woanders, hatte er einen gesegneten Schlaf.

Eines Tages riefen seine Eltern einen Rutengänger, der feststellte, daß sich genau unter dem Bett des jungen Mannes eine Wasserader kreuzte.

Er empfahl, die Schlafstatt in eine andere Ecke des Zimmers zu verrücken. Tatsächlich schlief der junge Mann von nun an ungestört bis zum Wecken.

Wissenschaftler fanden heraus, daß es Häuser gibt, deren Bewohner, selbst wenn sie aus krebsfreien Familien kamen und völlig gesund eingezogen waren, krebskrank wurden. In anderen Häusern litten die Menschen bevorzugt unter nervösen Spannungen, ohne daß ein plausibler Grund dafür vorlag, warum in diesen Unterkünften ein Krankheitsherd nistete, während im Umkreis solche Erkrankungen kaum oder gar nicht vorkamen.

*Erdfelder erzeugen rätselhafte Spannungen*

Man stellte fest, daß es unbestritten Erdfelder gibt, die rätselhafte Spannungen, wenn nicht gar Krankheiten bei Mensch und Tier hervorrufen können.

Der erfahrene Rutengänger kann solche Felder in der von Dr. med. H. Haenel beschriebenen Weise aufspüren. Es ist dann Sache des Arztes, Spannungszustände zu beheben oder Krankheiten zu behandeln.


### Okkulttäter unter uns

Natürlich ist es Unsinn zu behaupten, daß sich über allen Erdfeldern und Wasseradern schwere Krankheiten einstellen müßten. Ebenso unsinnig sind sicher die vielen „Entstrahlungsgeräte", die im Handel sind und von leichtfertigen „Entstrahlern"oder Auch-Rutengängern einer abergläubischen Gemeinde angeboten werden, die dann möglicherweise, durch Autosuggestion beeinflußt, behauptet, der Schaden sei behoben. Bis dann plötzlich doch wieder die Krankheitssymptome auftreten, weil die Entstrahlungsgeräte in Wirklichkeit nur dazu taugen, den „Gläubigen" das Geld aus der Tasche zu locken. Man hüte sich also vor den Okkulttätern unter uns!

Trotz dieser Scharlatane steht fest, daß es Rutengänger gibt, die Strahlungsfelder wie auch Wasseradern aufspüren können.

Sie arbeiten meist eng mit Geologen zusammen, die ihre Erkenntnisse wissenschaftlich auswerten können. Die Wünschelrute allein kann keine Wunder bewirken, das feinnervige Gefühl des Rutengängers gehört ebenso dazu wie die Auswertung durch dazu berufene Personen.

*Die Rute allein bewirkt keine Wunder*

Die Empfindung eines geschulten Rutengängers ist physikalisch nicht erfaßbar, aber es mehren sich Stimmen unter den Wissenschaftlern, daß das Phänomen der Wünschelrute nicht nur parapsychologisch, sondern auch naturwissenschaftlich durchaus zu erklären sei.

# 9. Kapitel

# Heilkraft aus dem Unbewußten durch Suggestion

Durch Konzentration und Meditation kann unser Unbewußtes beeinflußt werden. Die Frage ist nun, ob wir auch in eine andere Seele eindringen können, um kraft unseres Geistes dort nach dem Rechten zu sehen. Die Antwort: Nur wenige sind dazu befähigt. Es ist Sache der Begabung, erlernen kann man so etwas nicht.

Ein mit medialen Fähigkeiten ausgestatteter Arzt kann zum Beispiel mit Hilfe der Hypnose bis ins Unbewußte eines Patienten vordringen und hier auf mögliche seelische Krankheitskeime schließen.

Der Schlaf heißt auf Griechisch *hypnos*. Hypnose ist also nichts anderes als ein künstlich erzeugter Schlafzustand. Ägyptische und griechische Priester, die im Altertum auch als Heilkundige galten, verordneten – wie wir bereits erwähnt haben – ihren gläubigen Patienten Schlaf, damit ihr Körper und ihre Seele genesen konnten. Das Weitere überließ man den Göttern, die wohltätige Träume schickten. Aus diesen schlossen die heilkundigen Priester auf den Seelenzustand ihrer Patienten, worauf einer psychischen Heilung nichts mehr im Wege stand.

### Seelische Störung behoben

Bei der Hypnose unterscheiden wir zwei Begriffe: die *Fremdsuggestion*, also die hypnotische Wirkung eines Menschen auf einen anderen, und die *Autosuggestion*, die hypnotische Wirkung auf das eigene Ich. Das Vertiefen in sich selbst ist zum Beispiel eine Art Autosuggestion, durch die wir leichter an unser Unbewußtes herankommen.

Wir wissen, daß manche körperliche Leiden durch seelische Krampfzustände noch verschärft oder sogar ausgelöst werden können. Über einen derartigen Fall berichtete vor Jahren der Münchener Nervenarzt Dr. med. Aigner.

*„Eine meiner Patientinnen litt seit zwölf Jahren an Darm-* **Darmträgheit**
*trägheit. Gemütszustand und Allgemeinbefinden waren durch* **durch Hyp-**
*diese Störung hochgradig in Mitleidenschaft gezogen. Medika-* **nose behoben**
*mente in immer stärkeren Dosen konnten nur ganz vorüber-*
*gehend Abhilfe schaffen. Eine in tiefer Hypnose gegebene Anord-*
*nung beeinflußte die Vorstellung und dadurch die Darmfunktion*
*der Dame in einer Weise, daß mit der Regelmäßigkeit eines*
*Stundenplans die Organe ihre normale Funktion wieder*
*übernahmen."*

Dr. Aigner hatte also in der Hypnose das Unbewußte der Patientin angesprochen, das seine Anordnung an das Bewußtsein wiedergab. Die Dame, die wohl vor allem an einer seelischen Störung litt, wurde auf diese Weise von einem chronischen Leiden befreit.

### Nervenarzt sang ihr ein „Lullaby"

Professor Hans Bender, von dem hier schon die Rede war, berichtete in seinem Buch „Telepathie, Hellsehen und Psychokinese" über ein Gespräch mit dem großen Schweizer Psychologen und Psychiater Carl Gustav Jung (1875–1961), in dem dieser von einer blitzartigen Heilung sprach, die ebenfalls auf Suggestivwirkung beruhte. Jung erzählte:

*„Ein Landarzt schickte mir ein junges Mädchen in die* **Lehrerin von**
*Praxis, das an einer chronischen Schlafstörung litt und alle* **Schlafstörung**
*erdenklichen Mittel ohne den geringsten Erfolg genommen hatte.* **befreit**
*Er wollte, daß ich die Patientin hypnotisiere und psychoana-*
*lysiere – und das in einer Stunde! Es war eine sehr liebens-*
*werte Volksschullehrerin, die sich in ihrem Beruf viel Mühe*
*gab.*

*Ich hatte Mitleid mit ihr und dachte: Sie sollte natürlich ent-*
*spannen – aber wie kriege ich sie (in der Hypnose) dazu? In*
*einem Moment war ich ganz von dem Gedanken gefangen:*
*Was kann ich tun? Wie könnte man ihr helfen?*

*Da hörte ich die Stimme meiner längst verstorbenen Mutter,*
*die meiner längst verstorbenen Schwester als Kind ein ,Lullaby'*

*(ein Wiegenlied) sang – von einem kleinen Mädchen, das in einem kleinen Schiff sitzt und den Rhein hinunterfährt.*

*Und dann sagte ich, ohne weiter nachzudenken: Sehen Sie, beim Segeln kann man sich wunderbar entspannen, wenn man den Wind von hinten hat, und man setzt einen Spinnaker und fährt da leise den See hinauf. Das ist Entspannung. Aber – Pardon – es ist schon fünf Uhr. Leider kann ich weiter nichts mehr für Sie tun. Adieu!"*

Wie Hans Bender weiter berichtet, hörte Jung nichts mehr von der Patientin. Vier Jahre später traf er dann auf einem Kongreß den Landarzt wieder, der die Lehrerin zu ihm geschickt hatte. Dieser sprach ihn auf den Fall an und berichtete, die Patientin sei heimgekommen und von nun an geheilt gewesen. Sie sei ins Bett gegangen und habe wie ein Kind geschlafen. Und dieser gesunde Zustand habe seither gehalten.

*Die Notlüge des C. G. Jung*

Natürlich wollte der Landarzt von Jung wissen, wie er das gemacht habe. Und dieser gestand Bender: *„Ich war natürlich betreten und wußte nicht, was ich ihm antworten sollte. Ich konnte doch nicht sagen, ich hätte ihr ein ‚Lullaby' gesungen. So gab ich ihm zu verstehen: Ich hätte ihr geraten, sie müsse halt entspannen, und ich hätte versucht, ihr die Entspannung beizubringen, was offenbar gelungen sei. Und dann hat er mich traurig angeschaut, ich sah, er war gekränkt, daß ich ihm dieses Mittel nicht gesagt habe, mit dem man jemanden entspannen kann – in einer Stunde."*

## Autosuggestion suggerierte Entspannung

Spinnen wir diese heitere Geschichte ein wenig weiter: C.G. Jung konzentrierte sich auf den Gedanken, wie er der Patientin helfen könne. Da sprang ihm das eigene Unbewußte bei, ließ die Mutter wie im Traum vor seinem geistigen Auge auftreten, die der Schwester ein Wiegenlied sang. Und der Funke, können wir wohl fortsetzen, zündete auch im Unbewußten des jungen Mädchens und wischte dort einen krankhaften seelischen Zustand einfach weg.

Mit anderen Worten: Die durch vertiefte Gedanken hervorgerufene Autosuggestion Jungs suggerierte der Patientin einen Entspannungszustand, der die bisherige Verkrampfung löste, unter der sie lange Zeit gelitten hatte.

84

Über einen anderen Fall einer Heilung durch Hypnose berichtet der englische Erzähler und Arzt Robert Louis Stevenson (1850–1894), der durch seinen Roman „Die Schatzinsel" weltberühmt wurde. Stevenson machte, um asthmatische Beschwerden zu heilen, auf einer Südseeinsel eine Klimakur. Als er ankam, befiel ihn aber eine starke Erkältung, die seine Krankheit sichtlich verschlimmerte. Man riet ihm, einen „Terutak", einen eingeborenen Zauberer und Medizinmann, aufzusuchen, den er als hochgewachsenen, kräftigen Fischer von finsterem Aussehen beschreibt. Stevenson berichtet:

*Ein Zauberer sollte Asthma heilen*

### Der Zauberer im heiligen Bezirk
*„Ich ging zusammen mit dem Mann in den heiligen Bezirk und nahm auf einer Art Steinaltar Platz, das Gesicht gegen Osten gewendet. Einige Zeit hielt sich der Zauberer hinter mir auf, wobei er mit einem Palmzweig „magnetisierende Streiche" in der Luft ausführte. Hierauf berührte er mit dem gleichen Palmzweig leicht die Krempe meines Hutes; diese Bewegung führte er mit Unterbrechungen mehrfach aus, wobei er manchmal mit dem Zweig auch über meine Arme und Schultern fuhr.*

*Man hat mich bereits ein dutzend Mal zu hypnotisieren versucht, stets vergeblich. Dieses Mal aber wurde ich bei der ersten Berührung meines Hutes mit einem Palmwedel und durch das Wirken eines Mannes, den ich nicht sah, sofort von einer unwiderstehlichen Müdigkeit ergriffen, die Nerven entspannten sich, die Augen fielen mir zu, und das Hirn wurde völlig benommen.*

*Palmwedel löste Heilschlaf aus*

*Ich versuchte instinktiv, dem Schlaf, der mich überkam, Widerstand zu leisten. Hierauf wollte ich mich mit der ganzen Willenskraft widersetzen, was mir auch gelang – oder vielmehr, ich glaubte, es sei mir gelungen; denn das geschah: Ich erhob mich, ging ganz automatisch zu meiner Wohnung, warf mich dort aufs Bett und fiel sofort in einen tiefen Schlaf. Als ich wieder erwachte, war die heftige Erkältung wie weggeblasen."*

Wissenschaftler glauben, daß Wunderheilungen, die zum Beispiel aus dem französischen Wallfahrtsort Lourdes gemeldet werden, ebenfalls auf Suggestivwirkung zurückzuführen sind, bei der der später geheilte Kranke durch eine gewisse Autosuggestion, die auf seinem Glauben beruht, seinem Unbewußten Nachrichten zukommen läßt, die – in einer Art Seelencomputer ausgewertet – das Wunder bewirken könnten.

Eine ähnliche Suggestivwirkung wird auch manchen Medikamenten zugeschrieben. Kurz nach dem Kriege litt die Mutter meines Mannes oft unter starker Migräne. Tabletten gegen diesen Krankheitszustand waren, wie so vieles andere im Nachkriegs-Deutschland, manchmal nicht gleich zu bekommen. Also drehte der Sohn, ohne daß die Mutter davon wußte, einen Brotkrümel zu einer grauen Pillenkugel, die er ihr gab mit dem Hinweis, das sei ein ganz starkes Mittel, nach dessen Einnahme die Migräne schlagartig verschwinden werde. Noch Jahre danach erzählte die Mutter von dem Wundermittel, das ihr damals so schnell geholfen hätte.

*Brotkrümel als starkes Mittel gegen Migräne*

Eine weitere Erinnerung meines Mannes: In jungen Jahren litt er wegen eines bei einem Autounfall erlittenen Schädelbruchs zeitweise unter starken Kopfschmerzen, gegen die oft keine Tablette half. Eine Nachbarin der Eltern brauchte aber nur die Hand auf seine Stirn zu legen, schon milderten sich die Schmerzen, bis sie nach kurzer Zeit ganz aufhörten.

## Das Wunder der heilenden Hände

Über das „Wunder der heilenden Hände" ist schon viel geschrieben worden. Ist es ein magnetisches Kraftfeld, das sie verbreiten, oder ganz einfach Suggestion, die dem Unbewußten eingibt, hier werde geheilt? Wir wissen es nicht.

Nicht letztgültig zu deuten bleibt darum auch der Fall der russischen Wunderheilerin Dschuna, die mit angeblich magischen Händen viele Leiden kuriert hat und zu deren Patienten auch der verstorbene sowjetische Staats- und Parteichef Breschnew gezählt haben soll.

Die im Kaukasusgebiet Geborene ist die Tochter eines Rotarmisten, der als erster die Kraft ihrer heilenden Hände entdeckte, als sie ihn vom Ischias heilte.

In einer Poliklinik für Eisenbahner erwarb sie Diplome als Krankengymnastin und Masseurin. Als man ihre rätselhaften Fähigkeiten erkannte, durfte sie eine eigene Praxis in der Klinik eröffnen und fünf Rubel pro Behandlung kassieren, obwohl im damals noch sowjetischen Riesenreich medizinische Leistungen sonst frei waren.

Die russische Hauptstadt lag ihr zu Füßen, als sie nach Moskau ging. Sie behandelte mit Erfolg hohe Funktionäre, und auch westliche Diplomaten gehörten zu ihren Patienten. Der Philosoph Spirkin, Mitglied der sowjetischen Akademie der Wissenschaften, war davon überzeugt, daß Jewgenija Dawitaschwili – ihr voller Name – mit der „bioenergetischen" Kraft ihrer Hände sein Magengeschwür in kürzester Zeit „ausgetrocknet" habe. Ärzte bestätigten der Wunderheilerin hohe therapeutische Fähigkeiten nicht nur bei Magengeschwüren, sondern auch bei Nierenleiden und Schilddrüsenerkrankungen. Es sei ihr gelungen, einen Mann binnen einer Minute durch bloßes Handauflegen von seinen Kopfschmerzen zu befreien.

Dschuna erklärte die seltsame Heilwirkung ihrer Hände als „Bioenergie". Bei den meisten ihrer Patienten habe sich das „bioenergetische Kraftfeld" verändert, das sie mit Hilfe ihrer eigenen, besonders starken Bioenergie wieder aufladen könne, ohne mit ihren Wunderhänden die Kranken berühren zu müssen.

*Wunderheiler
Karikatur aus
der Sowjetzeit-
schrift
„Krokodil"*

*»Jetzt wird Ihnen leichter … … immer leichter …*

*… noch leichter … … ganz leicht.«*

Wo so viel Erfolg war, gab es natürlich Neider. Sie argwöhnten, Dschuna wollte mit okkultem Brimborium Geld scheffeln. Schulmediziner, wie der Krebsforscher und Präsident der Medizinischen Akademie der Wissenschaften, Nikolai Nikolajewitsch Blochin, versuchten, sie durch allerlei Tricks hereinzulegen. Und die angesehene Zeitschrift „Literaturnaja gaseta" argwöhnte, die Kaukasierin könne womöglich Todkranke, denen sie Hoffnung machte, daran hindern, die dringend notwendige Operation durchführen zu lassen.

*Späte Ehrung einer Wunderheilerin*

Fest steht, daß Dschuna magische Hände besitzt. Russische Wissenschaftler, die diesem Phänomen nachgingen, orteten Dschunas „Bioenergie" im Zellkern der Haut, der wie ein Sender konstruiert sein soll.

Trotz dieser wissenschaftlichen Aussagen war die Wunderheilerin im Mutterland des realen Sozialismus bald auf dem Abstellgleis. Erst nach dem Untergang des Sowjetreichs wurde Dschuna die Ehrung zuteil, die sie verdiente: Rußlands Präsident Boris Jelzin heftete ihr bei einem Empfang im Kreml am 1. Mai 1994 einen hohen Orden ans Kostüm.

## Wunderwirkung der „Bioenergie"

Wie sich die Bilder doch gleichen: Einige Forscher, die sich auf die Spur des Unbewußten setzten, glauben ebenfalls an einen Sender, der im Seelenleben eines jeden Menschen mehr oder weniger stark arbeitet und der dafür sorgt, daß wichtige, wenn auch vielfach verschlüsselte Nachrichten ins Bewußtsein gelangen können.

Selbst in Deutschland gibt es Leute, die an die Wunderwirkung der „Bioenergie" glauben. Zu ihnen gehört die Bonner Hausfrau Barbara Brune, die übrigens vor vielen Jahren ihrer Grundstücksnachbarin Veronica Carstens prophezeite, deren Mann würde einmal Bundespräsident werden, was er dann ja auch wurde. Barbara Brune hat dieselben „Ur-Kräfte" wie Dschuna in den Händen, aber sie sieht sich nicht als „Wunderheilerin", und vor allem: sie nimmt auch kein Geld, wenn sie jemandem mit ihren besonderen Kräften hilft.

„*Alle Krankheiten*", sagte sie einmal in einem Interview das die Münchner Abendzeitung mit ihr machte, „*kommen von der Seele. Dort liegt auch die Energiequelle des Lebens. Ganz wich-*

*tig für die Gesundheit eines Menschen ist demnach eine posi-
tive Einstellung zum Leben. Denn positive Gedanken sind heilsam."*

Negative Gedanken hingegen, führte Barbara Brune weiter
aus, seien wie Schatten, die eine unsichtbare Stahlwand um den
Menschen bilden. *„Sie lassen kein Licht mehr an die
Energiequelle, die Seele, stören den menschlichen Kosmos, der
Mensch wird krank."*

# 10. Kapitel

# *Schritte auf dem Dachboden oder Stimmen aus dem Jenseits?*

Wir hatten einen schweren, arbeitsreichen Tag. Hundemüde kamen wir nach Hause, aßen noch ein Häppchen und gingen dann zu Bett. Die Glieder waren schwer, aber der Geist noch hellwach: Wir konnten einfach nicht einschlafen. Wir zählten bis tausend – nichts!

*Die Angst setzt sich im Traumbild fort*

Plötzlich ein knarrendes Geräusch draußen auf der Treppe. Wir schreckten hoch. Über uns Schritte. Lief da einer auf dem Dachboden? Wir machten die Augen zu. Irgendwie hatten wir Angst, sahen Gespenster. Schliefen ein, und die Furcht setzte sich im Traumbild fort.

Am anderen Morgen gingen wir dem Spuk der Nacht nach: Das knarrende Geräusch auf der Treppe war eine Spannung im Holz, die sich löste. Holz arbeitet bekanntlich.

Und die „Schritte" über uns auf dem Dachboden waren reife Eicheln, die vom schönen alten Eichenbaum hinterm Haus auf das Dach fielen, wo sie über die Schräge hinunterpolterten. Und das hatte sich so angehört wie der schlurfende Schritt eines Geistes über uns.

Spukerscheinungen finden meist eine solch ganz normale Aufklärung. Jeder von uns hat sie schon einmal erlebt. Unsere Phantasie spinnt sie aus und läßt uns Geister und Gespenster sehen. Gehen wir der Ursache nach, finden wir meist eine ganz simple und vollkommen natürliche Erklärung für das Phantasiegespinst der Nacht.

### Spukphänomenen nachgegangen

Gibt es Spuk und Geister? Selbst in der wissenschaftlichen Parapsychologie sind solche Erscheinungen umstritten, obwohl sie nicht ganz geleugnet werden. So ging das Freiburger Institut für Parapsychologie schon des öfteren Spukphänomenen nach, wobei sich in den meisten Fällen herausstellte, daß sie anscheinend von Krisen- und Spannungszuständen eines Halbwüchsigen abhängig waren, der die geisterhaften Erscheinungen auslöste.

*Auf der Spur des Unbekannten*

Der französische Gendarmerieoffizier Emile Tiziané hat 25 Jahre lang hundert Berichte über derartige Phänomene gesammelt und in seinem Buch „Sur la Piste de L'Homme Inconnu" (Auf der Spur des unbekannten Menschen) analysiert. Da wird von Wurfgeschossen gesprochen, die auf das Dach eines Hauses niedergingen, von Türen und Fenstern, die sich, wie von unsichtbarer Hand gesteuert, selbsttätig öffneten, von Gegenständen, die durch die Luft flogen, und von merkwürdigen Geräuschen, die von einem „Klopfgeist" herzurühren schienen. Alle diese Fälle waren von der französischen Polizei untersucht und dann meist unerledigt zu den Akten gelegt worden.

### Der „Klopfgeist" im Hause des Mister Fox

Weltberühmt wurde der „Klopfgeist" im Hause des frommen und angesehenen Methodisten Fox aus Hydesville im amerikanischen Bundesstaat Maine. Er trat zum ersten Mal an einem Frühlingsabend des Jahres 1848 in Erscheinung, als die Familie gerade zu Bett gehen wollte.

Herr und Frau Fox und ihre drei Kinder hörten plötzlich Klopfgeräusche, deren Ursache sie nicht ergründen konnten. Man war schon bereit, darüber zur Tagesordnung überzugehen, als eines der Kinder, das sich inzwischen hingelegt hatte, in die Hände klatschte. Der rätselhafte „Klopfgeist«" antwortete prompt im gleichen Rhythmus. Und als Mutter Fox aus einer plötzlichen Eingebung heraus ins Nichts hinein nach dem Alter eines ihrer Kinder fragte, gab der „Geist" die richtige Anzahl von Schlägen wieder.

*Der „Geist" antwortete prompt*

Das Ereignis im Hause des Mister Fox sprach sich im Dorf herum, und bald saß man abends bei ihm um den Tisch herum, um das Klopfen zu hören. Irgend jemand kam dabei auf den Gedanken, das Alphabet aufzusagen und den „Geist" zu bitten, durch bestimmte Klopfzeichen Buchstaben zu bezeichnen, also gewissermaßen ein außersinnliches Morsealphabet aufzustellen, durch das man sich verständigen könnte.

So geschah es dann auch, wie ernsthaft von Teilnehmern der Klopfrunde berichtet wird. Im Verlauf der Zwiesprache zwischen Tischgesellschaft und Klopfgeist erfuhr man schließlich, daß der „Geist" einst zu einem Krämer gehörte, der früher im Haus des Mister Fox gewohnt hatte.

*Klopfzeichen aus dem Tischbein*

Übrigens war das Phänomen nicht zu hören, wenn die Kinder nicht zu Hause waren. Man behalf sich dann, indem man sich rund um den Tisch setzte, die Hände in einem geschlossenen Kreis auf die Platte legte, vor sich hinmeditierte und die Fragen stellte.

Daraufhin antwortete es aus dem Tisch, an dem man saß: Ein Bein, das sich hob und senkte, gab die Klopfzeichen, die von den Anwesenden gedeutet wurden.

## Tischerücken wurde Weltsensation

Bald wollten nicht nur die Dörfler von Hydesville, sondern viele wundergläubige Menschen in Amerika, ja in der ganzen Welt die Geisterbotschaften vernehmen, die klopfend aus einem Tisch kamen: Das „Tischerücken" wurde zur Weltbewegung der Spiritisten, die sich in kleinen Zirkeln zusammenfanden und spannungsgeladen der Dinge harrten, die aus dem Holz vor ihnen klopften.

Man setzte sich wie im Haus des Mister Fox um einen Tisch herum, die Hände der Anwesenden bildeten eine Kette und wurden fest auf die Platte gelegt.

Ein Medium, dem man hellseherische Fähigkeiten nachsagte, stellte die Fragen, und der herbeigerufene Klopfgeist gab die Antwort, verschlüsselt oder unverschlüsselt. Aber die gläubige Gemeinde zog aus diesen spiritistischen Sitzungen ihre Schlüsse – so oder so.

*Auch Tote klopften aus dem Holz*

Modern wurde es schließlich, daß die Medien, die „Mittler" zur Geisterwelt, bevorzugt die Stimmen von toten Angehörigen der Sitzungsmitglieder aus den Klopfgeräuschen vernahmen und an die erstaunte Runde weitergaben, für die ein uralter Menschheitstraum in Erfüllung zu gehen schien: eine Verbindung mit dem Jenseits zu erhalten.

## Toter Professor gibt Antwort

Es bedarf nicht unbedingt eines klopfenden Tisches, um diese
Verbindung herzustellen. So schilderte Professor Arthur James
Ellison, Präsident der britischen Gesellschaft für Parapsychologie
„Society For Psychical Research", als den Höhepunkt in der über
hundertjährigen Geschichte seiner Gesellschaft einen Vorfall, der
sich zu Anfang dieses Jahrhunderts ereignete, als der verstorbene Cambridge-Professor F.W.H. Myers der Gesellschaft offensichtlich eine Botschaft aus dem Jenseits zukommen ließ.

*„Mehrere Leute in verschiedenen Teilen der Welt"*, berichtete Professor Ellison in einem Interview mit der „Welt", *„die voneinander nichts wußten, brachten damals wie auf Befehl einer
inneren Stimme zur gleichen Zeit Textfragmente auf englisch
über klassische griechische Literatur zu Papier. Am Ende der
einzelnen Fragmente erschienen jeweils die Worte: 'Hier spricht
F.W.H. Myers. Bitte, schicken Sie dies an die Gesellschaft für
Parapsychologie in London!'."*

**Klassische Literatur aus dem Jenseits**

Die Textfragmente seien so tatsächlich nach und nach in London eingetroffen. Sie ergaben, als man sie mosaikartig zusammengesetzt hatte, eine Abhandlung über klassische griechische
Literatur, das Spezialgebiet des verstorbenen Gelehrten Myers.
Professor Ellison resümierte:

*„Es gibt dafür nur zwei mögliche Erklärungen. Entweder
haben wir es hier mit einem Superbeispiel von übersinnlicher
Wahrnehmung bei einer ganzen Gruppe von Menschen zu tun,
oder aber Myers hat uns mit seiner Abhandlung eine Botschaft
zukommen lassen, daß es ein Leben nach dem Tode gibt. Ich
glaube an die zweite Möglichkeit."*

## Die alberne alte Kuh

Englands zur Zeit wohl berühmtestes Medium ist David Young.
Der 1945 geborene ehemalige Wirtschaftsberater berichtete in
einem Interview mit der Münchner Abendzeitung über seinen
eindrucksvollsten Fall:

*„Da kam eine Frau zu mir mit der Bitte, mich mit ihrem
Mann in Verbindung zu setzen. Ich konnte auch den Kontakt
herstellen. Doch der Mann sagte immer nur den einen Satz:
„Sag ihr, sie sei eine alberne alte Kuh." Wenn auch ungern, hab'
ich's ihr gesagt.*

93

*Sie brach daraufhin in ein Gelächter aus und drückte mir immer wieder die Hand: ,Wissen Sie, mein Mann und ich haben zu seinen Lebzeiten oft gestritten, ob es so was gibt wie eine Kontaktaufnahme mit dem Jenseits. Und dabei sagte er einmal: Wenn's das wirklich gibt, dann sag' ich dir nur einen einzigen Satz durch – nämlich, daß du eine alberne alte Kuh bist' ..."*

Ob es sich in diesem Fall um eine wirkliche Verbindung mit dem Jenseits gehandelt hat, kann bezweifelt werden: Möglicherweise war auch eine Gedankenübertragung zum Medium Ursache des komischen Ausspruchs, den Young seiner Kundin mitteilte. Diese wußte ja, was ihr Mann sagen könnte und hat es vielleicht während der Sitzung gedacht ...

*8 000 Botschaften aus einer anderen Welt*

Die angeblich seelische Einwirkung eines Mediums auf einen äußeren Vorgang, der sich physikalisch nicht erklären läßt, nennt man *Psychokinese*. Ein besonders eindrucksvolles Beispiel dafür sind die 80 000 Stimmen auf Tonbändern, die Dr. Konstantin Raudive gesammelt hat und die er als Stimmen Verstorbener, als „Botschaften aus dem Jenseits" interpretiert.

### Der Kulturphilosoph aus dem Jenseits

In der schon erwähnten Hörfunksendung des Südwestfunks „Parapsychologie – die Wissenschaft des Okkulten" ließ Dr. Raudive auch ein Tonband abspielen, auf dem der Experimentator seinen verstorbenen Lehrer Professor Ortega y Gasset, den großen spanischen Kulturphilosophen, anspricht und ihn fragt, ob es sich denn auch lohne, diese Stimmphänomene zu erforschen.

Die Stimme antwortete: „*Entrojas muchas cuestiones.*" Das ist spanisch und heißt: „Du wirst viele Fragen unter Dach und Fach bringen."

Dr. Raudive erklärt seine Tonbandbotschaften aus dem Jenseits auf folgende Weise:

*„Das Stimmenphänomen weist auf die Existenz geistiger Energien hin, die wir als Brücke zur jenseitigen Welt betrachten dürfen. Die Forschung auf diesem Gebiet geschieht durch völlig objektive Methoden. Man versucht, das Phänomen von verschiedenen Gesichtspunkten aus zu deuten.*

*Die Animisten, zum Beispiel Professor Hans Bender, wollen das Phänomen als Sprachrohr des Unbewußten erklären. Die*

*animistische Hypothese wird in der Parapsychologie oft ge-*
*braucht und auch mißbraucht. Wegen ihrer einseitigen Radika-*
*lität schießt sie manchmal am Ziel und an den Tatsachen vor-*
*bei.*

*Ich bin um zuverlässige Einsichten in die Welt der Stimmen-*
*phänomene bestrebt. Ich schließe subjektives Philosophieren*
*und Psychologisieren aus und versuche, so gut wie möglich,*
*die Objektivität der Tatsachen zu sichern. So möchte ich zu*
*einer differenzierten Bewertung der Tatsachenlage gelangen.*
*Wir dürfen nicht vergessen, daß das Stimmenphänomen an*
*die letzten und tiefsten Probleme unseres Seins rührt. Ich glau-*
*be, daß objektives Wissen um das nachtodliche Leben unser*
*Verantwortungsgefühl gegenüber der menschlichen Existenz*
*auf Erden erhöht. Wir können den Menschen vielleicht dazu*
*bewegen, darüber nachzudenken, wie er lebt und wozu er lebt.“*

**Stimmen-**
**phänomene**
**objektiv**
**betrachtet**

## *Stimmenphänomene auf dem Tonband*
Professor Hans Bender äußerte sich in der Sendung ebenfalls
zu dem Stimmenphänomen:

*„Die spiritistische Hypothese und die Phänomene entspre-*
*chen natürlich einer alten Sehnsucht der Menschen – daß näm-*
*lich die Verstorbenen weiter mit ihnen in Kommunikation ste-*
*hen. Die nun die Versuche machen, sind aber meist von einer*
*missionarischen Idee erfüllt und lassen sich gar nicht darauf*
*ein, daß solche Phänomene wie Stimmen auf Tonband (selbst*
*wenn sich auf Tonband wirklich die Stimme eines Verstorbenen*
*befindet, was ich durchaus zuzugeben bereit bin) physikalisch*
*unerklärbar sind.*

*Es gibt eine andere Hypothese, daß nämlich die ‚Stimmen*
*aus dem Jenseits‘, psychokinetisch von dem Experimentator*
*erzeugt werden, unbewußt; denn er kennt ja die Stimme des*
*Verstorbenen. Auf eine geheimnisvolle Weise kommt sie dann*
*aufs Tonband.*

**Tonband-**
**experimente**
**selbst**
**erzeugt?**

*Heute kann man durch sehr gezielte Experimente untersu-*
*chen, wo eine solche fragliche psychokinetische Wirkung auf*
*einem Gerät ansetzt: ob am Mikrofon oder in der Elektronik*
*oder am Tonkopf oder am Tonband selbst. Das kann man*
*durch Variieren der Versuche erforschen. Es lohnt sich diese*
*Erforschung.*

## Toter Ehemann meldete sich

Dr. Konstantin Raudive steht mit seinen Tonbandversuchen nicht allein. So schilderte eine Frau bei einer Podiumsdiskussion auf dem 1. Internationalen PSI-Kongreß der Freiburger Gesellschaft zur Erforschung parapsychologischer Phänomene, wie sie mit dem Tonband eigentlich das Rauschen eines Lindenbaums hören wollte und plötzlich deutlich die Stimme ihrer toten Mutter und dann die der verstorbenen Schwester vernahm, worauf sich schließlich auch noch ihr toter Ehemann zu Wort meldete.

*Mutter und Schwester sprachen aus dem Lindenbaum*

„*Friedhof-Hotel*", will sie von den Geisterstimmen gehört haben, „*die einen kommen, die anderen gehen*".

Auf demselben Kongreß trat auch der amerikanische Sterbeforscher Professor Karlis Otis auf, der die Phänomene der Stimmen aus dem Jenseits durch seine wissenschaftlichen Ergebnisse untermauerte.

Wie der „Münchner Merkur" schreibt, haben er und seine Mitarbeiter tausend Patienten auf dem Totenbett nach ihren letzten Bildern und Visionen befragt. Nur 36 Prozent der Interviewten machten keine Angaben, sondern versanken, ohne zu sprechen, ins Jenseits hinüber. 640 Sterbende aber gaben, zusammenfassend gesagt, zu Protokoll: Sie würden abgeholt, ihre verstorbenen Angehörigen stünden an einem visionären Ufer in einem jenseitigen Land und würden sie rufen: „*Komm doch, hab' keine Angst, hier ist es schön ...*"

## „Im Jenseits ist das Gras grüner"

Dieser Blick ins Jenseits, sagte Professor Otis, sei so verheißungsvoll, daß Ärzte, die Infarktpatienten wieder ins Diesseits zurückgeholt hätten, von diesen beschimpft würden. Er malt das Jenseits in kräftigen Farben:

„*Die andere Welt sehen Sterbende in gewohnten Bildern und Vorstellungen. Nur das Gras ist grüner, die Blumen sind schöner, die Gebäude erhabener. Und niemand fragt sich, ob eine Blume aus Kohlenhydraten oder was weiß ich für Molekülen zusammengesetzt ist.*"

# 11. Kapitel

# Die Wissenschaft und der religiöse Wunderglaube

Paranormale Probleme sind an der Universität des Vatikans in Rom Ziel wissenschaftlicher Forschung; denn zentraler Glaubenssatz vieler Religionen ist das Leben nach dem Tode oder – wie es christlich bekundet wird – die Auferstehung des Leibes.

Bei der Paranormologie geht es, im Gegensatz zur Parapsychologie, grundsätzlich zunächst um eine Beschreibung des Phänomens und dann erst um die Heranziehung jener Fachwissenschaft, die für die Erforschung des betreffenden Phänomens zuständig ist, also etwa die Medizin, die Biologie oder die Physik. Dagegen kommt in der Parapsychologie meist zum Ausdruck, daß die Erklärung letztlich psychisch bedingt sein muß.

*In Rom wird Paranormologie gelehrt*

Den Lehrstuhl für Paranormologie an der Lateran-Universität in Rom bekleidete lange Jahre der aus Südtirol stammende Professor für klinische Psychologie Andreas Resch.

## Die Gefahr zu starker Wissenschaftsgläubigkeit

Nach den Phänomenen befragt, die sich im kirchlichen Leben als „Wunder" niederschlagen, antwortete Professor Resch einmal in einer Hörfunk-Sendung des Südwestfunks „Leben nach dem Tode? Die Kirche vor den Erfahrungen von Parapsychologie und Okkultismus":

*„Die Erforschung von Phänomenen, wie spontane Heilungen durch Handauflegen und dergleichen, von Phänomenen, wie wir sie als Heilungen zum Beispiel in Lourdes und in Fatima berichtet haben, macht den Menschen geneigt zu sagen: Wenn*

*wir schon diese Phänomene mit den normalen Kenntnissen
der Wissenschaft nicht erklären können und dennoch sagen
müssen, daß sie tatsächlich vorgekommen sind, dann dürfte
es wohl auch damals so gewesen sein, wie in der Bibel berichtet wird. Hier liegt überhaupt eine große Gefahr, die eine zu
starke Wissenschaftsgläubigkeit mit sich bringt: daß man nur
das als existent betrachtet, was wissenschaftlich bewiesen ist.
In Wirklichkeit können aber hundert Sachen bestehen, obwohl
die Wissenschaft sie nicht beweisen, beziehungsweise nicht
erklären kann. Zum Beispiel wissen wir bis heute von der
Wissenschaft her nicht, was Liebe ist, und doch würde niemand wagen zu sagen, daß es so etwas im menschlichen
Leben nicht gibt."*

## Die Austreibung des Teufels

In derselben Sendung nahm Professor Resch, der Priester und
Psychotherapeut zugleich ist, zur Frage der Besessenheit Stellung,
die als paranormales Phänomen für die Parapsychologie, wegen
ihres Auftretens im religiösen Zusammenhang für die Theologie
von Interesse ist.

Die katholische Kirche kennt ja bis heute den Exorzismus (die
Austreibung eines oder mehrerer Dämonen aus dem menschlichen Körper) an angeblich „Besessenen". Er darf nur mit bischöf-
licher Erlaubnis von einem Priester und nur bei erwiesener
Besessenheit ausgeübt werden.

Viel Staub wirbelte – wie man sich erinnern wird – vor einigen Jahren ein Fall von Exorzismus in der Diözese Würzburg
auf, bei dem ein angeblich besessenes Mädchen während der
„Behandlung" starb. Andreas Resch über das Thema:

*„Die Frage der Besessenheit ist heute eine sehr schwierige
Frage geworden. Früher hat man sich sehr leicht getan und
bei irgendeinem Anfall, der vielleicht hysterischer Art oder auch
eine gewisse Form der Epilepsie war, schon von Besessenheit
gesprochen.*

*In der religiösen Praxis, besonders in der katholischen
Kirche, ist man dagegen heute mit dem sogenannten Exorzismus, also dem Austreiben der Teufel oder des Teufels, sehr
zurückhaltend, um nicht religiöse Riten dort anzuwenden, wo
vielleicht ein Psychiater oder ein Psychotherapeut hingehören.*

## Exorzismus kann nicht heilen

*Es stellt sich grundsätzlich die Frage, ob Exorzismus absolut von der Praxis gestrichen werden soll, weil im letzten, vom Phänomen her als solchem, ja niemals gesagt werden kann, das ist eine dämonische Besessenheit, zumal die Phänomene, auch wenn sie sehr außerordentlich und sonderbar sind, im letzten immer natürlich sind.*

*Man muß etwas vorsichtig sein. Wir kennen Fälle von Menschen, wo weder die Psychiatrie noch die Psychotherapie irgendwelchen Erfolg haben, aber so manche religiöse Praxis einen Menschen lebensmäßig so weit rüstet (wenn auch nicht heilt), daß er in der Gesellschaft seine Krankheit tragen kann und manchmal gerade durch eine religiöse Praxis von seinem Leid befreit wird.*

*Es stellt sich allerdings die Frage: Ist die Befreiung nun die Folge einer psychologischen Wirkung, die durch die religiöse Praxis ausgelöst wurde? Das wird im letzten schwer zu klären sein. Aber hier bin ich so offen zu sagen: Wichtig ist, daß es einem Menschen geholfen hat, wo ihm sonst niemand mehr helfen konnte."*

**„Wichtig ist, dem Menschen zu helfen"**

Kann ein Dämon von einem Menschen Besitz ergreifen? Wir wollen diese Frage ebenso offenlassen wie jene, ob man im 20. Jahrhundert wirklich daran glauben sollte, daß man bei „besessenen" Menschen den Teufel austreiben kann. Tatsache aber ist, daß heute noch viele Menschen von der Angst besessen sind, ein anderer Mensch oder auch ein Geist könne ihnen schaden.

Von alters her bemühte man sich daher um Mittel gegen das Böse, gegen Hexen und Teufel, wie wir im nächsten Kapitel sehen werden.

# 12. Kapitel

# Kaiser Wilhelm II. und der böse Blick

Unter den fünf Sinnen ist das Auge kostbarstes Kleinod der Schöpfung. Und es ist noch gar nicht so lange her, daß selbst Gelehrte den Blick des Menschen für ein schier unlösbares Rätsel hielten. Da man ihn nicht erklären konnte, wurde ihm Mystisches, Zauberei angedichtet.

*Der Augen Zauberkraft*

Der Augenzauber – diese Anschauung ist fast allen Naturvölkern gemeinsam – war gleichzusetzen mit dem Krankheitszauber. Dieser Zauber, der von den Augen ausgeht, wurde von alters her „Der böse Blick" genannt. Gewisse Menschen, Tiere oder Geister – hieß es da – könnten durch bloßes Ansehen Kindern, Haustieren oder auch leblosen Gegenständen enormen Schaden zufügen.

Die Überzeugung, daß vom Auge Zauberkraft ausgeht, war bei den Griechen und Römern, aber auch bei den Germanen weit verbreitet. Von alters her versuchte man sich gegen diesen Zauber zu schützen: Man erfand die Amulette, die Schutzmittel gegen die Geister, die einem übel mitspielen wollten.

## Das Schreckbild auf Agamemnons Schild

Schon Homer berichtet, daß sich sein Held Agamemnon ein Schreckbild auf seinen schützenden Schild malen ließ, den Kopf der Gorgo, das sogenannte Gorgeion, ein abschreckendes Gesicht mit heraushängender Zunge, fletschenden Zähnen und stechenden Augen, die zuckende Blitze auf die Feinde werfen und sie lähmen sollten.

Peisistratos, Sohn des Hippokrates und Athens maßvoller Tyrann in der zweiten Hälfte des sechsten Jahrhunderts vor Christi, ließ ein  großes Gorgeion an der Mauer der Akropolis anbringen. An vielen Tempeln des alten Griechenland sieht man dieses scheußliche Schutzbild, aber auch später an pompejischen Häusern. Bald schon zierte das Gorgeion Gemmen und Münzen, Vasen und Mosaike.

Ähnliche Schreckbilder fand man bei Ausgrabungen in Peru und Mexiko. Die Medizinmänner einiger nordamerikanischer Indianerstämme benutzten sie als Abwehrmittel gegen die Dämonen. Und noch heute finden wir Gorgonenköpfe auf alemannischen Fastnachtsmasken, mit deren Hilfe man einst den Winter austreiben und die Dämonen vertreiben wollte, die möglicherweise die Sommerernte verderben könnten.

Die Masken, mit denen die Ägypter das Gesicht ihrer Toten bedeckten, waren ebenfalls Schutzverkleidungen: Einmal wollte man den Verstorbenen mit Hilfe dieser Totenmasken die Dämonen, die sie auf dem Weg ins Jenseits bedrohen könnten, vertreiben, andererseits sollte der Blick der Toten den Lebenden keinen Schaden zufügen; denn der Blick der Toten, behaupteten die alten Ägypter, mache krank, lasse das Leben verwelken.

Das klassische Land des „bösen Blicks" ist Italien. Dort nennt man die Bösblickenden Jettatori. Viele, ob gebildet oder ungebildet, glauben da auch heute noch an den „malocchio". Die Dichter Heinrich Heine und Lord Byron galten zum Beispiel in Italien als Jettatori.

Und der letzte deutsche Kaiser war für viele Italiener gewissermaßen der König unter den Jettatori. Sein schon in frühester Jugend einstudierter Herrscherblick wirkte auf die Romanen eher stechend denn imperatorisch. Sie wurden in ihrer Meinung, der deutsche Kaiser habe den „bösen Blick", durch folgendes Ereignis bestärkt:

### Kronleuchter fiel von der Decke

Während eines Staatsbesuchs in Rom sollte Wilhelm II. auch an einem Festessen im Quirinal, dem römischen Königspalast, teilnehmen. Einige hundert Würdenträger warteten mit ihren Damen vor festlich gedeckten Tischen auf das Erscheinen der Majestät.

In dem Augenblick aber, als Wilhelm II. den Saal betrat, fiel ein Kronleuchter von der Decke herab und zerschellte am Boden des festlich geschmückten Raumes.

Obwohl die Ursache sicherlich in der morschen Deckenkonstruktion des alten Königspalastes zu suchen war, gaben die Italiener dem „bösen Blick" des Kaisers die Schuld, der selbst Kronleuchter aus der Fassung bringen könnte.

Zu allen Zeiten wurde von der Art des Blickes auf den Charakter des Menschen geschlossen. Wer einen offenen Blick hat, von dem sagt man, er sei zuverlässig und aufrichtig, manchmal freilich ein wenig naiv; wer verschleiert schaut, scheint unzuverlässig, der Argwohn niste in seinen Augenhöhlen, die Eifersucht, die Mißgunst.

Ein kalter, durchdringender Blick deutet auf die Strenge, den Fanatismus und die Grausamkeit seines Besitzers hin, jedoch sei dieser häufig auch mit besonderen Geistesgaben versehen. Wer immer verzückt in die Gegend schaut, sei unsicher, ängstlich oder aber heuchlerisch und berechnend.

Der Silberblick, das leichte Schielen, wird dem Intrigantentum zugeschrieben, und der zornige Blick sei Ausdruck eines unbändigen Kampfeswillens, aber auch ein Zeichen für schnelle Erregbarkeit.

### Sind Sie von einem Dämon besessen?

Jeder von uns hat schon einmal, trotz im allgemeinen offenen Blicks, zornig geschaut oder durchdringend jemanden angesehen, um ihn von der eigenen Meinung zu überzeugen. Nur so wird verständlich, daß im Altertum der „böse Blick" nicht nur angeblichen Hexen und Teufeln in Menschengestalt zugeschrieben wurde, sondern auch sonst anständigen Leuten, die plötzlich und oft nur für wenige Sekunden von einem bösen Dämon besessen zu sein schienen.

Man unterscheidet deshalb von alters her solche, die bewußt mit dem Blick ihren Mitmenschen Schaden zufügen wollen, und die anderen, die Unglücklichen, die unbewußt durch einen einzigen zuckenden Blick Unheil stiften.

Natürlich kann man die Jettatori unter uns leicht erkennen. Für unsere Ahnen war – sehr zu Unrecht übrigens – jeder verdächtig, der einen körperlichen Fehler hatte. Der Verdacht verdichtete sich zur Gewißheit bei Leuten, die im Zorn ihre Augen rollten oder deren Augen krankhaft zitterten.


### Wer schielte, lebte gefährlich

Auch das Schielen deutete man als „bösen Blick", weshalb man noch heute über neidische und mißgönnende Menschen sagt, sie blickten mit „scheelen Augen" auf uns.

Jedenfalls durfte ein schielender Mensch in Mecklenburg nicht beim Buttern zugegen sein, da man dort glaubte, man bekomme dann keine oder nur schlechte Butter. Und die Türken sagen: „Richte nie deinen Blick auf den Schielenden, er könnte dir sonst den ‚bösen Blick' geben."

*„Scheeler" Blick macht schlechte Butter*

Menschen mit besonders auffallender Augenfarbe standen von jeher im Ruf des „bösen Blickes". So hatten die dunkeläugigen (auch dunkelhaarigen) Völker meist Respekt vor den helläugigen, hellhaarigen, und umgekehrt glaubten die helläugigen, die dunkeläugigen besäßen den „bösen Blick".

Das auch Einäugige den „bösen Blick" besitzen, scheint Meinung aller Naturmenschen gewesen zu sein: Wer nur ein Auge besitze, glaubten sie, neide den anderen Menschen das Licht beider Augen. Solche Vorurteile sorgen noch heute dafür, daß sonst anständige und ehrbare Leute in ein schiefes Licht gerückt und von ihren Mitmenschen gemieden werden.

### Lauernder Blick hinter buschigen Brauen

Und so wurden dann so nach und nach alle Menschen mit körperlichen Gebrechen, die Buckligen und die Hinkenden etwa, in den großen Topf geworfen. Auch sie – hieß es – seien mit dem „bösen Blick" behaftet. Selbst Leute mit buschigen Augenbrauen waren verdächtig, weil ihre Augen naturgemäß von den Brauen überschattet sind – ihr Blick lauert dahinter.

Im allgemeinen wird auch heute noch in vielen Gegenden Frauen eher als Männern der „böse Blick" zugeschrieben. Das mag daran liegen, daß seit grauer Vorzeit das Patriarchat die Welt beherrscht und der Mann auf einem Sockel steht, von dem man ihn erst in unseren Tagen allmählich herunterzustoßen versucht.

### Aberglaube um gemalte Pfauen

*Tieraugen können ihre Beute lähmen*

Das Tierauge, rätselhaft wie das menschliche, gilt ebenfalls als vom „bösen Blick" besessen: Man denke an Raubtiere, die angeblich allein durch das Funkeln ihrer Augen eine Beute erstarren lassen, an den Adler, der durch seinen Blick den Widerstand schwächerer Vögel lähmen können soll.

Besonders aber der Pfau soll vom „bösen Blick" besessen sein. „Wer Pfauenfedern (auf denen ja bekanntlich Augen abgezeichnet sind) im Hause hat", sagt der Volksmund, „wird oft den Doktor rufen müssen."

Als im vorigen Jahrhundert ein Theater in London eröffnet wurde, dessen Logenbrüstungen mit gemalten Pfauen geschmückt waren, weigerten sich deshalb die Schauspieler, die ja als abergläubisches Völkchen bekannt sind, aufzutreten, bis die Pfauen mit anderer Malerei überpinselt waren.

Der „böse Blick" der Tiere richtet sich übrigens nach einem alten Volksglauben nur gegen Lebewesen, nicht gegen Lebloses.

Was kann man gegen jedweden Augenzauber unternehmen, damit die Zukunft in Glück und Zufriedenheit nicht verbaut wird?

### Gegenzauber hilft bei schwarzen Katzen

Nun, gegen Zauberei hilft im allgemeinen der Gegenzauber. Da ist zum Beispiel die berühmt-berüchtigte, natürlich vom „bösen Blick" besessene schwarze Katze, die uns von links nach rechts (schlecht!) über den Weg läuft. Was ist zu tun? Ein altes Volksrezept sagt, man solle einfach den Weg flugs zurückrennen und ihn – dann ohne Katze – erneut begehen, schon sei das von links nach rechts gestrickte zukünftige Schicksal ausgelöscht; anschließend könne man beruhigt weiterwandern auf dem Lebensweg.

Gegenzauber – das sind allerlei Sprüche, Beschwörungsformeln, Gebete und Amulette. Es sind von alters her die magischen Hilfsmittel, die nicht nur gegen den „bösen Blick", sondern auch gegen Hexen und andere böse Geister und Mächte angewandt werden können, mit dem einzigen Ziel, die Zukunft weise vorauszuplanen.

## 13. Kapitel

# Mit Formeln und Amuletten gegen die finsteren Mächte

Abergläubische Menschen (o Schreck – wir schreiben ja gerade das dreizehnte Kapitel!) sind auch heute noch bereit, mit Heil- und Zauberformeln gegen alles, was sie bedroht, anzukämpfen. Und manch einer denkt sich gar nichts dabei, wenn er mit mittelalterlichen Sprüchen seinen Aberglauben abreagiert.

*Heile, heile, Segen ...*

Der Kleinkinderspruch „Heile, heile, Segen" wird von vielen Müttern wie zu Zeiten ihrer Urahnen angewandt, wenn das noch etwas unsicher gehende Kind hingefallen ist und sich weh getan hat. Die Suggestivwirkung ist verblüffend: Die meisten Kinder hören, wenn Mutter das Liedchen singt, auf zu weinen, und der Schmerz ist vergessen.

Mit anderen Sprüchen werden auch heute noch in manchen Landstrichen Fieber, Blutungen, Gicht und viele andere Krankheiten mit mehr oder weniger großem Suggestiverfolg bekämpft. All diese Zaubersprüchlein würden freilich – glaubt man den Rezepturen der Medizinmänner unserer Altvorderen – weit wirksamer sein, wenn man sie auf Zetteln aufschreiben und wie Pillen schlucken oder sie als Amulett ein Leben lang bei sich tragen würde.

Sogar den Tieren wurden diese Beschwörungsformeln oder Zaubersprüche in einem Säckchen um den Hals gehängt, an Tür und Tor der Bauernanwesen nagelte man die für den Laien oft unverständlichsten Sprüche oder Wortkombinationen damit den Menschen und ihren Tieren kein Leid geschehe.

106

## Abrakadabra – das Zauberwort

Ein Zauberwort, das schon im alten Ägypten als Geheimformel anerkannt war, kennt sogar die moderne Magie: *Abrakadabra* – das sagen viele Gaukler und Zauberer auf den Jahrmärkten. Es galt als unfehlbares Mittel gegen alle Krankheiten, vor allem aber gegen das tückische Wechselfieber. Man schrieb es in Dreiecksform, eingedenk der Dreifaltigkeit, die schon lange vor dem Christentum altindischen Brahmanen (Brahma = Schöpfer, Wischnu = Erhalter, Siva = Zerstörer) und im alten Ägypten (Osiris = Vater, Isis = Mutter, Horus = Kind) heilig war.

Am gebräuchlichsten war diese Schreibweise:

```
A B R A C A D A B R A
A B R A C A D A B R
A B R A C A D A B
A B R A C A D A
A B R A C A D
A B R A C A
A B R A C
A B R A
A B R
A B
A
```

*Die wundersame Dreiecksformel Abracadabra*

Zeile für Zeile wurde stets ein Buchstabe des Zauberwortes weggestrichen, womit gleichsam das allmähliche Abklingen einer Krankheit versinnbildlicht werden sollte.

Abracadabra ist wahrscheinlich aus dem Geheimnamen Abraxas entstanden, dessen griechische Buchstaben die Urkräfte der Welt umschreiben.

## Ein kleines mathematisches Wunder

Die Dreiecksfigur ist übrigens ein kleines mathematisches Wunder: Man kann das Zauberwort genau 1024mal aus ihr herauslesen, man muß nur richtig kombinieren können.

Die Anwendung war denkbar einfach: Man schrieb die Dreiecksformel auf ein Stück Papier oder ein Pergament und rieb damit den Kranken ein. Der Erfolg soll verblüffend gewesen sein – auch hier war wohl mehr Suggestivkraft am Werke denn

Zauberei. Auch das Hinunterschlucken des Zettels, auf dem die Formel stand, galt als heilsam.

Als Amulett um den Hals getragen, sollte die Abracadabra-Formel vor allem Bösen schützen. Und da dreimal drei neun ist, sollte man das Amulett neun Tage lang tragen, um es dann über die linke Schulter nach rückwärts am besten in einen fließenden Bach zu werfen, gleichsam alles Böse hinter sich lassend, weg-geschwemmt vom klaren Quell des Guten.

In Form eines magischen Quadrats wird eine andere Zauber-formel geschrieben, die ebenso wie das Abracadabra sehr wirk-sam sein soll. Man findet sie unter anderem auf dem Pflaster der Kirche Pieve Terzagni in Tremoni und in der Kirche der Augusti-nerinnen zu Verona, aber auch in manchen Kirchen Englands und Frankreichs. In Ägypten ist sie bekannt und in Äthiopien.

In einer Bibel der Karolingerzeit sehen wir sie aufgezeichnet, ebenso auf einem Siegesstempel der spanischen Inquisition, auf dem Raitpfennig von Kaiser Maximilian II. aus dem Jahre 1572, wie auf dem Boden eines Silberbechers, der auf der Insel Gotland ausgegraben wurde. Die Formel lautet:

| S | A | T | O | R |
|---|---|---|---|---|
| A | R | E | P | O |
| T | E | N | E | T |
| O | P | E | R | A |
| R | O | T | A | S |

Dieses magische Quadrat ist zweifellos ein kleines Wunderwerk. Man kann es waagerecht von oben links nach unten rechts und umgekehrt lesen, aber auch senkrecht von oben links abwärts nach unten rechts und umgekehrt.

## Die fehlende Schlängelei

In vielen Sprachen hat man sich um eine Deutung der Formel bemüht. Wörtlich übersetzt, würde „Sator arepo tenet opera rotas" etwa heißen: „Der Säer hält mit Mühe die Räder." Freilich haben wir hier das Wort „arepo" nicht mit übersetzt, weil es in die Kon-struktion irgendwie nicht zu passen scheint. Es bedeutet soviel wie „Ich schlängele mich heran"; vielleicht sind damit – in dichterischer Freiheit – die Schlängellinien bezeichnet, die man durch das Quadrat ziehen kann, wobei man immer wieder den gleichen Text erhält.

Die Sator-Formel galt als die beste Brandversicherung, und noch im Jahre 1742 heißt es in einer sächsischen Verfügung: *„Wir fügen hiermit allen Unseren nachgesetzten Beamten zu wissen, daß durch Brandschaden viele in große Armut geraten können. Daher ist dergleich Unglück zeitig zu steuern.*

*Wir in Gnaden befehlen, daß in jeder Stadt und Dorf verschiedene hölzerne Teller, worauf schon gegessen gewesen und mit Figur und Buchstaben, wie der beigefügte Abriß besagt, bei Feiertags bei abnehmendem Monde, mittags zwischen elf und zwölf Uhr mit frischer Tinte und neuen Federn beschrieben, vorrätig sein, sodann aber, wenn eine Feuersbrunst, wovor der große Gott hiesige Lande in Gnaden bewahren wolle, entstehen sollte, im Namen Gottes ins Feuer geworfen und, wofern das Feuer demnach weiter um sich greifen wollte, dreimal solches wiederholt werden soll, dadurch denn die Glut unfehlbar getilgt wird.*

*Solche Teller sind bei den Bürgermeistern in den Städten und den Schultheißen und Gerichtsschöppen auf dem Lande vorrätig zu halten und bei Ausbruch eines Feuers zu gebrauchen."*

Ob diese landesherrliche Anweisung einmal ohne gleichzeitige Herbeirufung der freiwilligen Feuerwehr von den sächsischen Landeskindern mit Erfolg durchgeführt wurde, entzieht sich unserer Kenntnis.

*Sator-Formel als Brandversicherung*

## Hilfe mit der „Sator"-Butterschnitte

Fest steht nur, daß die Sator-Formel auch als Amulett gegen den „bösen Blick" getragen wurde, daß sie gegen viele Krankheiten helfen sollte.

Dem Vieh wurde sie gegen Behexung, aus der zum Beispiel die Tollwut erwachsen sollte, dem Fressen beigegeben.

Im Spreewald hielt sich noch bis in jüngste Zeit der Brauch, die Sator-Formel mit einer Nadel auf eine Butterschnitte zu zeichnen, wenn ein Kranker im Hause war. Sie wurde dann neunmal unter Namensnennung des Kranken und unter Anrufung der

*Gegen Behexung dem Viehfutter beigemischt*

Dreieinigkeit in verschiedener Reihenfolge gesprochen, wobei mit der Nadel die jeweiligen Buchstaben nachgezeichnet wurden.

*Das Böse in die Erde abgeleitet*

Das Böse kann natürlich auch durch allerlei Mittel in die Erde abgeleitet werden. So pflegte man im klassischen Altertum zur Abwehr von Seuchen *eiserne Nägel* in die Mauern der Heiligtümer zu schlagen.

Bis auf den heutigen Tag hielt sich die „Wunderwirkung" des *Hufeisens*, das man über die Eingangstür eines Anwesens oder eines Stalles nagelt, mit den Spitzen nach unten, damit das Schlechte, Verderbliche in den Boden abgeleitet werden kann.

Aber man darf nicht irgendein x-beliebiges Hufeisen benutzen, es muß schon zufällig gefunden worden sein, um schicksalsträchtig, sprich: glücksbringend zu sein. Seine Wirkung – heißt es – wird sogar erhöht, wenn noch die längst rostig gewordenen Nägel drinstecken.

## Mit Münzen gegen böse Mächte

Wichtige Amulette gegen die bösen Mächte sind *alte Münzen*, an Ketten um den Hals getragen oder als Brustschmuck auf alten Trachten, der oft als Familienerbstück von Geschlecht zu Geschlecht weitergereicht wird.

Viele *Edelsteine*, vor allem der Diamant, konnten mit ihrem Gefunkel den „bösen Blick" abwenden. Diese Edelsteine wurden zunächst nicht als Schmucksteine, sondern mehr als Amulette verwandt. Freilich gab es auch da geheime Vorschriften.

*Grüner Diamant schützt Kind im Mutterschoß*

Ein Diamant hilft gegen die Behexung durch den „bösen Blick" nur dann, wenn er auf den linken Arm gebunden wird. Und ein Diamant mit grünen Reflexen, am Halsband getragen, schützt nach einem alten Volksglauben das Kind im Mutterschoß und verheißt eine glückliche Entbindung (weitere Beispiele über die Wunderkraft der Edelsteine lesen Sie im Kapitel „Edle Steine, die das Glück verheißen".)

Selbst das *Salz* schützt vor dem Bösen. Noch heute ist der Brauch verbreitet, daß man beim Beziehen einer neuen Wohnung oder eines Hauses zuerst Salz und Brot hineinträgt, damit nie Armut über die Schwelle tritt. Der ursprüngliche Sinn, zuerst Brot und Salz in ein neues Haus oder eine neue Wohnung zu bringen, lag darin, Hexen und böse Mächte für alle Ewigkeit fernzuhalten.

110

### Drei Körnchen Salz gegen Hexerei

Salz und Brot ließ eine belagerte Stadt nach ihrer Kapitulation dem feindlichen Heerführer überreichen, damit der Feinde Macht der Stadt keinen Schaden zufügen könne. Auch einer Hexe mußte man ein Stück Brot, auf das man drei Körnchen Salz streute, beim Betreten des Hauses geben, damit ihr Zauber unwirksam werde.

In manchen Landstrichen hielt sich darauf der Brauch, daß man jedem Fremden bei seinem Eintritt ein mit Salz bestreutes Stück Brot überreichte (man kann ja nie wissen, ob der oder die, welche da eintreten, nicht zufällig vom „bösen Blick" besessen sind!).

Mächtige *Bäume* genossen in menschlicher Vorzeit fast göttliche Verehrung. Holz von neunerlei Bäumen und Sträuchern sollte zum Beispiel alles Böse abwehren.

### Sicherheit unterm Hollerbusch

*Holunder* und *Taxus* standen dabei besonders hoch im Kurs, nicht umsonst bilden sie heute noch die Begrenzung von Gärten und Feldern.

Wer sich zum Beispiel unter einen Hollerbusch schlafen legt, ist vor jedweder Hexe sicher. Das ist eine alte Volksweisheit, die mancher Bursch ausnutzte, indem er sein Schäferstündchen unter einem Holunderstrauch hielt, wohl wissend, daß das Mädel, wenn es mit ihm ging, ganz gewiß keine Hexe sein konnte. Wer liebt auch schon gern ein Hexenwesen?

Bei Fronleichnamsprozessionen schmückt man in katholischen Gebieten die Straßen und Häuser mit *Birken* und Birkenzweigen.

Dieser Brauch geht auf ein altes Zauberschutzmittel zurück: Zu Pfingsten wurden früher Häuser und Ställe mit Birken geschmückt, um böse Mächte abzulenken.

Es hieß, eine Hexe müßte, bevor sie nächtlicherweise ins Haus gelangen könnte, erst jedes einzelne Blättchen am „Sommern" oder „Maien" zählen. Diese langwierige Zählerei aber dauere so lange, daß die Hexe die ganze Nacht dazu brauchen würde; vom Tag überrascht, sei ihr Zauber unwirksam. Man sieht: Hexen können zwar auf ihren Besen rasend durch die Lüfte fliegen, aber auf der Erde sind sie recht langsam ...

*Hexen zählen recht langsam*

### Abwehrstarkes Johanniskraut

Das *Johanniskraut* gilt als besonders abwehrstark gegen alle
bösen Geister. Man trägt es um den Hals oder auf dem Hut, man
legt es ins Bett oder räuchert das Zimmer damit aus, um Mann
und Weib vor Impotenz zu schützen.

Am Morgen des Johannistages flicht man Kränze daraus, die
man abends aufsetzt, wenn um das Johannisfeuer herum fröhlich getanzt wird. Ein Jahr lang werden die Kränze dann aufbewahrt, damit Haus und Hof kein Schaden zugefügt werden kann.

In Bayern muß das Kraut frühmorgens vor dem ersten
Glockengeläut gepflückt werden, wobei man darauf achten muß,
nur ja von niemandem angeredet zu werden, sonst ist der Zau-
berschutz dahin.

*Stroh* macht froh, sagt der Volksmund. Man glaubt deshalb
auch heute noch, wenn man einem vollbeladenen Stroh- oder
Heuwagen zur Erntezeit begegnet, nun würde ein ganzes Jahr
lang das Glück lachen.

*Stroh verhin-*
*dert bösen*
*Zauber*
Die Wunderwirkung des Strohs wird in vielen Gegenden noch
erprobt. So knüpft man Strohseile an die Stämme von Obstbäu-
men, um bösen Zauber von ihnen fernzuhalten; man legt kreuz-
weise Strohhalme auf die Schwelle, um zu verhindern, daß Hexen
über sie hinwegschreiten.


### Mit Knoblauch Kinderwiegen geschmückt

Anscheinend haben Hexen überaus feine Nasen, denn *Knob-*
*lauch, Zwiebeln* oder *Schnittlauch*, an die Tür gehängt, vertreiben sie sofort.

Die Römer schmückten mit Knoblauch ihre Wiegen, die Griechen steckten sich eine Knoblauchzehe an den Kopf. Selbst in
die Nachtmütze der Wöchnerin tat man eine solche Zehe, damit
dem ungeborenen Kind kein Schaden geschehe.

Auch das Tierreich liefert Abwehrmittel gegen den „bösen
Blick", gegen Hexen und Geister. Ob Autofahrer, die sich einen
*Fuchsschwanz* an die Antenne ihres Wagens hängen, heute noch
wissen, daß sie damit nach einer alten Weisheit sich selbst und
ihr Auto vor dem „bösen Blick" schützen? (Nicht aber vor bösen
Karambolagen!)

Ob Jäger noch daran glauben, daß ihre Jagdhütte vor allem
Bösen geschützt ist, wenn sie ein *Hirschgeweih* über die Ein-

gangstür nageln? Hirsche vor allem nämlich greifen den „bösen Blick" an, wo sie ihn nur treffen. Sie gehören damit zu den hilfreichen Tieren, während Katzen mit ihren bei Nacht phosphoreszierenden Augen eher von der anderen Fakultät, also Besitzer des „bösen Blickes" sind.

Trotzdem: Ein schwarzer Kater im Haus gehalten schützt vor Hexerei und bösen Geistern; er zieht nämlich alle „bösen Blicke" auf sich, verschlingt sie gewissermaßen, ohne sie an seine Umgebung abzustrahlen. In Schottland bringt man deshalb zum Beispiel statt Brot und Salz zuerst eine Katze ins Haus, wenn man eine neue Wohnung bezieht.

*Hirsche greifen den „bösen Blick" an*

### Das Abwehrmittel aus der Bäckerei

Sogar der *Mond*, selbst als Beherrscher der Nacht mit dem „bösen Blick" behaftet, muß herhalten, um das Schlechte abzuwehren. Mondamulette waren von jeher sehr beliebt: Man trug Abbildungen der Mondsichel auf Ringen und Halsbändern, und in Italien werden sie heute noch getragen.

Übrigens haben Hörnchen, Hörndel oder Kipferl aus dem Bäckerladen auch einmal als Abwehrmittel gegolten: Wer solch mondsichelähnliches Gebäck im Bauch hatte, war von innen und von außen gegen das Böse gefeit.

Als Ersatz für die Mondsichel gelten auch die beiden *Hörner* eines Rindviehs, die ja in ihrer Form der Mondsichel ähneln. In Italien nagelt man das Gehörn an die Einfahrten der Bauernhäuser, und noch heute gibt es dort Lastwagenfahrer, die solche Hörner als Kühlerzierde mit sich führen; sie sollen alles hem-

*G*
*Gegen den bösen Blick: kleiner Finger und Zeigefinger als Mondsichelersatz*

mend sich in den Weg Stellende aufspießen und somit unwirksam machen.

*Mondsichel-
ersatz aus
der hohlen
Hand gesau-
bert*

Sind Mondsichelamulette jedweder Art nicht vorhanden, so kann man auch die Sichelform durch Zeige- und kleinen Finger herstellen, indem man den Daumen und die beiden anderen Finger hinter der hohlen Hand verbirgt, während Zeige- und kleiner Finger drohend auf das gerichtet werden, von dem man Unheil erwartet. Solchen Mondsichelersatz haben wir auf der vorherigen Seite einmal aufgezeichnet.

# 14. Kapitel

# Der uralte Volksglaube vom wunderwirkenden Talisman

Was ist der Unterschied zwischen einem Amulett und einem Talisman? Nun, das Amulett soll irgend etwas Böses abwehren, der Talisman aber Erfreuliches anziehen.

Das Amulett ist also gewissermaßen ein passiv wirkender Gegenstand. Er soll eine Person, die ihn trägt, oder auch Haus und Hof vor widrigen Einflüssen bewahren.

Dagegen ist der Talisman ein aktives magisches Mittel, das seinem Träger Glück und Erfolg in allen Lebenslagen verschaffen kann.

Die Araber nannten die Steine und die mit wundertätigen Sprüchen versehenen Zettel, die sie an einer Schnur aufgereiht um den Hals trugen, „hamalet" Anhängsel. Zur Deutung des Wortbegriffs Amulett kann auch das lateinische Verb „amoliri" (abgeleitet werden) herangezogen werden.

Die Türken nannten ihre Geistlichen und Gelehrten, die sich mit der magischen Geheimwissenschaft befaßten, „Talismanen" bei den Chaldäern hießen sie „Tsilmenaja", bei den Griechen „Telesmata". Im Türkischen bezeichnet die Wortgruppe „Talis, Talism, Tilism, Talismon" ein Wunderbild (ein Bild, das Wunder vollbringen soll).

*Talisman: Ein Bild, das Wunder vollbringen soll*

### Der Vorläufer unseres Eherings
Auch die Inder haben, sogar vor Griechen, Türken und Chaldäern, zur „Erfindung" des Wortes Talisman beigetragen: Seit grau-

er Vorzeit besteht nämlich bei ihnen der Hochzeitsbrauch, daß der Bräutigam seiner Braut ein „Tali" umhängt, einen Talisman, der Glück und reichen Kindersegen in der Ehe bewirken soll.

Dieses „Tali" ist Vorläufer unseres Eherings, der das nie enden sollende Band darstellt, das die Eheleute verbindet, die güldene Fessel, die das Glück zu zweit bewirken soll.

Inder, Ägypter, Chaldäer und Hebräer waren die ersten, die die himmlischen Kräfte der Gestirne bei Weihezeremonien auf Steine oder Metalle übertrugen. Jedem Metall, jedem Stein, jedem Ort, jedem Tier und jeder Pflanze ordneten sie gute oder böse Genien zu.

*Apollonius und seine magischen Ringe*

So berichtet Philostratus über den Neupythagoräer Apollonius von Tyana, der bei den Arabern wegen seiner Geschicklichkeit in der Anfertigung von Talismanen in hohem Ansehen stand, er habe auf einer Reise durch Indien von dem Weisen Iarchus sieben magische Ringe geschenkt bekommen, an deren Wunderwirkung er glaubte.

## Die Tagesringe des Iarchus

An jedem Tag der Woche, der ja einem bestimmten Planeten zugeschrieben wird (Sonne und Mond zählte man im Altertum zu den Planeten), steckte sich Apollonius den Ring an den Finger, dessen Stein und Fassung dem Tagesplaneten entsprach. Er trug die sieben Ringe des Iarchus also in dieser Reihenfolge:

- *am Sonntag, dem Tag der Sonne, einen goldenen Ring mit einem Diamanten,*
- *am Montag, dem Tag des Mondes, einen Mondstein in Silber gefaßt,*
- *am Dienstag, dem Tag des Mars, einen Hämatit auf Eisen,*
- *am Mittwoch, dem Tag des Merkur, einen Silberring mit einem rosafarbenen Jaspis,*
- *am Donnerstag, dem Tag des Jupiter, einen Karfunkel in einer Zinnfassung,*
- *am Freitag, dem Tag der Venus, eine Koralle auf Bronze und*
- *am Samstag, dem Tag des Saturn, einen Bleiring mit einem Onyx.*

Tatsächlich scheinen die Tagesringe dem Apollonius von Tyana Glück gebracht zu haben, denn seine Geschäfte in Sachen Talismane brachten ihm immensen Reichtum ein. Und Justin, der Märtyrer, Heilige und Kirchenvater, schrieb begeistert von den Wunderwerken des Apollonius:

*„Die Kraft der Talismane des Apollonius beruhigt die toben-de See, hält die Winde vom Himmel ab und macht wilde Tiere zahm."*

Große Verehrer von Talismanen waren auch die alten Römer. Von Julius Cäsar wird berichtet, er habe das Bildnis der Venus stets als Talisman bei sich getragen und es in entscheidenden Augenblicken um Rat gefragt.

*Cäsar trug stets ein Bild der Venus bei sich*

Dem Kaiser Nero schenkte ein Unbekannter das Bild eines jungen Mädchens, das Glück bringen sollte. Kurz nach der Schenkung deckte der Kaiser eine Verschwörung auf; seither verehrte er das Bild als eine Art Hausgott. Er behauptete sogar, das Mädchen setze ihn auch über zukünftige Geschehnisse rechtzeitig in Kenntnis.

Der Weg von den antiken Wunderbildern zu den Talismanen unserer Zeit ist nicht weit: Auch heute noch werden Bilder in Brieftaschen und Handtaschen mitgenommen, von deren Wundertätigkeit ihre Besitzer im geheimen überzeugt sind.

## Schutzheiliger als Schlüsselanhänger

Und selbst das Christentum, dem Aberglauben in jedweder Form sonst abhold, hält den alten Volksglauben an Glücksbringer und Beschützer wach: Viele Autofahrer haben das Bild des heiligen *Christophorus*, der das Jesuskind durch einen Fluß getragen haben soll, als Schlüsselanhänger bei sich oder bringen es an ihrem Wagen an.

Als Schutzheiliger der Autofahrer gilt er übrigens erst seit den zwanziger Jahren dieses Jahrhunderts, als Königin Margherita von Italien nach einem schweren Unfall behauptete, sie führe ihre Rettung auf ein Christophorusbild zurück, das sie in ihrem Wagen angebracht hatte.

*Christophorusbild soll Königin gerettet haben*

Die Venus als Beschützerin und Glücksbringerin wurde abgelöst von der *Jungfrau Maria*, deren geweihtes Bild von vielen Gläubigen in Medaillons getragen wird, der Umwelt verborgen. Mancher mag sich dabei nichts denken, aber nach der Überlieferung muß der Glücks- und Schutzzauber, soll er wirken, vor den Augen der Mitmenschen verborgen bleiben.

## Glücksbringer auf nackter Haut

Ein weiteres Gebot des uralten Volksglaubens wird übrigens von Männern erfüllt, die ihre Talismane auf der bloßen Haut unter der Kleidung tragen: nicht nur unsichtbar soll der Glücksbringer sein, er wirkt auch doppelt so gut, wenn er mit dem Körper Kontakt hat.

An Ringen, Ketten und Armbändern werden heute Abbildungen von *Marienkäfern* als glücksbringende Talismane getragen. Die Käferfamilie wurde nach der Jungfrau Maria genannt. Sie umfaßt etwa 3 000 Arten und ist sehr nützlich, da ihre Leibspeise die Larven von Blattläusen sind. Ihr eiförmig gewölbter Körper wird von roten oder gelblichen, schwarzpunktierten Flügeldecken geziert. Die in unseren Breiten häufigste Art ist der Siebenpunkt mit roten, schwarzgefleckten Flügeldecken.

## Der heilige Mistkäfer

Ein Verwandter der Marienkäfer, der *Skarabäus*, war das Urbild aller ägyptischen Glücksbringer. Der Mistkäfer mit den roten Flügeldecken hatte nach der ägyptischen Mythologie göttlichen Ursprung: Die Seele des Gottes Ra, hieß es, habe sich in den Körper des Skarabäus eingeprägt.

Auf einem griechischen Papyrus wurde eine ausführliche Beschreibung gefunden, wie der Käfer präpariert und geweiht

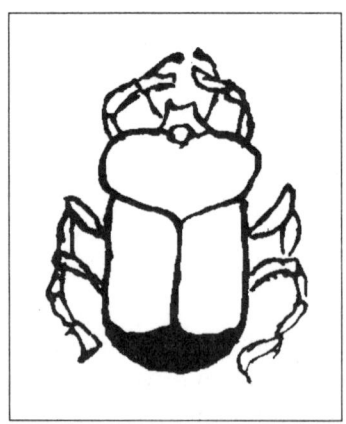

werden und an welchem Tage dies geschehen müsse. Nach diesem Papyrus war die Abbildung des Skarabäus besonders glücksbringend, wenn sie aus einem wertvollen Smaragd gearbeitet wurde, dem auf der Unterseite das Bild der ägyptischen Göttin Isis eingeritzt wurde. Drei Tage sollte der Smaragd in eine Paste aus Lilien- und Myrrhenbalsam gelegt und mit Myrrhendämpfen beräuchert werden. Das durfte aber nur an einem 7., 9., 10., 12., 14., 16., 21., 24. und 25. eines jeden Monats geschehen, sonst hatte der smaragdene Skarabäus keine Glückswirkung.

Skarabäen fand man in ägyptischen Königsgräbern: Die Wunderwirkung des Käfers sollte die Toten bis zur glückhaften Auferstehung begleiten.

### Verschenkte Napoleon sein Glück?

Napoleon I. schenkte einen Skarabäus, den er während seiner Feldzüge in Ägypten einer königlichen Grabkammer entnommen hatte, der Gemahlin des Fürsten Schwarzenberg kurz nach der Taufe seines einzigen Sohnes.

Napoleon glaubte, nun mit allen irdischen Glücksgütern gesegnet zu sein, weshalb er auf die glücksbringende Wirkung des Skarabäus verzichtete. Das Glück aber — das wissen wir aus der Geschichte — wandte sich von ihm ab, nachdem er seinen Talisman verschenkt hatte.

Die glücksbringende Wirkung des mit dem Skarabäus verwandten Marienkäfers wird übrigens durch eine alte Volksregel bestätigt; danach kann man in Kürze Geld erwarten, wenn sich ein Siebenpunkt auf die Hand niederläßt. Freilich darf man dem Glücksbringer nichts zuleide tun.

*Siebenpunkt auf der Hand läßt die Kasse klingeln*

Ein anderer Talisman aus dem Tierreich ist das *Schwein*. Schon in Athen rieb man die Türpfosten mit Schweinefett ein, bevor die Neuvermählte das Haus ihres Gatten betrat. In Italien und in der Türkei hing man Kindern die Hauzähne des Schweins als Talisman um den Hals.

### Der Letzte hatte „Schwein" gehabt

Sinnbild des Glücks wurde das Schwein in seiner ganzen rundlich-rosigen Größe in Deutschland: Bei Schützenfesten und Wettrennen gab man ein lebendes Schwein dem Schlechtesten als Trostpreis, er hatte auch als Letzter noch „Schwein" gehabt.

Von da an wurden Abbildungen von Schweinen in Silber und Gold als Anhänger an Ketten und Armbändern getragen — Talismane, mit deren Hilfe man auch heute noch Glück — sprich: „Schwein" haben will.

### Fischschuppen sorgen für Geld

Der *Silvesterkarpfen* ist sehr beliebt. Nach einem alten Brauch soll die Hausfrau den Fisch zur Jahreswende ungeschuppt auf den Tisch bringen, damit sich jeder Gast eine besonders schöne Schuppe mitnehmen kann: Im Geldbeutel verwahrt, heißt es, werde die Schuppe dafür sorgen, daß das Geld im neuen Jahr nie ausgehen werde.

*„Glücksklee" besonders wirksam, wenn er unterm Galgen wuchs*

Natürlich gibt es auch Talismane aus dem Pflanzenreich. Wer zum Beispiel zufällig ein vierteiliges *Kleeblatt* findet, der hat nach einer alten Volkssage ein Jahr lang das Glück gepachtet. Im Mittelalter galt dieser „Glücksklee" als besonders wirksam, wenn er unter dem Galgen gewachsen und mit dem Blute eines Hingerichteten getränkt war. Obwohl es heute keine Richtstätten mehr gibt, auf denen man vierblättrigen Klee finden kann, blieb doch der Glaube an seine glücksbringende Kraft erhalten.

Mit dem vierblättrigen Klee ist die *Bohne* nach altem Volksglauben ein wirkungsvoller Talisman. Da Bohnen ihre Lebenskraft nahezu unbegrenzt erhalten, galten sie schon im Altertum als Sinnbild der Unsterblichkeit.

### „Glücksbohne" hilft den Liebenden

Bohnen, die als Grabbeigaben in ägyptischen Pyramiden gefunden wurden, trieben Keime, als man sie nach 4 000 Jahren wieder ans Tageslicht brachte.

Das ist wohl darauf zurückzuführen, daß diese Bohnen in den Pyramiden luftdicht verschlossen waren. Die „Glücksbohne« wird noch heute als Anhänger getragen, sie soll vor allem Reichtum schenken, gilt aber auch als Talisman für Liebende.

Übrigens galten im Altertum die *Ambrablätter* des Amberbaums als der erfolgreichste Liebestalisman. Die Damen trugen wohlriechenden Balsam, der heute als Parfüm aus Ausscheidungen des Pottwals gewonnen wird, in einem goldenen Netzchen zwischen den Brüsten.

120

Die Azteken im alten Mexiko lasen aus der Lage von roten Bohnen (oder Maiskörnern) sogar die Zukunft eines Kranken. Etwa 20 Bohnen oder Körner warfen ihre Priester auf eine Decke; wenn sie sich kreisförmig anordneten, bedeutete das ein Grab,

*Altmexika-nische Priester beim Los-werfen*

wenn sie so lagen, daß ihre Zahl durch eine gerade Linie halbiert werden konnte, Genesung.

Für Liebende glücksbringend ist die *Myrte*. Die weißblühende, immergrüne Pflanze aus dem Mittelmeerraum wird auch bei uns der Braut als Kranz aufgesetzt, den sie oft ein Leben lang verwahrt, damit er ihrer Ehe immerwährendes Glück bringe.

Bis in unsere Zeit hat sich ebenfalls der Glaube erhalten, daß die erste *Kastanie*, die man im Herbst findet, Glück bringt, man muß sie nur das ganze Jahr über ständig – etwa in der Hosentasche – bei sich tragen.

### Das zauberkräftige Galgenmännchen

Einer der ältesten Talismane aus der Pflanzenwelt aber ist die *Alraune*, auch Galgenmännlein oder Heckenmännchen genannt, die aus der Alraunwurzel hergestellt wird. Die fahlviolett und glockenförmig blühende Pflanze (wissenschaftlich: Mandragora officinarum), die schon 3 000 Jahre vor Christi Geburt den Ägyptern bekannt war, gehört zu den Nachtschattengewächsen und ist eine Verwandte der Kartoffel, des Tabaks und der Tomate. Die Wurzel der Pflanze ist nach unten gespalten und hat, wenn man

*Alraunen sollen die Zukunft beeinflussen*

sie mit einiger Phantasie betrachtet, ein menschenähnliches Aussehen.

Bei allen Völkern des Orients genoß die Alraune große Verehrung wegen ihrer medizinischen Zauberkraft und der in ihr ruhenden prophetischen Gabe. Im Mittelalter wurde sie gegen die Hexerei als Amulett getragen, aber auch als Liebestalisman der ewige Treue versprach.

### Wurzel aus der Erde Adams

Die heilige Hildegardis, Äbtissin auf dem Rupertsberg bei Bingen, schrieb über die Wunderwurzel, sie sei aus der gleichen Erde wie Adam entstanden und deshalb der Versuchung durch den Teufel mehr ausgesetzt als jede andere Pflanze. Kein Notleidender solle versäumen, solch Heckenmännchen mit Quellwasser zu waschen und zu sich ins Bett zu legen, damit sich ihm seine magische Kraft mitteilte.

Der Glaube an die Wunderwirksamkeit der Alraune, die — in Wein gekocht — schmerzstillend und schlafbringend wirkt, ist auch heute noch nicht ausgestorben. Nicht umsonst heißt es in Österreich, wenn jemand im Kartenspiel besonderes Glück hat, er habe „ein Alraundel im Sack".

*Pflanzen* und *Pflanzenabsonderungen* werden von den Astrologen als Glücksbringer den Tierkreiszeichen zugeordnet: dem Widder die Myrte, dem Stier der Bernstein und der Safran, den Zwillingen der Mastixstrauch, dem Krebs der Kampfer, dem Löwen der Weihrauch, der Jungfrau das Sandelholz, der Waage der Harzgummi, dem Skorpion das Opoponax (ein Pflanzenharz, aus dem ein wohlriechendes ätherisches Öl gewonnen wird), dem Schützen die Aloe, dem Steinbock das Bilsenkraut, dem Wassermann die Wolfsmilch und den Fischen schließlich der Thymian.

*Wer Glück hat, der hat „ein Alraundel im Sack"*

## Zum Mond gehört das Veilchen

Den Planeten, unter die astrologisch auch Sonne und Mond gerechnet werden, sind zugeordnet: der Sonne der aus Peru stammende, vanilleartig riechende Heliotrop, dem Mond das Veilchen, dem Merkur der Wacholder, der Venus die Verbene, dem Mars das Heidekraut, auch Erika genannt, dem Jupiter die Pfefferminze und dem Saturn der Mohn.

Von den Pflanzen zu den *Metallen*. Wir lasen schon im vorigen Kapitel von der „Wunderwirkung" des Hufeisens, das als Amulett gegen alles Böse angewandt werden kann. Aber es hat sich auch als Glücksbringer „eingebürgert". Ein gefundenes Hufeisen hat magnetische Kräfte: Es zieht das Glück an und stößt das Unglück ab.

*Magnete ziehen das Glück an*

Nicht umsonst also haben die meisten Magneten darum wohl Hufeisenform.

Von jeher wurden *Münzen* als Talismane an Ketten um den Hals getragen. Mit der oft sehr wertvollen alten Münze soll eigentlich nicht die Wohlhabenheit des Trägers oder der Trägerin bewiesen, sondern vielmehr der Reichtum magisch angezogen werden.

In bäuerlichen Gegenden Deutschlands wird der Braut beim Kirchgang oft heimlich Geld zugesteckt, damit sie in ihrer Ehe nie Mangel daran habe.

### Woher kommt der Glückspfennig?

Auch der *Glückspfennig* gehört hierher: Wer stets einen Kupferpfennig in seiner Geldbörse hat, dem kann nie das große Geld ausgehen. Viel wirksamer wird dieser Pfennig noch, wenn auf ihm die Geburtszahl seines Besitzers eingeprägt ist.

Und natürlich hat auch die Münze, die man über die Schulter rückwärts in die Fontana di Trevi, den römischen Brunnen, wirft, magische Wirkung: Man sagt, der Münzenwerfer würde eines Tages Rom wieder besuchen (zögert er diesen Besuch um Jahre und Jahrzehnte hinaus, winkt ihm ein langes Leben!).

*Sieben Metalle verheißen den Persern Glück*

Weil auch die Perser glauben, daß die Metalle das Gute anziehen und das Böse abstoßen, legen sie sich die „Haftdjus"-Kette als Talisman um den Hals, die aus einer Legierung von sieben Metallen besteht, aus Gold, Silber, Kupfer, Eisen, Zink, Blei und Zinn. Sie wollen es eben ganz genau wissen.

Und schließlich haben auch die Astrologen für jedes Sternbild ein Glücksmetall bereit: für den Widder Eisen, den Stier Kupfer, die Zwillinge Quecksilber, den Krebs Silber, den Löwen Gold, die Jungfrau Bronze, die Waage Kupfer, den Skorpion Eisen, den Schützen Zink, den Steinbock Blei, den Wassermann Platin und die Fische Zinn.

# 15. Kapitel

# Edle Steine, die das Glück verheißen

Aus den klaren Wassern des Paradieses entstanden, tief einge-
bettet im Erdinnern, Millionen von Jahren dem gewaltigen Druck
von Erd- und Gesteinsmassen ausgesetzt, mit magnetischen
Strahlkräften ausgestattet, von Gnomen und Elfen bewacht
— das sind nach Sagen und Legenden die kostbarsten Kleinode
unserer Erde: die Edelsteine, von denen dieses Kapitel handelt.

Der Glaube und die Lehre von der wundertätigen Kraft dieser
Steine ist so alt, wie das Menschengeschlecht denken kann. In
dem 774 Hexameter umfassenden Gedicht des griechisch-thra-
kischen Barden Orpheus „Lethika" („Von den Steinen") aus dem
7. bis 6. Jahrhundert vor Christi wird die urtümliche Kraft, die
in den Edelsteinen schlummert, erstmals besungen.

*„Unter den Kräutern"*, singt Orpheus, *„wirst du nützliche und
schädliche finden, unter den Steinen aber ist nichts, das dir
Schaden zufügen könnte."*

Schon zu Zeiten des alten Mystikers Orpheus wußte man, daß
Edelsteine die Kraft haben, die geistigen Einflüsse der Planeten,
in denen ähnliche Kräfte vorherrschen, an sich zu ziehen. Und
deshalb ist es, soll ein Nutzen dabei herausspringen, gar nicht so
gleichgültig, welchen Stein man trägt: Er muß auf die Eigenart
seines Trägers abgestimmt sein, mit den planetarischen Einflüssen
seiner Natur übereinstimmen; denn auf die Wechselbeziehungen
zwischen Edelsteinen und Planet kommt es (astro-)logischerwei-
se an.

*Der Planeten
Kräfte wirken
in Edelsteinen
nach*

### Der Todesdiamant

Und so gesehen hat Orpheus nicht recht, wenn er die Steine
besingt, sie könnten niemandem Schaden zufügen: Es gibt sehr

wohl Edelsteine, die ihre Träger auch ins Unglück stürzen. Man denke nur an den Hope-Diamanten, der um die Mitte des 16. Jahrhunderts von einem Inder an den Dogen von Venedig verkauft wurde.

Der Inder hatte aus seiner Heimat nicht nur den von vielen Dichtern besungenen Diamanten (heutiger Wert: mehr als eine halbe Million Mark!) mitgebracht, sondern auch die Beulenpest. Zwar floh der Doge mit dem blauen Stein nach Florenz, aber dort ereilte ihn die tödliche Krankheit doch.

**Tod und Verderben für die Besitzer des Hope-Diamanten**

Viele der späteren Besitzer wurden ermordet, bei Raufhändeln erstochen, fielen im Krieg oder endeten – wie die unglückselige französische Königin Marie Antoinette – auf dem Schafott des französischen Revolutionstribunals.

1830 erwarb den Stein für 18 000 Pfund Sterling der englische Bankier Thomas Philipp Hope, dessen Namen er fortan trug. Es schien schon, daß die Unglückswirkung, die der Stein ausstrahlte, vorüber sei, aber dann setzte Anfang dieses Jahrhunderts erneut die schädliche Kraft ein.

Als ihn zum Beispiel der Franzose de Hautville gerade drei Monate besaß, wurde seine Frau in Paris von einem Auto überfahren und tödlich verletzt, sein ältester Sohn verwechselte aus Versehen zwei Flaschen und starb qualvoll an einem tödlichen Gift. Seine Tochter ertrank, und sein jüngster Sohn verlor das Augenlicht.

## Die Monatssteine der Astrologen

Wie gesagt: Nach der Lehre der Astrologen und Mystiker müssen Edelsteine zu ihrem Träger passen, sollen sie sich als Glückssteine erweisen. Und das sind die den Sternbildern zugeordneten Monatssteine:

- *Widder* (21.3.–20.4.): Diamant, Amethyst, Sardonyx
- *Stier* (21.4.–21.5.): heller Saphir, Moosachat, Karneol
- *Zwillinge* (22.5.–22.6.): Bergkristall, Beryll, Topas, Aquamarin
- *Krebs* (23.6.–23.7.): Smaragd, Chalzedon
- *Löwe* (24.7.–23.8.): Rubin
- *Jungfrau* (24.8.–23.9.): Jaspis, Smaragd
- *Waage* (24.9.–23.10.): Diamant, Beryll
- *Skorpion* (24.10.–22.11.): Topas, Amethyst
- *Schütze* (23.11.–21.12.): dunkler Saphir, Türkis, Granat

- *Steinbock* (22.12.–20.1.): Onyx, Chrysopras
- *Wassermann* (21.1.–19.2.): blauer Saphir
- *Fische* (20.2.–20.3.): Chrysolith, weißer Saphir, Hyazinth

In dieser Aufstellung sind neben den Edelsteinen auch die Halbedelsteine genannt, die zu den einzelnen Tierkreiszeichen passen.

## Glück mit der Geburtsstunde

Es gibt viele Juweliere, die ihren Kunden raten, nur solche Steine zu wählen, die ihrer Geburtsstunde entsprechen. Möglicherweise war der Hope-Diamant für Thomas Philipp Hope ein Glücksstein, für die vielen anderen aber, weil nicht in ihr Sternbild passend oder gar zuwiderwirkend, ein Unglücksstein. Freilich darf nicht vergessen werden, daß nicht alle Steine, die heute zu Schmuckstücken verarbeitet werden, echte Talismane sind. Nach den alten Vorschriften muß nämlich jeder Edelstein auf das Temperament seines Trägers abgestimmt sein, darüber hinaus aber die Herstellung und das Schmelzen des Metalls in den richtig errechneten Planetenstunden vorgenommen worden sein.

*Schon das Baby hat passende Steine*

Ein gestohlener Stein soll seinem Träger Unheil bringen, ein in einem Leihhaus erworbener hat alle talismanische Kraft verloren. Auch künstliche Produkte, und wenn sie sich in Farbe, Glanz, Härte und Schönheit kaum von den natürlichen unterscheiden, haben keine magischen Kräfte.

## Wie wird der Edelstein zum Talisman?

Wie wird nun ein Edelstein zum Talisman? Lesen wir die Anweisung eines mittelalterlichen Forschers:

*„Arbeite in einem ruhigen, nach Osten gerichteten Raum, in dem du ungestört bleibst. Dieser Raum soll möglichst schmucklos hergerichtet sein, damit deine Gedanken nicht unnötig abgelenkt werden. Sitze mit dem Gesicht nach Osten gewandt, und wenn du aufsiehst, soll dein Blick auf eine selbstgefertigte Zeichnung des Siegels Salomonis fallen, die du dir gegenüber an der Wand befestigen mußt."*

*Vorschriften eines Forschers aus dem Mittelalter*

Für die okkulten Wissenschaftler war, wie man sieht, die Herstellung eines wertvollen Talismans eine beinahe sakrale Handlung. Und augenscheinlich sollte die Erleuchtung, einen besonders wirkungsvollen Talisman zu schaffen, von einem anderen uralten talismanischen Symbol kommen: vom *Siegel Salomonis*.

Dieses Zeichen, das in viele Religionen Eingang fand, wurde keinesfalls von dem weisen alttestamentarischen König erfunden, der es angeblich zur Beherrschung der Geister, Menschen und Tiere verwandt haben soll.

Nein, lange vor seiner Zeit war das Siegel mit den zwei ineinandergeschobenen gleichseitigen Dreiecken — das eine mit der

*Urkräftiger Talisman: das Siegel Salomonis*

Spitze nach oben, das andere nach unten zeigend — schon bekannt. Es galt als urkräftiger Talisman, der vor allem Mißgeschick bewahren sollte.

Eben solchen Talisman brauchten die Juweliere und Goldschmiede; denn wenn ihnen bei der Herstellung eines wundertätigen Talismans ein Mißgeschick passierte, dann war der ganze schöne Zauber futsch!

Doch gehen wir weiter in den Anweisungen, die jener Weise zur Herstellung eines Talismans gab: Wichtig sei, schrieb er, daß auch das Metall, das verwandt werden sollte, zur rechten Stunde und in einem Fluß geschmolzen und in die richtige Form gegossen werden müsse.

Und der Edelstein, der in das Metall eingepaßt werden sollte, dürfe nur dann geschliffen werden, wenn der auf ihn zutreffende Planet in der richtigen astrologischen Konstellation stehe, in dem passenden Tierkreiszeichen und frei von bösen Bestrahlungen.

Wie aber wirken nun Edelsteine als Amulette und Talismane? Das mag nachstehendes kleines Abc der Edelsteine und Halbedelsteine aussagen, wobei wir uns wieder auf alte Quellen stützen.

## Achat, Talisman der Bauern

Der Halbedelstein stammt aus wechselnden Lagen von Chalzedon in Blasen und Hohlräumen von Eruptivgesteinen. Er kommt in verschiedenen Farben vor, jedoch haben wir hier nur den Moosachat berücksichtigt, während andere Steine aus der Achatfamilie (Karneol, Chrysopras, Onyx und Jaspis) in einem eigenen Abschnitt behandelt werden.

Der grüne Moosachat ist Talisman der Bauern und Gärtner. Wenn ein Pflüger bei seiner Arbeit einen solchen Stein um den rechten Oberarm gebunden trage, hieß es, werde er eine gute Ernte einfahren.

Albertus Magnus, Kirchenlehrer und Schutzpatron der Naturwissenschaftler, empfahl ihn um 1 200 als Mittel gegen Hautkrankheiten. Auch gegen Nierenkrankheiten könne er helfen.

Die heilige Äbtissin Hildegardis von Bingen, im Mittelalter als besonders heilkundig verehrt, wollte den Achat bei fallsüchtigen Patienten angewendet wissen. Er sollte in Wasser gelegt und darin drei Tage lang bei zunehmendem Mond eingeweicht werden. Daraufhin könne man den Sud zehn Monate hindurch bei der Speisenbereitung für Epileptiker verwenden.

*Das Rezept der heiligen Hildegardis gegen die Fallsucht*

Im ersten Jahrhundert nach Christi Geburt nannte der griechische Arzt Pedanios Dioscorides den Achat in seiner fünfbändigen Arzneimittellehre als Mittel gegen Ansteckung bei Epidemien.

Bei den Mohammedanern wurde der Achat gepulvert in Apfelsaft als Mittel gegen Geisteskrankheiten gegeben. Ob er darum im Orient auch heute noch als besonderer Glücksstein gilt, entzieht sich unserer Kenntnis.

## Amethyst, der Stein im Fischerring des Papstes

Der violette Halbedelstein aus der Familie der Quarze wird nur als Schmuckstein verwendet, wenn er durchsichtig ist. Er soll den Liebenden Glück und den Kaufleuten und Jägern besonderen Erfolg bescheren. Der Stein im Fischerring des Papstes ist übrigens ein reiner persischer Amethyst.

Im Griechischen bedeutet das Wort Amethystos „die Trunkenheit verhindernd". Plinius der Ältere behauptete in seiner 37 Bände umfassenden Naturgeschichte „Naturalis historia", der violette Stein schütze nicht nur vor der Trunksucht, sondern verhindere auch schnelle Trunkenheit.

*Probates Mittel für Leute, die gern über den Durst trinken*

Und Konrad von Megenburg, Rektor der Wiener Stefansschule, glaubte, daß die altertümliche Sitte durchaus berechtigt gewesen sei, alkoholische Getränke nur aus Bechern zu trinken, die aus Amethysten gefertigt waren. Übrigens galt der Amethyst noch im 18. Jahrhundert als probates Hilfsmittel für Leute, die gern mal einen über den Durst trinken.

Die schon erwähnte Hildegardis von Bingen nannte Amethyste wahre Schönheitsmittel: Flecken und Pusteln in der Haut würden im Nu verschwinden, wenn man sie mit einem speichelbefeuchteten Amethysten einreiben würde.

Im Altertum war man der Ansicht, wenn man den violetten Halbedelstein goldgefaßt als Anhänger direkt über dem Herzen trage, würde man vor nichts und niemandem Angst haben.

## Aquamarin fördert die Treue

Auch die lichtblaue Abart des Berylls ist ein Halbedelstein. Er war dem Mond zugeeignet und besonders im Vorderen Orient wegen seiner angeblich magischen Kraft geschätzt. Als Talisman getragen, soll er die Treue in Liebe und Ehe fördern.

Konrad von Megenburg schrieb dem Aquamarin Heilkraft bei Asthma zu. Man müsse ihn nur in Wasser waschen und dieses den Patienten zu trinken geben.

## Bergkristall, Stein der Konzentration

Der wasserklare Quarz in sechsseitigen Säulen mit pyramidenförmigen Enden wird in China und Japan als „Stein der Konzentration und Beharrlichkeit" geschätzt.

*Schutz gegen Täuschungen falscher Freunde*

Nach Charubel, einem englischen Hellseher und Astrologen, der 1906 ein Werk über die okkulten Kräfte in Edelsteinen verfaßte, dürfen den Stein nur Leute als Talisman verwenden, die *„reinen Herzens sind und an ein Weiterleben nach dem Tod glauben"*; ihnen würde er als Schutz gegen Täuschungen von seiten falscher Freunde dienen.

Hildegardis von Bingen hielt den Bergkristall für heilkräftig bei Drüsenkrankheiten; sie empfahl ihn auch bei Herzschmerzen. Im vierten Jahrhundert wollte man sogar Nierenkrankheiten mit seiner Hilfe heilen.

Und der grausame, überaus abergläubische römische Kaiser Nero trank nur aus einem Glas, das aus Bergkristall hergestellt war. Er war davon überzeugt, daß wer daraus trinke, am ehesten seinen Durst stillen könne.

*Wie Kaiser Nero seinen Durst stillte*

## Bernstein – bei Sammlern beliebt

Sein Name wird vom niederdeutschen Wort bernen, das heißt brennen, wohl darum abgeleitet, weil der Bernstein aus einem brennbaren fossilen Harz besteht, das in der Tertiärzeit vor Millionen von Jahren aus Nadelhölzern ausgeflossen war und dann zu Stein in vielen gelben Farbnuancen bis hin zum Orange und Braun wurde.

Auch rote, blaue und grüne Tönungen kommen vor und sind bei Sammlern besonders beliebt, die ebenso Einschlüsse von urzeitlichen Insekten schätzen. Der größte Bernstein, den man im klassischen Bersteinland Ostpreußen fand, soll 48 Pfund schwer gewesen sein.

Als Schmuckstein wurde er schon in der Altsteinzeit verwendet. Im geschichtlichen Altertum schrieb man ihm magische Kräfte zu. So glaubten die Römer, wer einen Talisman aus Bernstein trage, würde kaum jemals Fieber bekommen. Und Plinius der Ältere war davon überzeugt, daß ein klarer Bernstein, mit attischem Honig eingerieben, trübe Augen älterer Menschen klarer machen könne.

*Magische Kräfte gegen trübe Augen*

## Beryll, der Seeleute Glücksstein

Der hellgelbe Stein der Seeleute und Abenteurer, die er als Talisman vor jeglicher Gefahr schützen soll, kommt aus der gleichnamigen Familie, der auch der Smaragd entstammt.

In der Medizin des Altertums wurden ihm besonders starke Kräfte als Mittel gegen Aufstoßen, Durchfall, Husten und triefende Augen sowie bei Leberfunktionsstörungen zugeschrieben.

Wie es hieß, seien die in ihm wohnenden Kräfte so gewaltig, daß man sie wohl dosieren müsse.

131

### Blutstein – wirksam gegen Blasenleiden?

Weil der Hämatit oder Blutstein aus kristallisiertem Eisenoxyd besteht, wird er auch Roteisenstein genannt. Er ist undurchsichtig und von dunkler stahlgrauer oder schwarzer Farbe. Einige Splitter durchsichtig roter Farbe gaben dem Blutstein seinen Namen.

In grauer Vorzeit trugen ihn die Babylonier, die Ägypter und Araber, aber auch amerikanische Indianer als Talisman, der erlittene Wunden schnell zu heilen versprach. Die Ägypter bekämpften mit seiner Hilfe sogar infektiöse Augenkrankheiten.

Dioskorides nannte ihn in seiner Heilmittellehre ein wirksames Mittel gegen Blasenleiden. Man sollte den vorher über Feuer gerösteten Blutstein zermahlen, das erhaltene Pulver in Wasser auflösen und den Trank den Blasenkranken verabreichen, bis sie wieder gesund würden.

*Griechen empfahlen: Blutsteinpulver in Wein gelöst*

Schon vor Dioskorides war das Blutsteinpulver, allerdings in Wein gelöst, bei den alten Griechen als Heilmittel gegen Harnbeschwerden bekannt, wurde aber auch bei Frauenkrankheiten wirksam angewandt.

### Chalzedon soll Melancholie verhindern

Der zartrötliche, mit Weiß unterlegte oder durchschossene Halbedelstein aus der Quarz-Chalzedon-Gruppe galt im Mittelalter als wirkungsvoller Talisman, der seinem Träger Kraft und Gesundheit verleihen und bei ihm Unzufriedenheit und Melancholie verhindern sollte. Albertus Magnus empfahl ihn besonders depressiven Kranken.

### Chrysoberyll schenkt Tatkraft

Der Edelstein von gelber bis grüner Farbe wird an Härte nur von dem Diamanten, dem blauen Saphir und dem roten Rubin übertroffen. Noch wertvoller ist er, wenn er bei Tag tiefgrün, bei künstlichem Licht aber tiefrubinrot leuchtet; man nennt ihn dann auch Alexandrit.

Der Chrysoberyll, aber auch der sehr seltene Alexandrit sollen, wenn sie als Talisman getragen werden, Tatkraft schenken und das Ehrgefühl erhöhen. Nach Ansicht gelehrter Astrologen des Altertums bringen sie aber nur denen Glück und Segen, die im Zeichen der Zwillinge oder der Waage geboren wurden.

### Chrysolith gegen Darmbeschwerden

Der Edelstein aus der Olivingruppe wird von französischen Juwelieren Peridot genannt. Wegen seiner klaren, blaßgrünen Farbe wird er oft mit dem Chrysoberyll, aber auch mit dem Smaragd verwechselt. Als Talisman soll er Reichtum bewirken.

Im dritten Jahrhundert nach Christi glaubte man an seine heilende Wirkung bei Augenkrankheiten. Dagegen empfahlen griechische Ärzte ihn vor allem gegen Darmbeschwerden.

*Der Talisman, der Reichtum bewirkt*

### Chrysopras, Lieblingsstein einer Königin

Der apfelgrüne Chalzedon stammt aus der Achatfamilie. Er war der Lieblingsstein der englischen Königin Victoria. Als Talisman soll er seinen Trägern bei jedweden Unternehmungen Glück bringen, was ja auf Königin Victoria zutrifft, die in ihrer Regierungszeit das englische Imperium riesenhaft vergrößern half.

Im Mittelalter galt der Chrysopras als Heilmittel gegen Augenleiden, aber nur dann, wenn der Mond zur Geburtszeit astrologisch in den Tierkreiszeichen Stier und Krebs stand.

### Diamant, Magnet des Glücks

Der härteste aller Edelsteine ist eine kristallisierte Form des Kohlenstoffs mit hohem Lichtbrechungs- und Farbenzerstreuungsvermögen. Im reinsten Zustand ist er wasserhell und farblos. Der Diamant gilt als Magnet des Glücks, astrologisch der Sonne zugeeignet. Seinen Träger soll er vor allem Bösen schützen und ihm Kraft und Mut verleihen.

So schrieb schon im 14. Jahrhundert der englische Weltenbummler Sir John Mandeville über diesen wertvollsten aller Edelsteine:

*„Der Diamant soll nur an der linken Körperseite, der Herzseite, getragen werden. Er verliert seine magische Kraft, wenn er von unmoralischen Menschen berührt wird; denn der Diamant ist das Symbol der Reinheit und ein Schutz gegen alles Übel, aber er darf nicht durch unsaubere Machenschaften erworben werden. Ein gestohlener Diamant wird seinem Träger Unglück über Unglück bringen.“*

*Unmoral löscht die magische Kraft*

Ob der Hope-Diamant, über den wir am Anfang dieses Kapitels berichteten, von dem Inder gestohlen worden war, bevor der ihn an den Dogen von Venedig verkaufte, entzieht sich unserer Kenntnis. Möglich wäre es ja; denn das würde nach Mandeville erklären, warum er zum Unglücksstein wurde.

Auch die schon mehrfach zitierte heilige Hildegardis von Bingen hat sich mit dem Diamanten befaßt; sie schrieb:

*„Ist jemand hinterlistig, tückisch, böswillig, verlogen, jähzornig und trunksüchtig, so wird er von diesen Lastern befreit, wenn er einen Diamant im Munde trägt. Wasser und Wein, mit dem Diamanten behandelt, sind heilkräftig bei Gicht, Schlaganfall und Gelbsucht. Wegen seiner großen Härte verabscheut ihn der Teufel."*

**Warum er gegen die Trunksucht hilft ...**

Logisch erscheint uns, daß ein Diamant gegen die Trunksucht wirkt, wenn man ihn im Munde trägt; denn das ist allemal hinderlich beim Trinken ...

### Granat, der Karfunkelstein

Die Farbe des Edelsteins von großer Härte schwankt zwischen reinem Karmesinrot und Tiefdunkelrot.

Als Talisman soll er nach alter Weisheit alle dämonischen Geister vertreiben. Im Mittelalter glaubte man, daß der Karfunkelstein verschlossene Stätten öffnen und dort verborgene Schätze anzeigen würde.

Der große griechische Philosoph Aristoteles (384 bis 322), der die gesamte wissenschaftliche Forschung seiner Zeit beherrschte, war davon überzeugt, daß ein goldener Granatring die Schlaflosigkeit vertreibe und seinen Träger vor Alpträumen schütze.

Mittelalterliche Ärzte verordneten den Stein in Pulverform als Mittel gegen Herzschwäche. Die Wirkung, versicherten sie ihren Patienten, sei verblüffend.

### Hyazinth gegen die Schlaflosigkeit

Der durchsichtige, gelbrote Halbedelstein ist eine Abart des Zirkons. Ein Hyazinthring am Finger soll seinem Träger Reichtum und Weisheit, aber auch Fröhlichkeit und Liebenswürdigkeit verleihen. Der im 17. Jahrhundert lebende holländische Mineraloge Boetius de Boot empfahl den Stein als gutes Mittel gegen die Schlaflosigkeit.

### Jaspis galt als blutstillend

Der auch Heliotrop oder Blutjaspis genannte dunkelgrüne Stein
mit roten Flecken galt von jeher als blutstillend. Noch im
19. Jahrhundert trugen Offiziere einen Jaspis an ihrer Uhrkette,
um ihn bei Verwundungen als Erste Hilfe benutzen zu können.

Schon bei den Babyloniern stand er als Amulett in hohem
Ansehen. Der schon erwähnte altgriechische Arzt Dioscorides
schrieb dem Heliotrop Heilkraft bei Kopfschmerzen, aber auch
bei Lethargie zu.

Mittelalterliche Heilkünstler behaupteten, der Stein könne Ma-
genleiden heilen, die Verdauung fördern und Gallensteine erwei-
chen, wenn man ihn an langer Kette unter der Kleidung tragen
würde, so daß er unterhalb der Herzgrube den Körper berühre.

Auch der von der katholischen Kirche heiliggesprochene
Albertus Magnus war von der Heilkraft des Jaspis überzeugt; er
könne bei Kranken das Fieber senken, und wenn er von einer
Schwangeren an einer Kette um die Hüften herum getragen werde, würde sie bei der Geburt keine Schwierigkeiten haben.

*Heiliger
versprach
schwangeren
Frauen leichte
Geburt*

### Karneol, der vornehmste aller Achate

Der vornehmste aller Achate ist dieser dunkelblutrote bis gelbe,
durchscheinende Chalzedon. Viele uralte Geschlechter benutzten ihn als Wappensiegel. Als Talisman, aber auch als Zaubermittel
bei verschiedenen magischen Operationen wurde der Karneol
im Altertum verwandt.

Albertus Magnus sagte von dem Stein, er befreie die Seele von
schwermütigen Gedanken und vertreibe die Dämonen und die
Furcht vor dem Bösen. Auch der Religionsstifter Mohammed
trug einen Karneol als Talisman, weil er das Symbol der Genüg-
samkeit sei.

### Lapislazuli bewahrt vor Schwermut

Der Lasurstein, wie der Lapislazuli auch genannt wird, ist ein Ge-
menge des blauen Minerals Lasurit mit verschiedenen anderen
Mineralien. Die alten Ägypter schnitten aus ihm schöne Figuren,
vor allem aber Abbilder des bei ihnen heiligen Mistkäfers Skarabäus, die sie ihren Toten, an langen Ketten aufgereiht, mit ins
Grab gaben.

Es heißt, daß der französische Kaiser Napoleon, der für seinen Aberglauben bekannt war, stets einen Lapislazuli als Talisman bei sich trug. Vor seinem doch unrühmlichen Ende auf der atlantischen Insel St. Helena hat der Stein seinen kaiserlichen Träger allerdings nicht bewahrt, höchstens vor schwermütigen Gedanken; denn arabische Weise waren davon überzeugt, daß der Lasurstein die Melancholie vertreibe.

*Todsicheres Mittel gegen häßliche Warzen*

In alten arabischen Rezeptbüchern findet man auch ein todsicheres Mittel gegen häßliche Warzen: Wer diese drei Tage lang mit einem Lapislazuli bestreiche, wäre sie endlich los. Übrigens stammt auch der Name des Halbedelsteins aus dem Arabischen; übersetzt heißt er ganz einfach „blauer Stein".

### Onyx – aus der Venus Fingernägeln

Die schwarz und weiß gebänderte Abart des Achats gehört seit uralten Zeiten zu den Glückssteinen mit starker okkulter Kraft.

Im Altertum wurde er auch *Nagelstein* genannt, da er nach einer Legende von den überlangen Fingernägeln der römischen Liebesgöttin Venus stammen soll, die der holde Liebesknabe Cupido mit einem einzigen Pfeilschuß auf ein erträgliches Maß reduzierte. Übrigens sollte nach römischer Meinung ein mehr weißer Onyx mit dem eingeschnittenen Bild der Venus viel Glück bringen.

*Saturn sorgt für Trauer und Kummer*

Den Stein der Trauer und des Kummers nennen die Araber den schwarzen Onyx. Und auch die mittelalterlichen Astrologen rieten ihren Mitmenschen, keinen Onyx zu tragen, wenn sie einen ungünstigen bestrahlten Saturn in ihrem persönlichen Horoskop hätten, weil die Not für sie dann kein Ende nähme.

Im klassischen Altertum waren Griechen und Römer der Meinung, daß ein Onyx seinem Träger die volle Sehkraft bis ins hohe Alter erhalte, wenn man ihn als Amulett stets bei sich trage. Er würde auch vor Erkrankungen des Blutkreislaufs schützen.

### Opal, Anker der Hoffnung

Der lebhaft in allen Farben des Sonnenspektrums schillernde Edelstein galt im Orient als „Anker der Hoffnung", weil er alle Vorzüge anderer Edelsteine in sich gebündelt habe.

Nach einer indischen Legende erhielt er seine Farben von den Göttern Brahma, Schiwa und Wischnu. Diese waren in eine wunderschöne Frau verliebt. Um aber zu verhindern, daß die göttlichen Liebhaber sich eifersüchtig bekriegten, verwandelte der oberste aller indischen Götter die Schöne flugs in ein Nebelgebilde. Damit sie aber ihre Freundin auch weiterhin im Nebel wenigstens sehen könnten, schenkte jeder der drei Rivalen um ihre Gunst seine Hausfarben her. Das nützte nichts; denn das Nebelgebilde zerstob im Wind. Als die drei verliebten Götter darüber sehr traurig waren, verwandelte der Götterchef den farbenfrohen Nebel in einen Stein, eben in den in vielen Farben schillernden Opal.

*Schöne Frau verschwand im Nebel und wurde zu Stein*

Übrigens schenkte die englische Königin ihren Töchtern stets Opale als Brautschmuck. Möglich, daß sie als Kaiserin von Indien von der Legende gehört hatte und Opale als Steine der Liebe und Treue schätzte.

## Rubin, Talisman der Leidenschaft

Der überaus harte, stark lichtbrechende tiefrote Edelstein aus kristallisierter Tonerde (Korund) soll seinem Besitzer als Talisman Leidenschaft und siegreiche Kraft verleihen. Als Amulett war er von jeher Schutz gegen Gift und böse Geister.

Konzentriert man nach Charubel, wenn man Sorgen hat, seine Gedanken auf einen Rubin, würden des Steines verborgene Kräfte die Sorgen auf sich ziehen, und man würde getröstet sein.

## Saphir — Beschützer des Augenlichts

Der königs- oder kornblumenblaue Edelstein entstammt wie der Rubin der Familie der Korunde. Er ist nur einen Grad weniger hart als der Diamant und gilt als Stein der Treue (von ihm abgeleitet: „Blau ist die Farbe der Treue"), der Frömmigkeit und der Keuschheit.

*Warum blau die Farbe der Treue ist*

Im Altertum galt er als Beschützer des Augenlichts, als Helfer gegen alle körperlichen Störungen. Die Buddhisten nennen ihn noch heute den „Stein der Wahrheit".

Weniger wertvoll als die blauen sind der weiße Saphir, der gelbschimmernde Topassaphir und der hellrosafarbene Königstopas. Sie haben nach Meinung mittelalterlicher Wissenschaftler nicht die dem blauen Saphir zugeschriebenen Kräfte. Von den Astrologen wurden sie aber als Steine der Venus und Helfer gegen neidische Mitmenschen geschätzt.

### Sardonyx, Schutz vor dem Neid der Götter

Er ist ein Bruder des Onyx aus rauchbraunen und milchigen Schichten, aber mit einer dritten Schicht aus Karneol. Bereits im Altertum galt er als hervorragender Glücksstein.

Nach dem römischen Schriftsteller Plinius, der im Jahre 79 nach Christi beim Ausbruch des Vesuvs ums Leben kam, war der Ring, den Polykrates ins Meer warf, um sich vor dem Neid der Götter zu schützen, mit einem Sardonyx geschmückt.

Nach römischer Meinung soll der Sardonyx mit dem eingeschnittenen Bild des Mars oder des Herkules die Macht zum Befehlen ermöglichen und furchtlos und widerstandsfähig machen, wenn er als Talisman getragen werde.

### Smaragd leidet keine Unkeuschheit

Der wertvollste Edelstein der Beryllgruppe ist grün und klar, ein prismatischer, sechsflächiger Kristall. Er galt von jeher als Stein der Freundschaft, Treue und Offenheit.

*Der bloße Anblick soll die Augennerven stärken*

Der Anblick eines Smaragds soll die Augennerven kräftigen. Und er galt als wichtiges Amulett gegen Fallsucht und krankhafte Verspannungen. Als Talisman könne er seinen Trägern Reichtum und Wohlergehen verschaffen. Gefährlich würde der Stein nur allzu losen Freiern; das behauptete jedenfalls Jakobus Schopper 1614 in seinem biblischen Edelsteinbüchlein. Schopper schrieb darin wörtlich:

*„So leidet dieser Stein keine Unkeuschheit, also, daß wenn einer eine Jungfrau schwächt, er zerspringt"* (gemeint mit „er" ist natürlich der Smaragd), *„daher man auch von diesem Edelfestin ein artzeney machet, wider die philtra oder die Liebestränk, welche die unzüchtigen Weiber offt eim zuschieben."*

Wer übrigens nach Ansicht gelehrter Astrologen des Mittelalters den Smaragd als Talisman oder Monatsstein trägt, sollte über die okkulten Kräfte dieses Steins schweigen, sonst würden dessen geheimnisvolle Eigenschaften möglicherweise vergehen oder ins Gegenteil verkehrt werden.

## Topas, vom Mond beeinflußt

Der reinste Topas, Edelstein aus einem rhombischen Aluminium-silikat, ist farblos, durchsichtig und klar. Die meisten aber sind hellgelb bis dunkelgelb, wenige auch mit einem lichtblauen Schimmer und einem Stich ins Grüne oder Rosafarbene.

Die Ausstrahlungen des Topas sollen durch den Mond stark beeinflußt werden, so versicherten mittelalterliche Forscher ernst-haft; deshalb würde er vor allem gegen Nervosität und gegen Schlaflosigkeit helfen. Bei herannahenden Gewittern würde der Stein elektrisch aufgeladen, was sich seinen Trägern oft so mitteilen könnte, daß sie hellsehend würden.

*Elektrische Aufladung macht hellsehend*

Übrigens sind nicht alle Steine, die den Namen „Topas" tragen, auch Topase. So ist zum Beispiel der Goldtopas ein gelber Quarz oder ein gelbgeglühter Amethyst, der Rauchtopas ein Rauchquarz und der Königstopas ein Saphir.

## Türkis – Farbwechsel im Krankheitsfall

Aristoteles warnte vor dem blaßblauen bis grünen Halbedelstein, weil er seine Farbe beliebig wechsele. Tatsächlich verliert er seine blaue Farbe und wechselt ins Grüne, wenn sein Träger krank wird. Sobald dieser aber wieder gesund ist, erstrahlt der Türkis erneut in einem hellen Blau.

In Ägypten galt der Stein als spezieller Schutzstein für Roß und Reiter, weshalb er noch heute in England und Amerika von Jockeys und Jagdreitern als Talisman getragen wird.

*Schutzstein für Roß und Reiter*

Die Araber nahmen den Stein zu gewissen Stunden in die rechte Hand und sprachen ihre mehr oder weniger anspruchsvollen Wünsche in den Stein hinein. Sie glaubten, er würde die Erfüllung der Wünsche, so sie Reichtum und Gesundheit beträfen, glückhaft zurückstrahlen.

## Turmalin, der Kreuzfahrer Amulett

Das Mineral in säulenförmigen Kristallen ist durchsichtig bis durchscheinend, manchmal auch intensiv gefärbt. Die farblosen Steine mit einem Stich ins Gelbliche oder Rötliche sind seltener, die farbenprächtigen in der Überzahl.

Schon von den Kreuzfahrern wurden Turmaline als Amulette gegen Verletzungen getragen.

# 16. Kapitel

# Ein Hauch von Okkultem: Der Charakter aus der Handschrift

Obwohl die Graphologie, die aus der im Schriftbild niedergelegten Schreibbewegung Schlüsse auf Charakter und Bildung des Schreibers zieht, sich längst von der alten Geheimlehre zur anerkannten Wissenschaft unserer Tage hochgedient hat, umgibt sie noch immer ein Hauch von Okkultem. Das mag daher kommen, daß sie jahrhundertelang in einem Atemzug mit Astrologie, Hellsehen und magischen Künsten genannt wurde. Zum anderen wird jeder ernsthafte Graphologe zugeben, daß er trotz größter Objektivität bei der Beurteilung eines Schriftbildes auch ein wenig Seher spielen muß. Er wird bei aller wissenschaftlichen Exaktheit berücksichtigen müssen, daß das Objekt seiner Schriftdeutung, der Mensch, nicht völlig „exakt" ist, das heißt gerade in der Schrift Verstellungskünste offenbart, die es dem Graphologen schwer machen, letztgültige Schlüsse zu ziehen.

*Ernsthafte Graphologen spielen ein wenig den Seher*

Der Handschriftendeuter befindet sich damit etwa in der Lage des Richters, der aus einer Menge von unumstößlichen Tatbeständen, aber auch aus Indizien ein Urteil sprechen muß, das dem Gesetz Genüge tut, sich später vielleicht jedoch als Fehlurteil herausstellen kann.

### Nur ein kleiner Kurzlehrgang

Glauben Sie nun ja nicht, lieber Leser, wir wollten Sie mit wissenschaftlichen Methoden der Graphologie konfrontieren. Dazu reicht der Platz nicht aus. Und überdies würden Sie wohl unser Buch gelangweilt zur Seite legen.

Hier sollen Sie nur, gewissermaßen in einem Kurzlehrgang, mit dem notwendigsten Rüstzeug versehen werden, das es Ihnen ermöglicht, einen Menschen nach seiner Schrift wenigstens in groben Zügen zu beurteilen.

Wenn wir schreiben, wollen wir im allgemeinen etwas mitteilen. Die Schrift hat also zunächst Mitteilungsfunktionen: Gedanken und Sprache werden in der Schrift festgehalten – in einer

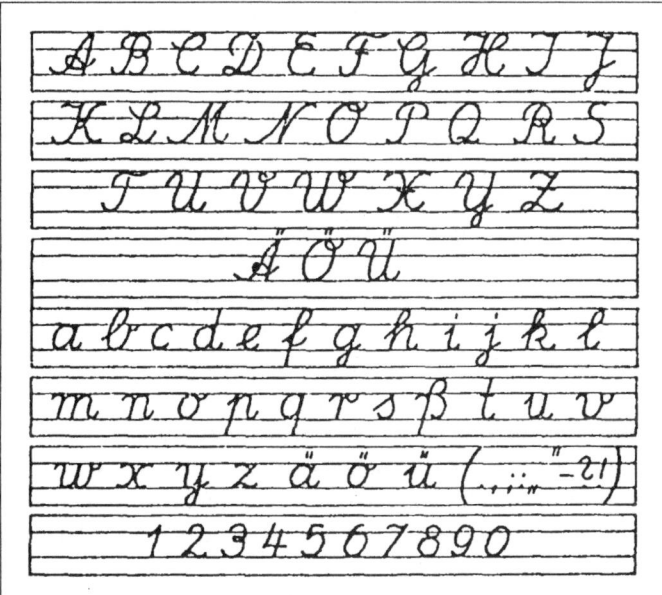

Schrift freilich, die sehr viel mehr aussagt als jene, die wir nach einer Vorlage in der Schule gelernt haben. Jeder wandelt ja die Schulschrift auf ureigenste Weise ab. Und so erst erhält jede Handschrift ihren eigenen Charakter. Aus dieser Schrift kann ein Graphologe Schlüsse auf das Ich des Schreibers ziehen.

### Neigungswinkel der Schrift
Besondere Beachtung wird dabei dem Neigungswinkel der Schrift nach rechts oder nach links geschenkt. Wir alle haben in deutscher (der heute veralteten Sütterlin-Schrift) oder lateinischer

Normalschrift gelernt, von links nach rechts zu schreiben, mit einer Neigung nach rechts.

**Auf den Neigungsgrad der Schrift kommt's an**

Trotzdem wandten wir uns bereits früh vom Schriftbild der Schule ab: Der eine schreibt steil, der andere mit mehr oder weniger großer Neigung nach rechts, und bei manchem fällt die Schrift regelrecht nach links um.

Wenn Sie den Neigungsgrad einer Schrift graphologisch richtig deuten wollen, pausen Sie am besten das in diesem Abschnitt

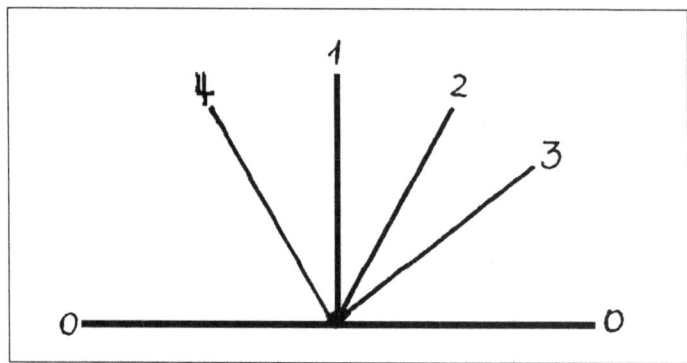

*Schema zum Feststellen des Neigungswinkels*

gezeigte Schema einmal auf ein durchsichtiges Blatt Papier durch, zum Beispiel auf Durchschlagpapier. Dann können Sie den Neigungswinkel der Ihnen vorliegenden Schrift besser feststellen. Von 0 bis 0 ist dabei die Zeilengerade, auf der die Schrift steht. Und das sind die Deutungen:

### 1 = steile Schrift

**Sie zeichnet den Verstandesmenschen aus**

Diese Schriftlage offenbart einen Menschen, der seiner Umwelt mit ruhiger Distanz begegnet, einen reinen Verstandesmenschen, der sich bemüht, gegebene Gesetze oder Vorschriften nicht zu umgehen. Er übt Selbstdisziplin und läßt alles in Ruhe auf sich zukommen. Er will sich kaum schnell binden, was ihm auch als Wankelmütigkeit ausgelegt werden kann.

Häufig verbirgt sich hinter seiner Distanziertheit eine etwas kalte Natur und eine mehr oder weniger steife Haltung. Man muß die steile Schrift stets mit etwas Vorsicht beurteilen; denn manche Steilschreiber versuchen, ihre wirkliche Art zu verbergen.

142

*wirklich eine sehens-*
*werte Stadt, nur leider*
*sehr weit weg von Deutsch-*
*land. Nochmals viele*

*Steile Schrift, 90 Grad*

Oft ist auch die Härte, die sie in der Formgebung manchmal an den Tag legen, zum großen Teil nicht ganz echt und vielfach übersteigert. Wie wir sehen, hat die steile Schrift nicht immer nur gute Seiten.

### 2 = schräge Schrift
Wir alle haben (siehe dazu das Muster der lateinischen Normalschrift) gelernt, die Buchstaben ein wenig schräg nach rechts zu schreiben.

*Dieser Mensch ist gut zu haben!*

Deshalb gibt die rechtsschräge Schrift die Bereitschaft ihres Besitzers zum Mitmachen in der menschlichen Gemeinschaft und Umwelt wieder.

*Rechtsschräge Schrift, etwa 120 Grad*

Der Mensch, der seine Schrift leicht nach rechts legt, ist ansprechbar und meistens gut zu haben. Er setzt sich gern für seine Mitmenschen ein, ist empfindsam und hat ein starkes Gefühlsleben.

Im negativen Sinn neigt er freilich des öfteren auch zu unbesonnenen Handlungen. Dann fehlt es ihm an Beherrschung. Dem Leben steht er recht unbekümmert gegenüber. Er ändert oft seine Meinung.

143

## 3 = überschräge Schrift

Wenn die Schrift weit nach rechts liegt, so daß sie fast umzukippen droht, haben wir in dem Schreiber einen leidenschaftlichen Menschen gefunden. Mit großer Begeisterungsfähigkeit kniet er sich in alle Aufgaben hinein. Er möchte gewissermaßen den Hansdampf in allen Gassen spielen und jeden von sich überzeugen.

*Stark rechtsschräge Schrift, etwa 135 Grad*

Allerdings können wir annehmen, daß er von Zeit zu Zeit ein wenig haltlos ist – mit anderen Worten: nicht allzuviel Rückgrat besitzt.

## 4 = linksschräge Schrift

Diese Schrift hat man nicht erlernt. Man hat sie sich gewissermaßen selber „verpaßt", weil man immer in Anti-Stellung geht und sich von der Umwelt besonders streng distanzieren möchte. Wer diese Schrift verwendet, unterdrückt gern seine Gefühle. Er strapaziert allzusehr den eigenen Verstand.

Um es positiv auszudrücken: Wer linksschräg schreibt, ist nach innen gerichtet. Kontakte nach außen sind bei ihm erschwert. Für viele Mitmenschen wirken seine Anstrengungen, in den zwischenmenschlichen Beziehungen zurechtzukommen, nicht allzu

*Linksschräge Schrift, etwa 70 Grad*

echt, eher verkrampft. Bemerkt er, daß er mit seiner Annäherung an den Mitmenschen wieder einmal falsch lag, wird sich das in eine ständige Auflehnung gegen das übliche umkehren. Widerborstig, wird er zum Besserwisser.

### Mischschriften

Natürlich gibt es auch Mischschriften, die mal steil, mal nach rechts und mal nach links gerichtete Buchstaben haben. Von den Schreibern kann man im allgemeinen sagen, daß sie nicht unbedingt einen festen Charakter haben. Oft kommen sie mit sich selbst nicht allzugut zurecht, weil sie vielleicht zu jung und daher noch recht unerfahren sind.

*Eine Schrift
wie Kraut
und Rüben*

In ihrem Inneren streiten verschiedene Charaktereigenschaften um die Herrschaft. Solche Menschen sind launisch und recht wetterwendisch. Meistens haben sie keine eigene Meinung und neigen mal diesem und mal jenem zu.

### Ober und Unterlängen

Die Schrift besteht nun aber nicht nur aus ihrer Neigung, sondern auch aus Ober- und Unterlängen. Nach der Schulschrift weisen Ober- und Unterlängen die gleiche Ausdehnung auf (in unserem Schriftmuster : A). Die Oberlänge bezeichnet den Intellekt, den Geist, die Unterlänge dagegen das Materielle, Praktische, Vitale.

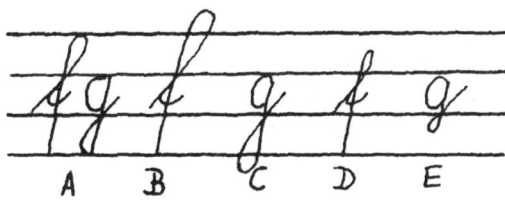

**Wird die Oberlänge betont** (in unserem Schriftmuster: B), so hat der Schreiber mehr geistige Interessen, einen scharfen Verstand oder viel Idealismus. Man vermag ihn für eine Aufgabe zu begeistern. Ist die Oberlänge im Vergleich zur Unterlänge übermäßig betont, deutet das darauf hin, daß der Schreiber zwar auch geistige Neigungen hat, diese aber nicht in die Tat umzusetzen versteht. Er ist vielleicht ein Spruchbeutel, ein labiler Mensch, der bei allen geistigen Anlagen, die er besitzt, weniger im Leben erreicht.

**Wird die Unterlänge betont** (Beispiel C), ist der Schreiber ein Typ, der Ja zum Leben sagt. Er ist der Wirklichkeit zugewandt, hat Gemüt und eine gesunde Denkweise. Ist die Unterlänge im Gegensatz zur Oberlänge übermäßig betont, kann dem Schreiber das als allzu materielles Denken ausgelegt werden. Manchmal ist er auch recht schwerfällig im Handeln.

**Sind die Oberlängen zu klein** (Beispiel D), deutet das auf die mangelnde geistige Beweglichkeit des Schreibers hin. Er wird nicht besonders ansprechbar sein.

**Sind die Unterlängen zu klein** (Beispiel E), handelt es sich bei dem Schreiber oft um einen sensiblen Menschen, der nicht allzu lebenstüchtig ist.

*Acht Punkte, die das Bild eines Schreibers zeichnen*

Bleiben wir noch ein wenig bei den Ober- und Unterlängen. Zur Ergänzung können wir nämlich noch einige Eigenarten anführen, die das Bild eines Schreibers abrunden werden:

- **Labil** erscheint ein Schreiber, wenn die Oberlängen in seiner Schrift zwischen betont und zu klein schwanken;
- **Lebensangst** wird ihm nachgesagt, wenn er die Oberschleifen einzelner Buchstaben abknickt;
- **falsche Illusionen** macht er sich, wenn er die Oberlängen künstlich aufbläht;
- **Rücksichtslosigkeit** wird ihm nachgesagt, wenn die Oberschleife (etwa beim kleinen f) völlig fehlt;
- **Nervosität** zeichnet den Schreiber aus, der an magere Oberlängen noch ein Schleifchen oder Girlanden anhängt;
- **übereifrig** wird wohl der sein, der eine Unterlänge einfach ganz wegläßt;
- **unruhig im Triebhaften** ist jemand, der mal kurz, mal lang betont;
- **schwer verträglich** aber wird der Schreiber sein, der die Unterlängen scharf in die Breite zieht.

Nun besteht ja die Schrift nicht nur aus Ober- und Unterlänge, sondern auch aus dem Mittelfeld, das die meisten Kleinbuchstaben umfaßt und aus dem die Ober- und Unterlängen nach unten oder oben herausragen.

Dieses Mittelfeld kann auf das Gemüt des Schreibers hinweisen. Sind zum Beispiel die Kleinbuchstaben in diesem Feld eingerollt wie eine Schnecke, zeigt das die übergroße Vorsicht des Schreibers an: Er will sich nicht in die Karten schauen lassen. Sind sie dagegen nachgezogen, deutet das seinen Eigensinn an.

Enge Schleifen in diesem Abschnitt lassen den Schreiber kleinlich, engherzig und übersparsam erscheinen. Eine Überbetonung der Schleife wird mit der Überbetonung des eigenen Werts gleichgesetzt.

Gleitet die Schrift mehrfach aus, haben wir es mit einem nervösen Typ zu tun.

### Größe und Weite der Schrift

Nach Meinung der Graphologen ist eine Schrift groß, wenn Kurzbuchstaben, die also keine Ober- und Unterlängen haben, ständig mehr als drei Millimeter und die Langbuchstaben mindestens neun bis zwölf Millimeter hoch sind.

Klein ist die Schrift, wenn die Kurzbuchstaben weniger als zwei Millimeter und die Langbuchstaben weniger als sechs bis neun Millimeter messen.

*sein durfte, will ich Dank für Deine tatkrä*

*Große Schrift: Kurzbuchstaben vier bis fünf Millimeter, Langbuchstaben 11 bis 13 Millimeter*

**Die große Schrift** deutet auf Tatendrang und Schaffensfreude hin. Ihr Besitzer ist von sich überzeugt. Das kann ihn aber im negativen Sinn zu impulsivem Handeln oder zu übermäßigem Geltungsdrang, ja, zur Angeberei verführen.

*vorbei, aber immerhin noch eine, Meer i Sonne zu genießen, weil um was fund, bin auch recht bra wohl es bereits die 4. Kart ist*

*Kleine Schrift: Kurzbuchstaben ein bis zwei Millimeter, Langbuchstaben fünf bis sechs Millimeter*

**Die kleine Schrift** bezeichnet, positiv gesehen, die Selbstbeherrschung, die Konzentration auf das Wesentliche und die innere Sammlung ihres Besitzers, aber auch sein Pflichtbewußtsein und seine Sachlichkeit. Im negativen Sinn zeigt sie die Unsicherheit des Schreibers, der sich in den meisten Fällen passiv verhält; er weiß dann nie so recht, was er in bestimmten Fällen tun soll.

Wer eine extrem große Schrift hat, beweist, daß er sich gern selbst überschätzt, und wer extrem klein schreibt, ist meist ein Kleinlichkeitskrämer oder hat auch Angst, ob er den Lebenskampf bestehen kann. Immerwährender Größenwechsel in der Schrift deutet dagegen auf ein gestörtes Verhältnis zur Umwelt hin, auf innere Unruhe und auf eine gewisse Unausgeglichenheit.

*Weite Schrift*

**Die weite Schrift** kennzeichnet das aufgeschlossene Wesen ihres Besitzers den Umwelteinflüssen gegenüber. Er ist an allem interessiert, was ihn allerdings auch in manchen Dingen zur Nachlässigkeit verführen kann.

*Enge Schrift*

**Die enge Schrift** stellt einen auf Vorsicht bedachten Schreiber vor, der sich nach außen hin stets beherrscht zeigt. Das könnte natürlich auch auf übergroße Ängstlichkeit oder sogar auf Hemmungen zurückzuführen sein. Sehr eng zusammengedrückte Buchstaben sind ein Zeichen für Sparsamkeit, die bis zum Geiz geht. Wer diese Buchstaben in die Länge zieht, tarnt letzteres nur.

Sehr weit auseinandergezogene Buchstaben gehören meistens zur Schrift von Menschen, die mit Geld und Gut oft sehr leichtfertig umgehen; vielfach sind sie auch die reinsten Verschwender.

## Zeilenabstand und Zeilenführung

Zeilenabstand und Zeilenführung spielen bei der Beurteilung des Schreibers eine wichtige Rolle. In diese Betrachtung darf man natürlich nur das auf unliniertem Papier Geschriebene einbeziehen.

*Unliniertes Papier ist wichtig*

*Weiter Zeilenabstand*

**Weiter Zeilenabstand** zeigt den Respekt vor den Absichten der Mitmenschen, wobei die Wahrung der eigenen Interessen eingeschlossen bleibt. Aber manche Menschen, die ihre Schriftstücke mit weitem Zeilenabstand schreiben, sind auch Einzelgänger, die wenig Kontakt mit anderen pflegen.

*Enger Zeilenabstand*

**Enger Zeilenabstand** macht die Kontaktfreudigkeit des Schreibers deutlich. Er wird sich gern für seine Mitmenschen engagieren, was allerdings auch dazu führen kann, daß er sich allzusehr in die privaten Dinge eines anderen einmischt.

*Was kontaktfrohe Leute auszeichnet*

Besonders weite Zeilenabstände deuten auf Kontaktarmut hin, ineinanderfließende auf einen Mangel an Selbständigkeit.

In der Schule wird eine geradlinige Zeilenführung verlangt, aber kaum ein Erwachsener hält sich später daran. Man schreibt die Zeile steigend oder fallend, in Bögen nach oben oder nach unten oder in Wellenlinien. Wie aber sind diese Zeilenbänder graphologisch zu deuten?

**Gerade Zeilen** raten zur Vorsicht. Nur zu oft wurde von den Schreibern ein Linienblatt benutzt. Das würde uns aber bei unserer Deutung nicht weiterhelfen. Überzeugen Sie sich also erst einmal, ob solch Hilfsmittel tatsächlich in Anspruch genommen

*macht Kummer, besonders draußen, wenn es kalt ist. Na, hoffen wir, daß der Winter nicht zu lange dauert.*

*Gerade Zeile*

*Nur Beamte machen eine Ausnahme*

wurde. Wenn das nicht der Fall ist, können Sie über den Schreiber folgendes feststellen: Er ist peinlich auf Ordnung bedacht, übt Selbstdisziplin und ist pflichtbewußt bis zur Sturheit. Allerdings scheint er ziemlich phantasielos zu sein (auf Beamte oder andere, die von Berufs wegen auf gerade Zeilen achten müssen, trifft diese Deutung freilich nicht unbedingt zu).

*Langweilig war es mir hier nie. Ich habe beinahe jeden Tag etwas unternommen. Ich kenne mich nun in ...*

*Steigende Zeile*

**Steigende Zeilen** bescheinigen ihren Schreibern Optimismus und allerhand Unternehmungsgeist. Sie wollen im Leben aufsteigen, aber das führt dann manchmal zu Leichtsinn, zur Überschätzung der eigenen Möglichkeiten. Oft sind sie in den zwischenmenschlichen Beziehungen auch recht wankelmütig, das heißt, sie tun sich schwer, den richtigen Partner zu finden.

**Fallende Zeilen** zeichnen den Pessimisten. Der Schreiber hat eine besonders kritische Einstellung zum Leben; er wirkt auf seine Umwelt daher manchmal niederdrückend. Dabei ist er kein

150

Dummkopf. Er nimmt eben manches nur schwerer als andere Menschen. Das drückt sich leider des öfteren als regelrechte Lebensangst aus. Übrigens haben wir es, wenn die Neigung nach rechts besonders stark ist, mit einem richtigen Schwarzseher zu tun, der überall mit seinen düsteren Prognosen aneckt.

*Fallende Zeile*

**Flach gewölbte Zeilen** deuten auf den nur kurzfristigen Eifer des Schreibers hin. Die Reserven für ausdauerndes Schaffen reichen bei ihm nicht ganz aus. Er ist in seiner Grundhaltung leb-

*Flach gewölbte Zeile*

haft, aber auch mancherlei Stimmungen unterworfen. Er möchte zwar am liebsten die ganze Welt aus den Angeln heben und sie nach seinen Vorstellungen verändern, aber die Kraft reicht meistens nicht einmal aus, im engen Familienkreis Ordnung zu schaffen.

*Flach gehöhlte Zeile*

151

**Flach gehöhlte Zeilen** (siehe Schriftbild auf der vorigen Seite) zeigen an, daß sich der Schreiber allmählich erst in Stimmung bringen kann, um dann allerdings ausdauernd in der einmal gewonnenen Verfassung zu bleiben.

*Wer auf halbem Wege die Ausdauer verlieren könnte*

Manchmal verliert er auch auf halbem Wege die Ausdauer, fängt aber immer wieder in ehrlichem Bemühen von vorne an. Er wird es sogar, wenn er einmal das Tal, das seine Handschrift andeutet, überwunden hat, zu ausgesprochenen Höchstleistungen bringen können.

**Wellenförmige Zeilen** charakterisieren den Lebenskünstler, der sich überall durchzuschlängeln versteht. Er nimmt es freilich mit der Wahrheit manchmal nicht so genau und läßt sich auch oft launenhaft gehen. Wie die Zeilen seiner Schrift auf- und abgehen, wird auch sein Leben zum ewigen Auf und Ab. Mal ist er

*Wellenförmige Zeile*

*Ein ewiges Auf und Ab der Stimmungen und Launen*

in Hochstimmung, dann aber resigniert er wieder und ist, wie Goethe es in seinem Drama Faust ausgedrückt hat, „der Geist, der stets verneint".

Wenn man ihm scheinbar übel mitspielt, reagiert er sauer oder – falls er wieder einmal in einem Wellental angelangt ist – demütig zerknirscht.

Dieser ständige Umschwung der Stimmungen läßt den Schreiber als recht schwierigen Typ erscheinen.

### Form und Strichführung

Der eine hat eine einfache, geradlinige Schrift, der andere liebt das Geschwungene, Abgerundete. Auch diese Schriftmerkmale wollen wir in unsere kleine Charakterkunde einbeziehen. Wird die Schrift etwa mit allerlei Schnörkeln und Schleifen angereichert, läßt das auf den Schönheitssinn, die Ausdruckskraft des Schreibers schließen, aber auch auf sein Geltungsbedürfnis, sei-

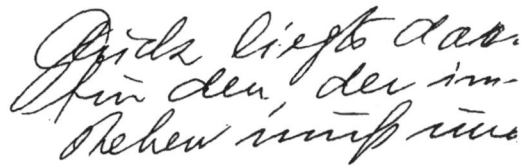

*Mit Schnörkeln und Schleifen angereicherte Schrift*

nen Mangel an Wirklichkeitssinn – je nachdem, was andere Deutungskomponenten aussagen.

Ist die Schrift voll und rund, kann man ihrem Schreiber viel Phantasie bescheinigen. Er wird im Leben immer wieder einen Ausweg aus einer prekären Lage finden. Bei ungünstiger Aus-

*Volles, rundes Schriftbild*

deutung kann man ihm freilich in mancher Beziehung auch Sturheit bescheinigen.

Wenn die Schrift dagegen mager ist, wird man dem Schreiber zunächst eine gewisse Phantasielosigkeit nachsagen. Bei günstiger Auslegung der anderen Deutungskomponenten können ihm jedoch Scharfsinn und Sachlichkeit nicht abgesprochen werden;

***Phantasielosigkeit ist nicht Unsachlichkeit***

*Magere Schrift*

mit anderen Worten: Die Magerkeit der Schrift kann auch unter bestimmten Bedingungen als Schärfe beziehungsweise Klarheit ausgelegt werden.

*mehrtägigen dienstl. Tagung*
*in Irrel b. Trier. Werde vielleicht*
*nur in diesen Herbst durch*
*München Kummen u. dann ein*

*Vereinfachtes Schriftbild*

**Eher primitive oder auf das Wesentliche konsentrierte Denkweise?**

Manch einer vereinfacht die erlernte Schulschrift, seine Strichführung beschränkt sich auf das Notwendige. Man möchte diesem Schreiber gern Sachlichkeit bescheinigen, eine nur auf das Wesentliche konzentrierte Denkweise. Bei ungünstigen anderen Schriftmerkmalen wird man jedoch die vereinfachte Form eher einer etwas primitiven Denkweise zuschreiben.

Wer übrigens Buchstabe für Buchstabe zum Wort verbindet, ohne einmal abzusetzen, gilt bei den Graphologen als zielbewußt.

*für einen Gratula*
*Silberne Hochzeit*
*den Kindern bei*
*Kleinstadt ist es*

*Verbundene Schrift*

Er denkt logisch und entscheidet folgerichtig. Im negativen Fall kann man solchem Schreiber aber eine gewisse Unselbständigkeit nicht absprechen. Er ist in manchem Fall von einer geradezu pingeligen Korrektheit.

Setzt der Schreiber dagegen innerhalb eines Wortes die Strichführung aus, läßt er also Lücken, dann deutet das auf seine Schlagfertigkeit und den Einfallsreichtum hin, jedoch könnte es ihm in negativen Sinn auch als Sprunghaftigkeit ausgelegt wer-

*fahre ich nach H.*
*Sem. Das Semester*
*verbrachtbare ist ja*

*Unverbundene Schrift*

154

den; im diesem Falle wird man sogar nachforschen müssen, ob er vielleicht ein gestörtes Verhältnis zu seiner Umwelt hat.

Eine übermäßig verbundene Schrift – sie sieht oft so aus, als ob der nächste Buchstabe den vorherigen verschlingen wollte – läßt auf Oberflächlichkeit schließen. Die fast nicht verbundene Schrift ist dagegen ein Zeichen dafür, daß ihr Schreiber Probleme hat; sie zeugt von innerer Unruhe und auch ein wenig von Unzuverlässigkeit.

*Innere Unruhe schafft Probleme*

Die rhythmische Strichführung deutet auf einen unkomplizierten, dem Leben zugewandten Menschen hin. Man kann ihm Temperament und geistige Beweglichkeit nicht absprechen.

Oft aber kommt bei solcher Strichführung eine ganz andere Deutung zustande. Dann wird aus Unkompliziertheit Primitivität und aus Temperament Unbeweglichkeit. Man sieht daraus, daß – wie wir schon sagten – nicht eine Deutung allein zur Festlegung eines Charakters aus dem Schriftbild herangezogen werden kann.

Ist die Schrift schwungvoll, läßt sie nur die eine durchaus positiv zu wertende Deutung zu, daß ihr Schreiber recht unbekümmert durchs Leben geht. Er wird viele Freunde finden, weil er mit seiner Frohnatur nirgends anecken wird. Er hat musische Interessen, wird jedoch wegen seiner Unbekümmertheit in allen Lebenslagen kaum sehr weit auf der Erfolgsleiter emporsteigen.

### Die schnelle und die langsame Schrift

Manche Leute schreiben schnell, andere langsam. Im positiven Sinn läßt das bei den Schnellen auf viel Aktivität schließen. Solche Schreiber sind lebhaft und lernbegierig; sie möchten vor lauter Unternehmungslust alles zum Guten umkrempeln.

Langsamen Schreibern wird dagegen Bedachtsamkeit und ein nützliches Beharrungsvermögen bescheinigt. Sie sind ein wenig schwerblütig, nehmen aber Schicksalsschläge gelassen hin, die einen Schnellschreiber möglicherweise verzweifeln lassen.

*Auch die Bedachtsamkeit kann nützlich sein*

Man kann aus der schnellen Schrift aber auch die Hast und die Unruhe herauslesen, mit der ihr Schreiber die Umwelt in Aufregung versetzt. Vielleicht ist er sogar oberflächlich und leicht zu beeinflussen.

Deutet man die langsame Schrift negativ, könnte man in dem Schreiber einen schwerfälligen Menschen sehen, der auf sein dickes Fell besonders stolz ist.

*17. Kapitel*

# Was es mit der bösen 13 auf sich hat

Haben Sie sich eigentlich schon einmal überlegt, daß es nur neun Zahlen gibt, die etwas zählen? Sie meinen, da gäbe es auch noch die Null. Schön und gut – aber zählt sie etwas? Wenn Sie zum Beispiel 0 mal 5 nehmen, so erhalten Sie immer nur die 0, das Nichts. Und bei 10 mal 5 bleibt zwar die 0 erhalten, aber nur die 5 und 1 zählen. Jede Zahl kann in der Quersumme mit den neun Zahlen von 1 bis 9 dargestellt werden.

***Das Wunder der Zahlenmystik***

Das wußten auch schon die ersten Gelehrten, die noch keine Mathematiker, sondern mehr Zahlenmystiker waren. Für sie war die absolute Genauigkeit der Zahlen ein Wunder, das – je weiter man in die Welt der Zahlen eindrang – immer neue Wunder offenbarte.

Und sie bauten um jene wundersamen Zahlen einen Glauben auf, der sich im Unbewußten des Menschen bis auf den heutigen Tag erhielt: daß es Glücks- und Unglückszahlen gibt. Jedem Menschen, sagten diese Weisen, wird eine bestimmte Zahl durch die Konstellation der Planeten und Gestirne in seiner Geburtsstunde bestimmt.

### Judas Ischariot war der Dreizehnte

Nun werden Sie auf Anhieb sagen, es gäbe für Sie eigentlich nur eine Zahl, die als ausgesprochene Unglückszahl bekannt sei: die Zahl 13. Wußten Sie, daß das Christentum erst den schlechten Ruf dieser Zahl begründete? Um das Jahr 300 befand ein Kirchenlehrer in einem lateinischen Werk, Christus habe mit

12 Jüngern beim Ostermahl gegessen, einer habe Jesus verraten: Judas Ischariot, der Dreizehnte in der Tischrunde.

Mit solchem Zahlenbeispiel wollten die ersten Kirchenväter natürlich auch ein wenig gegen die Kultvorstellung der für sie heidnischen Religionen vorgehen, indem sie alles verwarfen, was von diesen gelehrt wurde. Die Quersumme von 13 (1+3) ergibt nämlich die Zahl 4, eine Zahl, die die Sonnenanbeter für besonders glücksbringend hielten. Schon im alten Ägypten war sie Horus, der aufgehenden Sonne, geweiht. Und die Semiten huldigten dem Gott Baal, den sie für die leibhaftige Sonne hielten: auch seine Zahl war 4.

*Gegen die Kultvorstellung heidnischer Religionen*

Wie dem auch sei: Es hielt sich hartnäckig der Glaube an die unheilbringende Zahl 13 bis auf den heutigen Tag, von der aber manche auch behaupten, sie sei ihre Glückszahl .

### Die abergläubischen Hausbesitzer von Jena

In einer deutschen Stadt durften noch Ende des vorigen Jahrhunderts keine Taufen oder Trauungen an einem Dreizehnten vorgenommen werden, und Hauswirte der Stadt Jena kämpften jahrelang gegen Stadt und Staat, damit ihr Haus nicht länger die Hausnummer 13 trage, da es sonst nicht zu vermieten sei.

In vielen Hotels überspringt man die Zahl 13 als Zimmernummer, und in einem Zirkusprogramm werden Sie kaum eine Programmnummer 13 finden; denn die abergläubischen Zirkusleute würden nicht auftreten unter dieser Zahl.

Selbst im Orient, wo man einst die Zahl mit der Quersumme 4 verehrungswürdig fand, wurde die 13 lange Zeit nicht einmal ausgesprochen und durch den Ausruf »Viel Glück« ersetzt. Eine Londoner Reederei, die 12 Schiffe besaß und sich vergrößern wollte, ließ zwei Schiffe zur gleichen Zeit bauen, damit ihr mehr als 13 Schiffe gehörten.

*„Viel Glück" ersetzte die 13*

Doppeltes Unheil wird vorhergesagt, wenn der 13. eines Monats auf einen Freitag fällt. Der Freitag geht als Unglückstag ebenfalls auf das Christentum zurück: An einem Freitag, dem Karfreitag, wurde Jesus ans Kreuz geschlagen.

Und wenn einem an einem solchen Tag auch noch eine schwarze Katze über den Weg läuft oder man selbst über den linken Fuß stolpert, dann ist das Unheil für die nächste Zeit beschlossene Sache – oder?

157

### Neun Zahlen spielen Schicksal

Bleiben wir bei unseren neun Zahlen, und fragen wir nach ihrem Sinn, der ihnen von alters her – vor allem von den Astrologen – zugesprochen wurde, dann ergeben sich folgende Deutungsmöglichkeiten:

1 Sie stellt das Ursprüngliche dar, den Anfang. Der Sonne geweiht, steht die 1 für das erste Haus des Tierkreises, den Widder, in das die Sonne am 21. März tritt, den Beginn des Frühlings, die Morgendämmerung des Jahres nach der langen Nacht des Winters. Allen, die im Zeichen des Widders geboren wurden, wird sie Glück bringen, aber auch jenen, die im Zeichen des Löwen Geburtstag haben, zu einer Zeit also, da die Sonne ihren höchsten Stand erreicht. Besonders günstig sind für diese Menschen der 1. und 10. eines jeden Monats.

*Welche Glückszahl haben Sie, lieber Leser?*

2 Eine der beiden Zahlen, die das Zeichen des Krebses beherrschen. Menschen, denen die 2 Glück bringt, haben meistens eine unentschlossene Natur. Oft sind sie mit dem zweiten Gesicht begabt. Sie können hinter die Dinge schauen, konzentriert arbeiten, aber auch konzentriert faulenzen. Krebsgeborene werden vor allem den 2., 11. und 20. eines Monats (Quersumme ist stets die 2!) für sich günstig finden.

3 Bei vielen ist sie eine heilige Zahl, man denke nur an die christliche Dreifaltigkeit (Gott Vater, Gott Sohn, Gott Heiliger Geist), an die Dreiheit bei Aristoteles und Pythagoras (Entstehen, Werden, Vergehen), an die drei Nornen der germanischen Mythologie (Urd, Skuld, Werdandi) und die Dreieinigkeit in der persischen Mithrassage. Auch Pythia weissagte bekanntlich zu Delphi auf einem Dreifuß. Und das Siegel Salomonis besteht aus zwei ineinandergeschobenen Dreiecken. Nach astrologischen Vorstellungen bringt die 3 allen Glück, die im Schütze- oder Fische-Zeichen geboren wurden. Für sie sind jeder 3., 12., 21. und 30. eines Monats begünstigt, also regelrechte Glückstage.

4 Wir haben schon gelesen, daß die Zahl 4, obwohl sie die Quersumme von 13 ist, eine der glückhaftesten ist. Sie schenkt Macht und Erfolg, weshalb sie Jupiter und der Sonne heilig ist. Menschen, die im königlichen Zeichen des Löwen geboren wurden, schätzen sie sehr, vor allem am 4., 13., 22. und 31. eines jeden Monats bringt sie ihnen doppelten Erfolg. Für alle, die an diesen Tagen mit der Quersumme 4 Geburtstag haben, ist der Sonntag ein Glückstag.

5 Sie steht in der Mitte der Zahlenreihe von 1 bis 9, ist also gewissermaßen deren Herzstück, weshalb man sie auch die Seelen- oder Lebensziffer nennt. 5 Sinne hat der Mensch. Die Mohammedaner haben 5 Glaubensartikel, die zehn der Christen sind durch 5 teilbar. 5 Steine hatte David bei sich, als er gegen Goliath kämpfte. Und die Chinesen haben einen Talisman, der aus 5 Fledermäusen besteht, die langes Leben, Glück, Wohlhabenheit, Gesundheit und Friede versinnbildlichen. Die 5 ist die Glückszahl aller, die in den Zeichen der Zwillinge oder der Jungfrau zur Welt kamen; ihnen ist jeder 5., 14. und 23. besonders günstig.

*Chinas Talisman: fünf Fledermäuse*

6 Die Zahl der Venus bringt allen Stier- und Waagegeborenen Glück, aber auch allen, die an einem 6., 15. oder 24. Geburtstag haben. Von den Waage-Menschen wird behauptet, sie hätten alle 6 Jahre ein einschneidendes Erlebnis.

7 Auch sie ist eine vielgenannte Zahl. 7 Tage hat die Woche, der 7. Tag ist ein Ruhetag. Die Katholiken kennen 7 Sakramente, 7 Todsünden, 7 Schmerzen und 7 Freuden Mariä und 7 Märtyrer (ihr Tag ist der Siebenschläfer). Im Altertum gab es die 7 Weltwunder (Ägyptens Pyramiden, die hängenden Gärten der Semiramis in Babylon, der Leuchtturm von Pharus, die Zeusstatue des Phidias zu Olympia, der Artemistempel in Ephesus, das Mausoleum in Halikarnaß und der Koloß von Rhodos) und die 7 Weisen (griechische Philosophen des 7. und 6. Jahrhunderts vor Christi Geburt). Rom wurde auf 7 Hügeln erbaut, hatte 7 Könige und 77 Kaiser, und 77 Jahre beherrschten es die Goten. 777 Jahre bestand das Heilige Römische Reich Deutscher Nation. Die 7 ist die Zahl der höchsten Tugenden, sie bringt vor allem den Krebs-Geborenen und allen, die an einem 7., 16. oder 25. Geburtstag haben, Glück.

8 Da sie die Zahl des Saturns ist, ist sie nicht unbedingt eine glückverheißende Zahl. Vor allem junge Leute kommen mit ihr in Konflikt, weil Saturn den älteren gewogener ist. Keine Enttäuschung bringt sie nur den Steinbock- und Wassermann-Geborenen, die an einem 8., 17. oder 26. besonderes Glück haben.

9 Diese geheimnisvolle Zahl spielt in alten Überlieferungen vor allem eine Rolle, weil sie das Dreifache der 3 ist. Sie ist die Glückszahl der Skorpion-Geborenen und aller, die an einem 9., 18. oder 27. zur Welt kamen.

### Wie Sie Ihre Glückszahl errechnen

Sie können sich auch selber eine Glückszahl mit Hilfe Ihres Geburtstages ausrechnen. Und die Zahlenforscher behaupten, daß die errechnete Zahl sogar über Ihren Lebensweg und Ihren Charakter aussagen könne. Natürlich beschränken wir uns bei unserer Rechnung auch hier wieder nur auf die neun Zahlen, die zählen.

Nehmen wir an, ein Herr Heinrich Müller wurde am 21. September 1935 geboren. Dann wäre seine astrologische Glückszahl als Jungfrau-Geborener, wie wir eben gelesen haben, die 5.

### Herr Müller ist ein Dreier-Mensch

Jetzt kommt aber eine weitere Glücks- oder Schicksalszahl hinzu. Herr Müller muß nur die Summe seiner Geburtstagszahlen zusammenzählen und durch Bilden der Quersumme auf eine der Zahlen von 1 bis 9 verringern. Also 21 + 9 (für den neunten Monat, den September) + 1935. Das ergibt zusammengerechnet 1965. Die Quersumme von 1965 (1+9+6+5) ergibt 21, und davon wieder die Quersumme (2+1) macht 3. Die 3 wäre also nach dieser Rechnung Müllers Glückszahl. Und außerdem ist er, was seinen Charakter angeht, nach Meinung der alten Zahlenforscher, ein Dreier-Mensch.

*Rechenkunststücke mit unserem Glück*

Nach einer anderen Rechnung wird nur die Tageszahl des Geburtstages beziehungsweise die Quersumme dieser Zahl herangezogen, im Falle von Herrn Müller bliebe dann die Glückszahl gleich; denn 2+1 (an einem 21. hat er ja Geburtstag) sind ebenfalls 3. Wir glauben aber, daß das erste Beispiel treffender ist, weil es noch einige andere Zahlen in die Berechnung einbezieht.

### Das Urteil der Zahlenforscher

Natürlich wollen Sie nun wissen, wie die Menschen nach ihren so errechneten Glücks- oder Schicksalszahlen charakterlich zu bewerten sind. Folgen wir dem Urteil unserer Zahlenforscher:

**1** Einser-Menschen streben nach oben. Sie können in führende Positionen kommen. Ihre Ausdauer ist bewundernswert, aber sie schaffen sich wegen ihrer Hartnäckigkeit auch viele Feinde. Am ehesten kommen sie noch mit Zweier-, Vierer- oder Siebener-Menschen aus.

2 Zweier-Menschen sind sehr empfindsame Leute. Romantisch veranlagt, gehen sie oft an des Lebens Wirklichkeit vorbei. Jedermann schätzt sie wegen ihrer Zuvorkommenheit. Sie sind echte Künstlernaturen, leider fehlt ihnen aber, um wirklich Großes zu erreichen, die Ausdauer. Mangelndes Selbstbewußtsein bedrückt sie sehr, sie sind jedoch meistens zu schwach, um dagegen anzukämpfen; und das macht sie launisch. Mit Einser- und Siebener-Menschen vertragen sie sich am besten.

*Zweier-Typen sind recht romantisch veranlagt*

3 Dreier-Menschen können sich nicht unterordnen, verlangen aber von den ihnen Untergeordneten bedingungslose Disziplin. Sie wollen herrschen; es ist ihnen darum jedes Mittel recht, das sie in eine führende Stellung katapultieren könnte. Deshalb ecken sie oft an. Ihre Freunde finden die Dreier-Menschen meistens unter den Sechser- und Neuner-Typen.

4 Die Vierer-Menschen sind etwas eigensinnig. Was sie sich in den Kopf gesetzt haben, wollen sie auch durchführen. Daher haben sie viele heimliche Gegner. Sie möchten alles und jeden verändern. Kommen sie zu Reichtum, lassen sie andere daran teilhaben. Oft werden sie dann enttäuscht von ihren Mitmenschen, was sie im Alter sehr mißtrauisch macht. Ihre Partner suchen sie gern unter den Einser-, Zweier-, Siebener- oder Achter-Menschen.

5 Fünfer-Menschen schließen gern Freundschaft und vertragen sich mit jedermann. Da sie geistig sehr rege sind, kommen sie meist gut im Leben voran. Oft aber handeln sie überschnell, was ihnen manchen Rückschlag einbringt. Fünfer-Menschen lieben das Abenteuer, Langeweile bringt sie um. Daher kommt wohl auch ihre große Nervosität und Gereiztheit. Sie haben mit jedem schnell Kontakt, ihre große Liebe gehört aber meist jemandem, der ebenfalls ein Fünfer-Mensch ist.

*Langeweile bringt die Fünfer-Leute um*

6 Sechser-Menschen üben große Anziehungskraft auf andere Menschen aus. Sie werden geliebt, wollen aber von dem, der sie liebt, verehrt werden. Ein schönes Heim ist für sie das A und O des Lebens, überhaupt haben sie eine große Vorliebe für die Kunst und alles Schöne. Als reiche Leute sind sie die geborenen Mäzene. Sie sind gegen Streit und Mißgunst; denn die Harmonie geht ihnen über alles. Ihre Freunde suchen sie vor allem unter den Dreier-, Sechser- und Neuner-Menschen.

7 Siebener-Menschen lieben die Freiheit über alles. Sie überzeugen durch Persönlichkeit und Charme. Immer wieder

wollen sie Neues, sich und andere verändern. Sie sind ruhelos, weshalb sie auch oft verreisen. Im Alter sind sie die reinsten Lebensphilosophen, aber das müssen sie auch sein; denn wenn sie Bilanz ziehen, stellen sie meist fest, daß die Turbulenzen in ihrem Leben eigentlich keinen Wohlstand einbrachten. Zugetan sind sie besonders den Zweier-Menschen.

*AchterTypen schaffen sich Feinde*

8 Achter-Menschen schätzen die Einsamkeit; denn sie können sich nicht so recht an andere anschließen. Weil sie fanatisch ein Ziel verfolgen, schaffen sie sich viele Feinde. Auch im Berufsleben heißt es für sie: alles oder nichts! Viele Achter-Menschen sind die geborenen Revolutionäre. Man beobachtete, daß die Achter-Menschen alle 8 Jahre ein einschneidendes Erlebnis haben. Es ist schwer zu sagen, wer gut Freund mit ihnen werden könnte. Wen sie aber einmal lieben, den lassen sie nicht mehr los.

9 Neuner-Menschen sind Kämpfernaturen. In der Jugend haben sie es meist sehr schwer. Als Erwachsene erzielen sie Erfolge vor allem, weil hinter jeder ihrer Aktionen ein starker Wille steht. Sie wollen von Anfang an Meister sein, weshalb sie manchmal als Besserwisser verschrien sind. Ihr Kämpfertum wird von anderen auch oft als Streitlust ausgelegt. Am besten kommen sie mit Dreier-, Sechser- und Neuner-Menschen aus.

*18. Kapitel*

# Das Schicksal liegt in unserer Hand

Die Kunst, das Schicksal oder auch den Charakter aus der Hand zu lesen, ist uralt. Schon im geschichtlichen Altertum kannten Chaldäer und Ägypter die Chiromantie, die Handlesekunst. Aristoteles, der genialste Philosoph und Naturforscher der Antike, glaubte felsenfest daran, daß die Lebensdauer eines jeden Menschen aus den Lebenslinien seiner hohlen Hand gelesen werden könnte.

*Lebensdauer eines Menschen, aus der hohlen Hand gelesen*

Noch bis Anfang des 18. Jahrhunderts wurden an den deutschen Universitäten Vorlesungen in Chiromantie gehalten, über die Kunst also, aus den Linien und den Bergen der Hand das Schicksal eines Menschen zu erforschen.

Danach galt es als das Privileg von Zigeunerinnen, die Zukunft aus der Hand zu lesen, bis Ernest Issberner-Haldane die Chiromantie wieder „hoffähig" machte, indem er sie wissenschaftlich interpretierte.

### Handformen

Wenn wir von der Form einer Hand sprechen, betrachten wir meist die Außenhand. Sie zeigt das unveränderliche Wesen des Menschen. Wir unterscheiden dabei sechs verschiedene Grundtypen, wobei wir die Mischformen zunächst außer acht lassen wollen, die sich aus der Erbmasse ergeben können:

- 1. die primitive oder elementare Hand;
- 2. die viereckige Hand;
- 3. die Spatelhand;
- 4. die knotige oder Denkerhand;
- 5. die künstlerische Hand;
- 6. die geistige oder mediale Hand.

163

**Die primitive oder elementare Hand** wirkt klobig, aufgedunsen. Sie hat dicke und knorrige Finger, die kürzer als der Handteller sein können. Meist ist sie rötlich gefärbt, und oft wird der Handrücken von Haaren überwuchert. Der Besitzer dieser Hand baut mehr auf seine körperlichen als auf seine geistigen Kräfte. Für ihn ist wichtig, daß er ein Dach über dem Kopf und genug zu essen und zu trinken hat. Seelische Enttäuschungen können ihn allerdings leicht aus dem Gleichgewicht bringen.

*Die geistige Kraft ist nicht so wichtig*

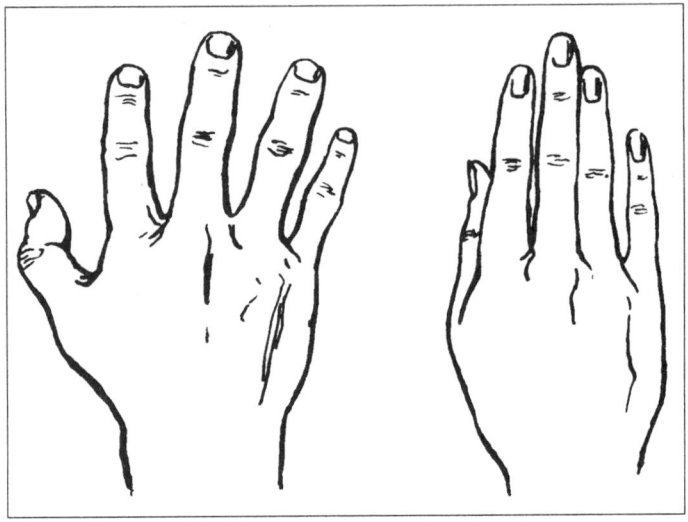

Primitive Hand                    Viereckige Hand

**Die viereckige Hand** bildet mit Handteller und Fingern etwa zwei gleich große Vierecke. Die Finger sind mithin so lang wie der Handteller, aber meist auch genauso eckig wie die ganze Hand. Der Handrumpf ist kräftig entwickelt. Menschen, die peinlich ordnungsliebend und traditionsverbunden sind, besitzen diese Hand. Sie sind praktisch veranlagt, pflichttreu und meistens auch überaus bescheiden. Wenn sie allerdings befehlen dürfen, verlangen sie von ihren Untergebenen bedingungsloses Unterordnen.

*Wer auf Tradition hält, besitzt diese Hand*

**Die Spatelhand** ist geformt wie eine Spatel (Spachtel oder Kelle), wird also entweder vom Handansatz zu den Fingern oder auch umgekehrt schmäler. Die Finger liegen meist nicht dicht beieinander, ihre Enden sind ebenfalls oft spatelförmig. Ihre Besitzer sind intelligente Durchschnittsmenschen, die es mit nüchternem

Verstand und ausgezeichnetem Organisationstalent sehr weit bringen können. Sie sind aber zeitweise von Stimmungen abhängig. In der Liebe nicht wählerisch, neigen sie manchmal zur Untreue.

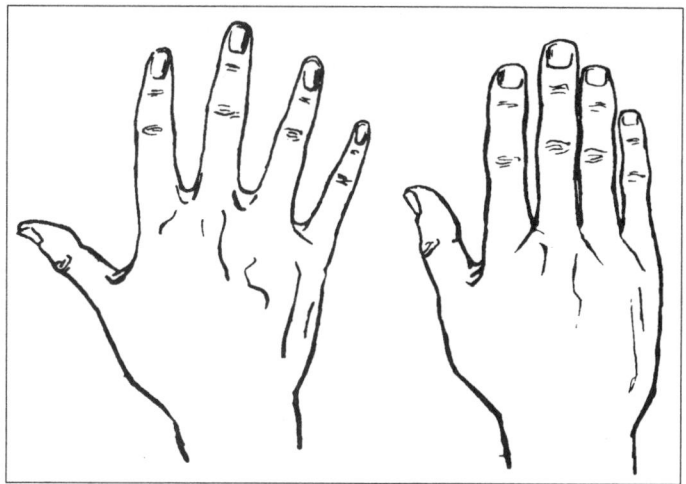

*Spatelhand*          *Denkerhand*

**Die knotige oder Denkerhand:** Hier befinden sich an den Fingergelenken Knoten. Das erste Glied des Fingers ist oft länger als das zweite und dritte Glied. Der Daumen ist meist gut entwickelt. Die Hand selber ist knochig und wirkt eckig. Der Besitzer solcher Hand ist duldsam gegenüber anderen, aber streng gegen sich selbst. Von einer einmal als richtig erkannten Meinung ist er kaum mehr abzubringen. Er ist in den meisten Fällen ein rechter Wahrheitsfanatiker, schweigsam und freundlich. Er schließt sich nur ungern anderen an; denn lieber vergräbt er sich in seine Bücher.

*Knotige Fingergelenke deuten auf Duldsamkeit*

**Die künstlerische Hand** ist schmal und länglich. Bei ihr haben vor allem die Fingerkuppen eine Bedeutung: Wenn sie abgerundet sind, ist ihr Besitzer phantasiebegabt und ein recht fröhlicher Mensch, der sich für alles Gute und Schöne interessiert. Eine Frau, die solche Hände und Fingerkuppen hat, ist eine gute Gattin und Mutter. Sind die Fingerkuppen aber mehr zugespitzt als abgerundet, haben deren Besitzer häufig ein recht launisches Wesen und neigen zu Überempfindlichkeit. In der Liebe sind solche Menschen aber sehr vielseitig.

**Die geistige oder mediale Hand:** Körperliche Arbeit liegt dieser Hand nicht so sehr, dazu ist sie auch zu fein. Ihre Besitzer sind zumeist selbstlos und können kaum lügen. Man muß sie einfach lieben! Auf geistigem Gebiet engagieren sich diese Menschen sehr schnell. Leider haben sie wenig Verständnis für materielle Probleme. Mit einer starken Phantasie begabt, eignen sie sich sogar zu Medien bei telepathischen Sitzungen.

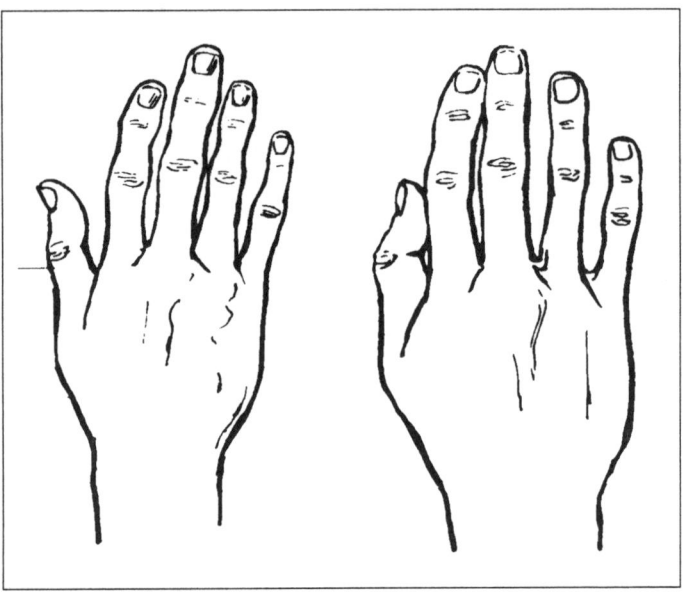

*Künstlerische Hand*       *Geistige Hand*

***Es gibt auch Mischformen***
Natürlich gibt es auch **Mischformen**, die sich aus der Erbmasse jedes einzelnen Menschen ergeben. Ihre Besitzer haben meist von jedem Typ etwas und sind dadurch recht vielseitig.

### Fingerformen

Auch die Formen der Finger sollen, wenn man den Chiromanten glauben darf, über das Individuum aussagen können. Sie deuten im Größenvergleich zum Handteller auf die geistigen Interessen hin.

**Kegelförmige Finger** verraten eine schnelle Auffassungsgabe, viel Begeisterungsfähigkeit und ebensoviel Idealismus. Ihre Besitzer sind oft künstlerisch begabt. Sehr spitz zulaufende Finger deuten allerdings mehr auf Launen und eine gewisse Überheblichkeit hin.

*Eckige Finger lassen auf Logik schließen*

**Eckige Finger** besitzen meist Leute, die logisch denken können und sehr zuverlässig sind. Ihr Pflichtgefühl und ihre Ordnungsliebe sind kaum zu überbieten.

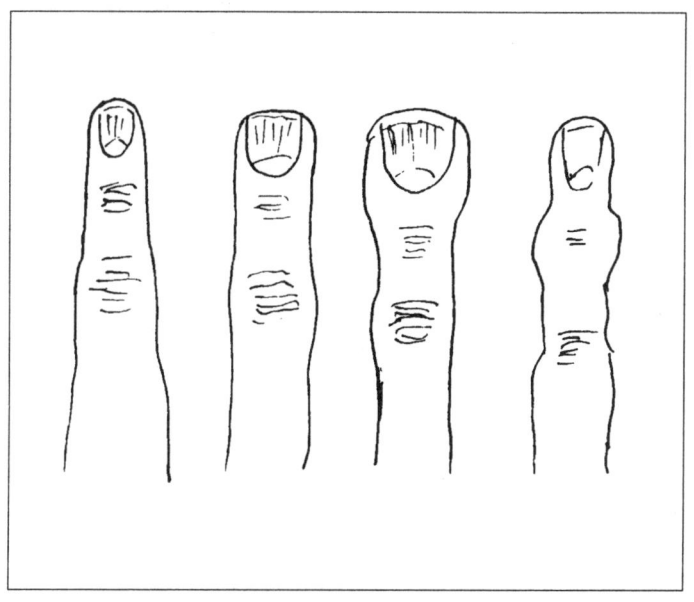

*Kegelförmig     eckig     löffelförmig     knotig*

*Finger, die wie eine Keule wirken*

**Löffelförmige Finger**, die wie eine Keule wirken, lassen auf einen starken Hang zur Selbständigkeit, aber auch zum Eigensinn schließen. Übrigens sind ihre Besitzer meistens technisch begabt.

**Knotige Finger** offenbaren, daß ihre Besitzer realistisch denken. Sie können sich im allgemeinen sehr gut durchsetzen. Echte Erfolgsmenschen sind sie aber, wenn ihre Fingerspitzen außerdem noch in Spatelform auslaufen.

### Fingernagelformen

Sogar aus der Form der Fingernägel kann auf ihren Besitzer geschlossen werden.

So sollen **große Fingernägel** die Handfertigkeit, die ihren Träger auszeichnet, beweisen.

**Kleine Nägel** lassen auf eine gewisse Großzügigkeit schließen, freilich auch auf ein ziemlich schnelles Absinken der Arbeitskraft.

**Breite Fingernägel** bescheinigen ihrem Besitzer viel Phantasie und im allgemeinen auch Geschicklichkeit im Verhandeln. Wer aber schmale Fingernägel sein eigen nennt, der soll nicht nur Verstand, sondern auch oft übertrieben viel Ehrgeiz haben, der ihn für manchen Zeitgenossen überaus unsympathisch erscheinen läßt.

**Fingernägel in Mandelform** gehören zu kunstsinnigen Menschen, die aber auch leicht erregbar sind – empfindsame Naturen, die zornig aufbrausen können, wenn ihnen irgend etwas gegen den Strich läuft.

Leute mit **kurzen Fingernägeln** diskutieren gern und oft pausenlos. Sie lassen sich sehr leicht auf den Arm nehmen und ärgern sich dann über sich selbst am meisten.

**Rechteckige Fingernägel** sollen den kühlen Geschäftssinn ihrer Träger beweisen. Solchen Leuten kann man so leicht nichts vormachen.

Überaus genau sind die Menschen mit **ziegelförmigen Nägeln**. Sie denken und handeln logisch. Für ihre Umwelt sind sie freilich manchmal die Langeweile in Person.

*Wer an den Nägeln kaut, ist nervös*

**Abgekaute Fingernägel** deuten auf einen nervösen Menschen hin, der vorschnell urteilt und handelt. Meist hat er eine nicht ganz glückliche Jugend hinter sich.

### Der Händedruck

„Am Händedruck erkennt man den Charakter eines Menschen" – dieser Spruch hat auch heute noch Gültigkeit. Man sollte ihn aber nicht überstrapazieren; denn natürlich haben Männer und Frauen sehr unterschiedliche Angewohnheiten, die Hände zu drücken. Viele glauben auch, der Händedruck zur Begrüßung sei ein Relikt aus vergangenen Tagen – ein Kopfnicken genüge. Vielleicht aber haben gerade diese Leute es nötig, gegen den Händedruck zu sein, weil sie sich und ihren Charakter nicht gern offenbaren.

Ein fester Händedruck, der die Hand des anderen länger umschließt, offenbart einen Menschen mit offenem und anständigem Charakter. Dieser Mensch kann noch jemandem in die Augen schauen.

Ist der Händedruck fest, aber nur kurz, läßt das auf einen warmherzigen und lauteren Charakter schließen, auf einen Menschen also, der weiß, was er will.

*Wie ein Fisch in der Hand ...*

Wir alle kennen auch den Händedruck, bei dem man annehmen muß, einen schlüpfrigen Fisch in der Hand zu haben. Hüten Sie sich vor seinem Besitzer: Er ist weich und denkt manchmal genauso schlüpfrig, wie es sein fast druckloser Händedruck aussagt.

Wer einen Händedruck nicht erwidert, sondern seine Hand sofort zurückzieht, ist ebenfalls nicht gerade einer von den Besten. Manchmal redet er mit zwei Zungen und ist hinterhältig, oft auch nur übernervös.

Sehr empfindsam dagegen sind Zeitgenossen, die gleich mit ihren beiden Händen die Hand eines Mitmenschen umschließen und drücken.

Besonders vorsichtig sollte man jedoch bei Leuten sein, die zwar einen festen Händedruck haben, dabei aber die Hand des anderen fast zerquetschen. Diese Typen sind rücksichtslos und alles andere als herzlich.

### Die Handlinien und ihre Bedeutung

Während wir bisher nur die äußere Form der Hand behandelt haben und aus dieser Betrachtung auf charakterliche Stärken und Schwächen schließen konnten, wollen wir nun unsere Innenhand betrachten.

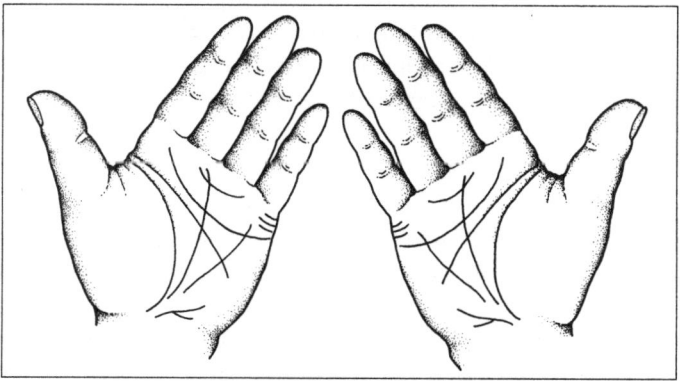

*Probe aufs Exempel: Wenn Sie die Finger krümmen, können Sie die Linien in Ihrer Hand besser sehen*

Schauen Sie sich jetzt einmal Ihre Hände an. Wenn Sie diese dabei etwas krümmen, so wie wir es Ihnen auf unserer Abbildung auf der vorigen Seite zeigen, sehen Sie viele Linien und Kurven und mehr oder weniger große Erhebungen, die man in der Chiromantie Berge nennt.

Betrachten wir zunächst nur die Linien, dann fällt auf, daß beide Hände fast gleichlaufende Linien haben, die nur spiegelverkehrt angeordnet sind. Da sie aber doch Unterschiede aufweisen, sollte man beide Hände in die Betrachtung einbeziehen.

### Das Ungeformte in der linken Hand

In der linken Hand ist das noch Ungeformte, die Erbmasse eingezeichnet, in der rechten soll sichtbar werden, was man aus dieser Erbmasse gemacht hat.

*Rechts ist männlich, links weiblich*

Es heißt aber auch, daß beim Mann die linke Hand mütterliche, die rechte väterliche Züge trägt, und bei der Frau sei es umgekehrt. Deshalb wurde die linke Hand oft die weibliche, die rechte die männliche Hand genannt.

In beiden Händen ist das eingegraben, was uns hier zunächst interessiert: Linien mit vielen Verästelungen, die alle eine besondere Bedeutung haben.

Ist die linke Hand stärker gezeichnet als die rechte, so deutet das darauf hin, daß der Besitzer mehr dem Gefühl zugeneigt ist denn der Kraft. Er wird oft die Phantasie spielen lassen und die Wirklichkeit als notwendiges Übel betrachten.

Der aber, dessen rechte Hand stärker geprägt ist, schätzt blutvolles Leben; ein Traumbild nutzt ihm nichts, für ihn ist die rauhe Wirklichkeit, in der er sich durchsetzen muß und durchsetzen wird, Tummelplatz seines kraftvollen Strebens.

### Gefühlsnerven sind in der Minderzahl

Unter der Haut bestehen die Handlinien fast nur aus Nervenenden und kleinen Schweißdrüsen. Und obwohl wir mit der Hand fühlen können, was eine große Zahl von Nerven in Anspruch nimmt, sind die Gefühlsnerven hier in der Minderzahl. Die Mehrzahl steuert die Bewegung oder hat anscheinend nur die Aufgabe, die Formveränderungen und Färbung der Handlinien zu überwachen, jedenfalls sind diese Nerven sonst zu nichts nutze.

170

Interessant ist in diesem Zusammenhang, daß nach Schocks oder schweren Verletzungen kleinere Handlinien, vor allem in der rechten Hand, fast völlig verschwinden und sich erst wieder bilden, wenn der Kranke gesund wird.

Schon kurz nach dem Tode verblassen viele Handlinien, nur die Hauptlinien sind noch schwach zu sehen – ein Beweis mehr, daß diese Linien schicksalhaft mit dem Menschen verknüpft sind?

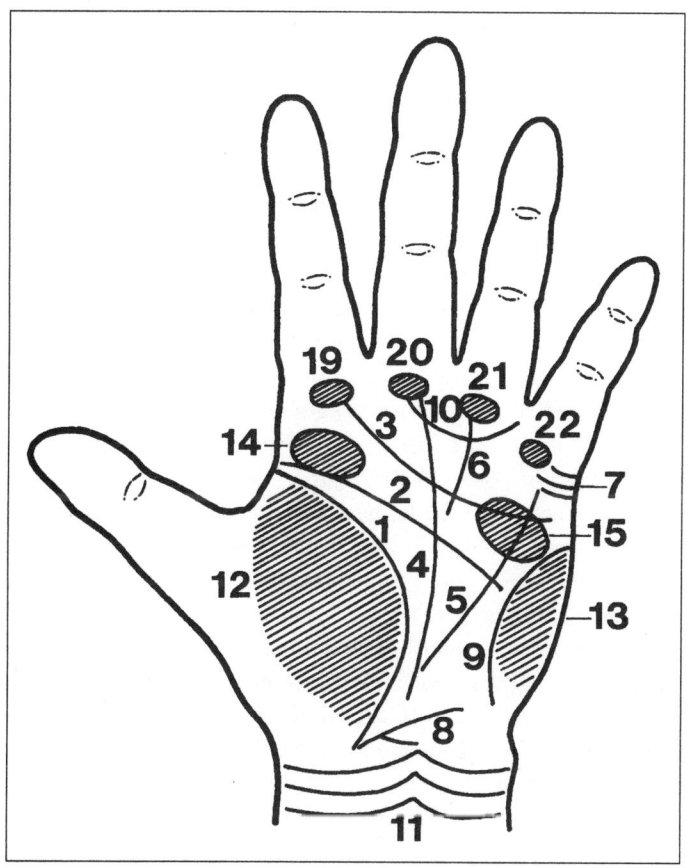

*Lage der Handlinien und Handberge*
*1 = Lebenslinie, 2 = Kopflinie, 3 = Herzlinie,*
*4 = Schicksalslinie, 5 = Magenlinie, 6 = Sonnenlinie,*
*7 = Ehelinien, 8 = Giftlinie, 9 = Intuitionslinie, 10 = Venusring,*
*11 = Armbänder, 12 = Venusberg, 13 = Mondberg,*
*14 = kleiner und 15 = großer Marsberg, 19 = Jupiterberg,*
*20 = Saturnberg, 21 = Apolloberg, 22 = Merkurberg*

## Die Lebenslinie

Diese Linie beginnt etwa zwei Zentimeter über dem Daumenansatz und umgrenzt den Daumenballen, den Raum für Vitalität und Triebhaftigkeit, über den wir noch einiges lesen werden.

Auf der Lebenslinie treten viele wichtige Ereignisse im Leben in Erscheinung, vor allem aber Unfälle und Krankheiten. Doch man sollte die Lebenslinie nicht allein sehen, die anderen Handlinien üben hier eine gewisse Kontrollfunktion aus.

Zum Beispiel ist eine lange und gut gezeichnete Lebenslinie nicht immer der Beweis dafür, daß der Besitzer dieser Linie sich eines langen Lebens erfreuen kann. Und eine Unterbrechung der Lebenslinie zeigt noch lange nicht an, daß das Leben in Gefahr ist; in diesem Fall muß auch die Schicksalslinie, auf die wir noch zu sprechen kommen, unterbrochen sein.

**Ist eine kurze Lebenslinie schlimm?**

Auf der anderen Seite ist es keinesfalls so, wenn Sie nur eine kurze Lebenslinie haben, daß Sie nun bald das Zeitliche segnen müssen. Die kurze Lebenslinie deutet nur auf eine schwächliche Konstitution hin, auf einen Menschen, der zu Krankheiten neigt.

Krankheiten aber sind bei dem heutigen Stand der ärztlichen Wissenschaft zu überwinden. Und so hat schon mancher Kraftstrotzende mit einer langgeprägten Lebenslinie früher ins Gras beißen müssen als der ewig Kränkelnde oder Schwächliche. Auch in diesem Fall sollte man die Schicksalslinie mitbefragen. Fest steht aber:

- Wer eine starke und lange Lebenslinie hat, der ist von kraftvoller Gesundheit.
- Wer eine kurze oder nur schlecht gezeichnete Lebenslinie besitzt, neigt eher zu Krankheiten. Er hat auf jeden Fall eine schwächlichere Konstitution als ein Mensch mit einer gut ausgebildeten Lebenslinie.
- Ist die Lebenslinie rot, dann deutet das auf das sexuelle Leistungsvermögen ihres Besitzers hin.
- Ist sie rot und breit, so übt sich ihr Besitzer des öfteren in Brutalität und Rücksichtslosigkeit. Man sollte sich vor ihm in acht nehmen.
- Krankhaften Neid hat der, der eine breite, aber blasse Lebenslinie hat.
- Wenn die Lebenslinie am Anfang verdickt ist, kann man dem Besitzer manche Leidenschaft nachsagen, die ihm auch manche Leiden schafft.

● Sind die Lebenslinien auf beiden Händen in der Linienführung ungleich, so haben wir es mit einem etwas labilen Charakter zu tun.

Übrigens geben viele Handlinienforscher dem Menschen, dessen Lebenslinie – meist in der rechten Hand – unterbrochen ist, immer eine Überlebenschance, vor allem, wenn Parallellinien an der Unterbrechungsstelle verlaufen oder die Lebenslinie wenig später sehr kräftig weitergeführt ist. Das ist auch dann der Fall, wenn die Schicksalslinie ebenfalls unterbrochen ist. Gefährlich könnte es nur werden, wenn auf den Lebenslinien beider Hände ein dunkler Punkt erscheint.

Und nun noch ein Wort zu den Lebensaltern, die ja auf dieser Linie eingezeichnet sind: Dort, wo sie beginnt, ist der Zeitpunkt der Geburt; in der Mitte zwischen Anfang und Handwurzel etwa ist das 35. Lebensjahr bezeichnet, dementsprechend an der Handwurzel das siebzigste.

Viele Lebenslinien hören hier schon auf, und mancher Neunzigjährige müßte eigentlich schon tot sein, weil seine Linie nur bis ins 70. Jahr hinein geht. Da hat aber wohl Mutter Natur einfach mit dem Zählen auf der Skala ausgesetzt: Wer schon siebzig ist, der kann auch noch älter werden! *Nach dem siebzigsten Lebensjahr wird nicht mehr gezählt*

## Die Kopflinie

Sie beginnt unterhalb des Zeigefingers und schneidet den Handteller in zwei Teile. Sie endet zwischen dem Mond- und dem Marsberg, auf die wir noch zu sprechen kommen.

Von ihr läßt sich ablesen, was den Kopf, also auch das Gehirn und die Augen, betrifft. Geht die Kopflinie zum Beispiel fast horizontal durch den Handteller, ist ihr Besitzer ein sehr kühler Rechner, der das Ich höher als das Du stellt. Kurvt sie aber sanft zum Mondberg hinab, kommt Gefühl auf, bei starkerer Kurve sogar jene Gemütsbewegung, die Träumern zu eigen ist. Eine doppelte Kopflinie haben eigentlich nur wenige geniale Leute, oft aber auch Menschen, die ihre Klugheit dazu benutzen, andere übers Ohr zu hauen.

Die Kopflinien können an drei verschiedenen Stellen der Handfläche beginnen: auf dem unterhalb des Zeigefingers gelegenen Jupiterberg, beim daruntergelegenen kleinen Marsberg oder auf der Lebenslinie.

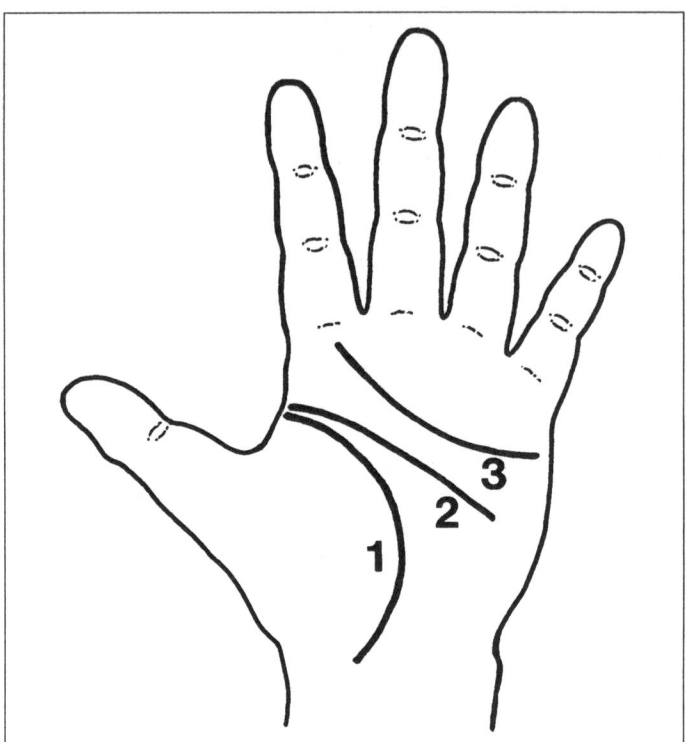

*1 = Lebenslinie, 2 = Kopflinie, 3 = Herzlinie*

- Die vom Jupiterberg herabkommende Linie, die noch die Lebenslinie berührt, zeichnet Menschen aus, die gewohnt sind, logisch zu denken. Sie kommen meist in leitende Stellungen.

- Wenn diese Linie die Lebenslinie nicht berührt, so wird ihren Besitzern zwar auch zielbewußtes Denken bescheinigt, sie treten aber sehr selbstbewußt auf und unterliegen dann manchmal diesem allzu großen Selbstgefühl.
- Ist der Abstand zwischen Kopf- und Lebenslinie, obwohl jene auf dem Jupiterberg beginnt, besonders groß, so haben wir es mit Leuten zu tun, die oft zu vorschnell handeln.
- Auch Menschen, deren genügend lange Kopflinie mit der Lebenslinie ein Stückchen zusammenläuft, sind geistig auf der Höhe. Sie sind zwar bescheiden, reagieren aber manchmal überempfindlich.
- Ziemlich mürrische Leute sind schließlich jene, deren Kopflinie unterhalb des Jupiterbergs am kleinen Marsberg beginnt.

## Die Herzlinie

Die 3. Hauptlinie neben der Lebens- und der Kopflinie ist die Herzlinie.

Sie beginnt unterhalb des unter dem kleinen Finger liegenden Merkurbergs, zieht sich oberhalb der Kopflinie durch den Handteller und mündet schwach in den Jupiterberg.

Die Herzlinie deutet nach Überzeugung der Chiromanten auf Störungen im Blutkreislauf hin, aber auch herbe Enttäuschungen, die uns – wie man so sagt – das Herz brechen können, sind auf dieser Linie abzulesen.

- Blasse Herzlinien haben Menschen, die dem Leben ängstlich gegenüberstehen (ihr Blutkreislauf ist meistens nicht in Ordnung!).
- Besonders kräftige; rote Herzlinien gehören zu leidenschaftlichen Menschen.
- Verläuft eine rosafarbene gerade Herzlinie in zwei Ästen auf dem Jupiterberg aus, so kennzeichnet sie einen besonders treuen und vertrauenswürdigen Menschen.
- Ist die Herzlinie in sich zerrissen, also mit vielen abzweigenden Linien versehen, deutet das auf ein recht schlampiges Liebesleben hin. Für Menschen mit solcher Herzlinie gibt es viele Enttäuschungen, die sie aber meist selbst verschulden, weil sie allzu unzuverlässig sind.

*Zerrissene Linie – schlampiges Liebesleben*

- Wenn die Herzlinie zum Mittelfinger hin ohne Verästelungen verläuft, bedeutet das viel Glück in allen Lebenslagen.
- Wenn sie dagegen am Saturnberg unter dem Mittelfinger endet, ist ihr Besitzer ein genußsüchtiger, sehr ichbezogener Mensch, der im Lebenskampf wenig zurechtkommt.
- Eifersüchtig und grausam aber ist jemand, dessen Herzlinie den ganzen Handteller durchschneidet.
- Schließlich sollten Leute, deren Herzlinie zum Zeigefinger verläuft, auf ihre anderen Handlinien achten. Dreierlei kann das nämlich bedeuten: 1. eine schwere Krankheit, 2. Erfolge im Berufsleben, 3. Herzeleid in der Liebe. Wie gesagt, zunächst sollte man in diesem Fall die anderen Handlinien beachten.

## Die Schicksalslinie

Man nennt sie auch *Saturnlinie*, da sie an der Handwurzel beginnt und auf dem Saturnberg unterhalb des Mittelfingers endet.

Sie ist eine der interessantesten Handlinien überhaupt, zeigt sie doch die Schwierigkeiten auf, die zu überwinden sind. Und sie weist auch auf Gefahren hin.

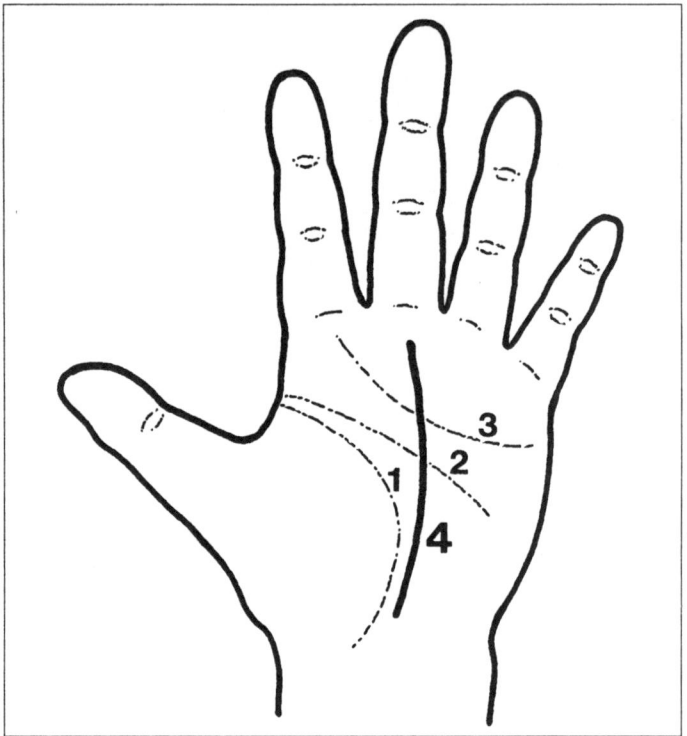

*4 = Schicksalslinie*

Bei manchem Menschen fehlt diese Schicksalslinie ganz. Das ist so zu erklären, daß ihm kaum Schwierigkeiten auf dem Lebensweg begegnen werden, wenn seine anderen Handlinien solche nicht ausdrücklich nachweisen.

● Die Geradlinigkeit der Schicksalslinie von der Handwurzel aufwärts ist positiv zu bewerten: Sie zeigt an, daß das Leben ihres Besitzers ohne große Sorgen abläuft.

● Beginnt die Schicksalslinie dagegen unterhalb der Handwurzel, so gehört sie einem unverbesserlichen Pessimisten.

● Beginnt sie aber gabelförmig, hat ihr Besitzer im Leben nichts zu lachen. Er taumelt von einem Erlebnis ins andere.

● Glück und Erfolg dagegen haben Leute, deren Saturnlinie in der linken Hand gerade zum Saturnberg verläuft.

- Verläßlich und arbeitsam sind sie, wenn die Linie in der rechten Hand so verläuft.
- Verliert jedoch die Schicksalslinie ihre Geradlinigkeit, ist das ein sicheres Zeichen für beginnenden Kummer.
- Eine Saturnlinie, die erst in der Mitte des Handtellers beginnt, läßt ihrem Besitzer in jungen Jahren viele Hindernisse in den Weg legen, erst sehr spät wird er Erfolg und Wohlstand im Leben haben.

*Schwierige Linie für junge Leute*

- Im unteren Teil des Mondberges, also auf dem Handballen entspringende Saturnlinien kennzeichnen leicht beeinflußbare Menschen.
- Zu Ansehen und Macht gelangt jemand, dessen Saturnlinie zwar zum Saturnberg verläuft, dann aber zum Jupiterberg abzweigt.
- Eine doppelte Saturnlinie schließlich kündigt zwei (oder auch mehrere) Berufe an.

### Die Magenlinie

Die *Merkurlinie*, wie die Magenlinie auch genannt wird, weil sie unterhalb des kleinen Fingers auf dem Merkurberg beginnt, läuft schräg auf die Lebenslinie zu. Trifft sie mit ihr zusammen oder durchschneidet sie diese, wird das als ungünstig gedeutet, man sollte dann ein wenig mehr auf sich achtgeben. Auf jeden Fall sollte man mal zum Doktor gehen und sich gründlich untersuchen lassen, vor allem Magen, Leber und Galle.

Nicht umsonst heißt diese Handlinie ja auch Magenlinie. Ebenfalls gilt als Warnzeichen, wenn sie stärker betont oder dunkel bzw. gelblich gefärbt ist.

Nicht immer sind es allerdings Magen, Leber, Galle oder vielleicht der Darm, denen besondere Beachtung geschenkt werden sollte, manchmal zeigt eine betonte oder gefärbte Magenlinie auch Störungen im vegetativen Nervensystem an, die sich allerdings ebenso auf die Verdauung auswirken.

Fehlt übrigens die Magenlinie ganz oder ist sie nur schwach angedeutet, beweist das im allgemeinen, daß der Magen und die ihn umgebenden Körperregionen gesund sind. Das Fehlen der Magenlinie wird ebenfalls günstig bewertet, wenn die Lebenslinie schwach, zerrissen oder unterbrochen ist, weil dann die Gefahr, krank zu werden, geringer wird.

*Wenn die Magenlinie fehlt, ist das nicht schlimm*

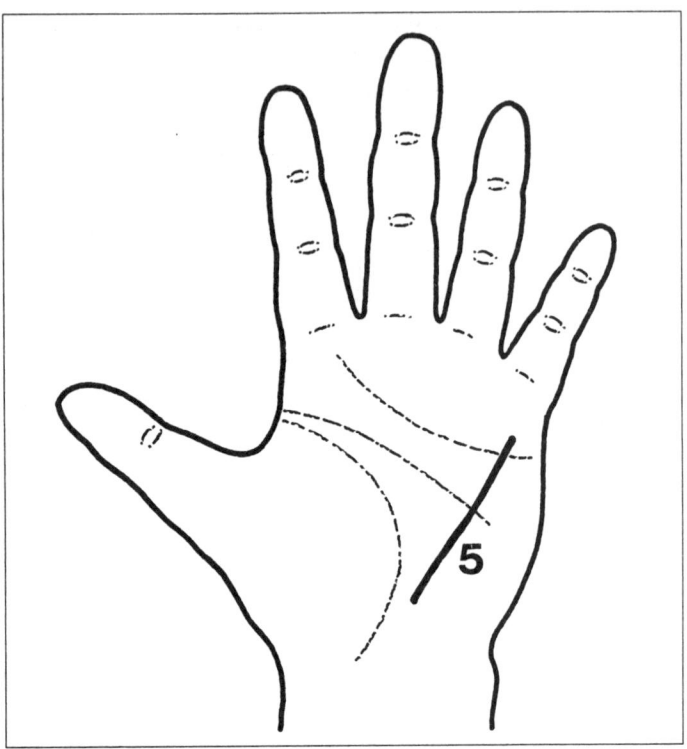

5 = *Magenlinie*

Eine lange dünne Merkurlinie deutet auf Untreue hin, ihr Abbiegen zum Mondberg, also zum Handballen, auf einen launischen, jedoch vom Glück gesegneten Menschen.

Im allgemeinen sind Besitzer einer langen geraden Merkurlinie gute Mathematiker, fast immer aber sind sie ausgezeichnete Pädagogen.

Interessant sind in diesem Zusammenhang auch die Zweige, die von der Magenlinie ausgehen. Nach Meinung vieler Chiromanten können diese Zweige über die Veranlagung für verschiedenen Berufe aussagen:

- Wenn zum Beispiel ein Zweig zum Jupiterberg unterhalb des Zeigefingers läuft, sollte ihr Besitzer einen Beruf ausüben, der mit der Medizin zu tun hat.
- Geht ein Zweig zum Apolloberg, der unterhalb des Ringfingers liegt, so ist ihr Besitzer künstlerisch veranlagt und den Musen zugetan, der Musik, der Schauspielerei und der Schriftstellerei.

- Geht ein Zweig zum Mondberg, zum Handballen, so hat sein Besitzer mehr für die bildend⌐ Kunst übrig.
- Läuft aber ein Zweig zum Venusberg, zum Daumenballen, sind die Anlagen eher praktischer Natur; man sollte im Handel den Wandel suchen.

### Die Sonnenlinie

Man nennt sie auch *Apollolinie*, weil sie stets auf dem Apolloberg unterhalb des Ringfingers endet. Chiromantisch gesehen, ist sie eigentlich schon eine Nebenlinie, aber sie drückt manchmal sehr viel stärker aus, was andere Linien nur vage künden. Sie kann in der Schicksals- oder der Lebenslinie, aber auch an der Handbasis ihren Ausgangspunkt haben. Letzteres ist allerdings sehr selten.

Gute Anlagen verrät sie nur, wenn sie gerade und nicht zerrissen oder gebrochen verläuft, wobei sie vor allem in der linken Hand wichtige Hinweise gibt.

Interessant ist in diesem Zusammenhang, daß die Apollolinie oft besonders gut verläuft bei Leuten, deren Schicksals- oder Kopflinie gar nicht so gut zu sein scheint. Das deutet darauf hin, daß diese Menschen unbändige Kräfte entfalten können, um gegen das Schicksal anzukämpfen.

*Zeichen für den Kampf gegen das Schicksal*

- Selten ist, wie schon gesagt, eine von der Handbasis zum Apolloberg führende gerade Sonnenlinie. Sie gehört immer einem Genie (jetzt wissen wir, warum Genies so rar sind!).
- Die von der Herzlinie aus nach oben führende Apollolinie zeigt ihrem Besitzer an, daß er mit gutem Willen in der zweiten Hälfte seines Lebens besonders viel erreichen kann.
- Auch die von der Lebenslinie ausgehende Sonnenlinie verspricht erst nach dem 30. Lebensjahr Erfolge.
- Bei der von der Schicksalslinie ausgehenden Apollolinie handelt es sich, immer vorausgesetzt, daß die Linie gerade verläuft, um ein gutes Zeichen: Ihr Besitzer wird durch eigene Kraft und Intelligenz großartig im Leben zurechtkommen.
- Ist die Linie zwar lang und gerade, geht sie aber vom Mondberg aus, so haben wir es bei ihrem Träger mit einem Menschen zu tun, der etwas unzuverlässig ist, weil er beständig die Laune, aber auch den Ort wechselt. Trotzdem wird er bei seinen Mitmenschen im allgemeinen sehr beliebt sein.

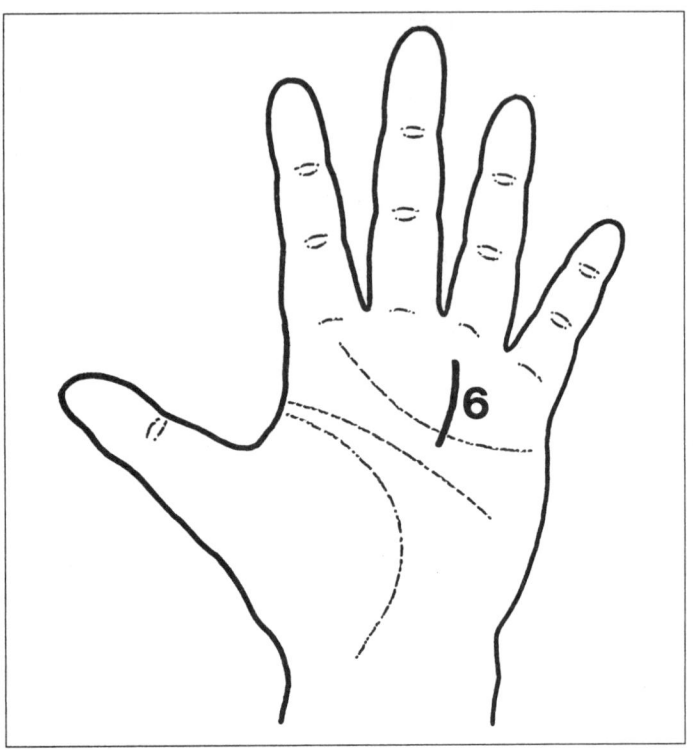

6 = *Sonnenlinie*

Übrigens: Richtig seßhaft wird er erst einige Jahre vor seiner Pensionierung.

● Die Sonnenlinie gabelt sich auch oft. Das ist keinesfalls ein schlechtes Zeichen. Künstlerisch veranlagt sind zum Beispiel Menschen, wenn die Zweige der Gabel auf dem Apolloberg liegen. Wenn aber ein Zweig in Richtung Merkurberg unter den kleinen Finger zielt, so kommt zur künstlerischen Begabung Geschäftstüchtigkeit.

● Laufen mehrere Sonnenlinien parallel zueinander, deutet das im allgemeinen auf einen Menschen hin, der viel beginnt, aber wenig durchführt. Nur wenn diese parallel zueinander verlaufenden Linien ganz gerade und von keinen Querlinien gestört sind, wird sich dieser vielseitig begabte Mensch auf eine ihm besonders liegende Tätigkeit konzentrieren können, die er dann auch mit Bravour ausübt. Sind es nur zwei Linien, die parallel verlaufen, so ist die Begabung vor allem auf künstlerischem oder schriftstellerischem Gebiet zu suchen, wobei diese beiden Linien, falls sie nicht unterbrochen werden oder krumm verlaufen, auch den Erfolg garantieren.

- Finanzieller Erfolg wird jenen versprochen, deren gerade Sonnenlinie parallel zur geraden Schicksalslinie verläuft und die außerdem eine gute Kopflinie haben.
- Wenn die Schicksalslinie schlecht ist, neben der die Apollolinie herläuft, ist das zwar ein Zeichen dafür, daß die schlechten Aussagen der Schicksalslinie zum mindesten psychologisch aufgehoben werden, aber es deutet auch darauf hin, daß ihr Besitzer manchmal den Lebenserfolg um jeden Preis sucht, und das kann manchen auf die schiefe Bahn bringen.

*Wie schlechte Aussagen aufgehoben werden*

### Die Ehelinien

Unterhalb des kleinen Fingers und oberhalb der Herzlinie liegt der Merkurberg. In diesen Berg schneiden sich horizontal eine oder mehrere kleine Linien ein, die von den Chiromanten als Ehelinien bezeichnet werden. Diese Linien lassen einige Schlüsse auf das Eheleben zu, verraten aber nicht jeden einzelnen Seitensprung. Sie zeigen auch nicht an, ob Sie sich gleich mehrmals aufs Standesamt begeben oder nur mit einem einzigen Partner durchs Leben wandeln. Sie geben Hilfen in charakterlicher Beziehung. Natürlich – das sollte man berücksichtigen – kann es sich statt einer Ehe auch um ein Zusammenleben handeln.

*Seitensprünge verraten sie nur manchmal*

- Ist eine einzige Linie kräftig in den Merkurberg eingeschnitten, so bedeutet das eine tiefe Übereinstimmung mit dem Partner. Sie läßt ein glückliches Eheleben erahnen und dementsprechend auch bedingungslose Treue.
- Je tiefer und rosafarbener diese Linie sich zeigt, desto tiefer ist auch die Liebe: Man schwebt im siebten Himmel rosaroter Gefühle.
- Viele Ehelinien deuten auf Haltlosigkeit im Liebesleben hin. Man sollte den Partner, der solche Linien besitzt, stärker an sich binden, ihn durch immer neuen Liebesbeweis davon zu überzeugen suchen, welch prächtigen Kameraden er sich da für ein Leben zu zweit ausgewählt hat.
- Eine dünnere Linie neben der kräftigen Ehelinie auf der linken Hand zeigt ein vergangenes Verhältnis an, auf der rechten Hand ein sich anbahnendes neues Verhältnis.

181

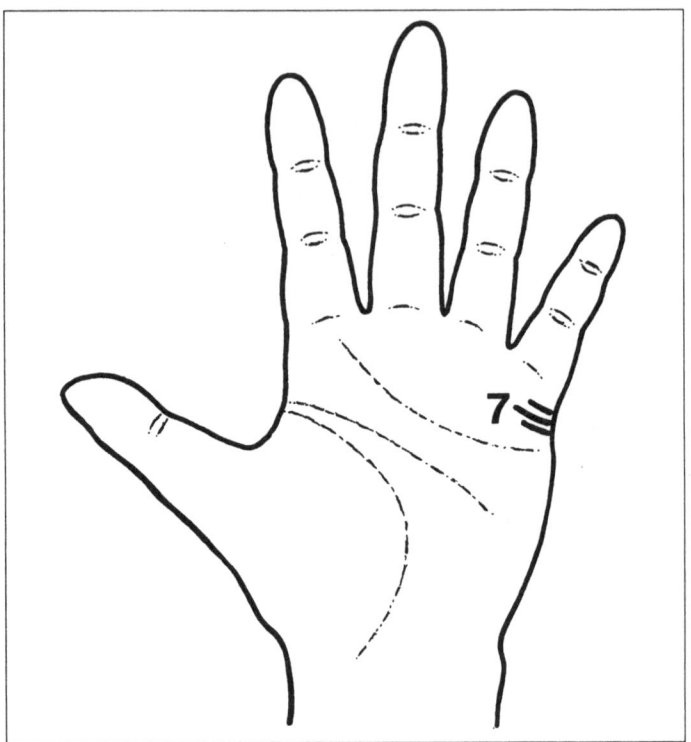

*7 = Ehelinien*

- Ist ein Zweig der Ehelinie nach oben, zum kleinen Finger hin gebogen, so läßt das auf viel Glück in der Ehe schließen.
- Ist eine Ehelinie gebrochen, könnte eine zeitweilige Trennung, nicht aber eine Scheidung anstehen. Diese wird durch eine Insel auf der Ehelinie oder durch eine Linie angezeigt, die die Ehelinie in irgendeinem Punkt durchschneidet.
- Eine Ehelinie, die sanft nach oben verläuft, deutet Schwierigkeiten mit der Familie des Partners, wenn sie sanft nach unten verläuft, Schwierigkeiten mit der eigenen Familie an.

### Die Giftlinie

Die *Neptunlinie*, auch Giftlinie genannt, verläuft waagerecht unter der Schicksalslinie. Sie ist allerdings auf den meisten Händen nicht zu sehen. Taucht sie auf, so ist das ein sicheres Zeichen dafür, daß ihr Besitzer, so sie gut geprägt ist, einen 6. Sinn hat.

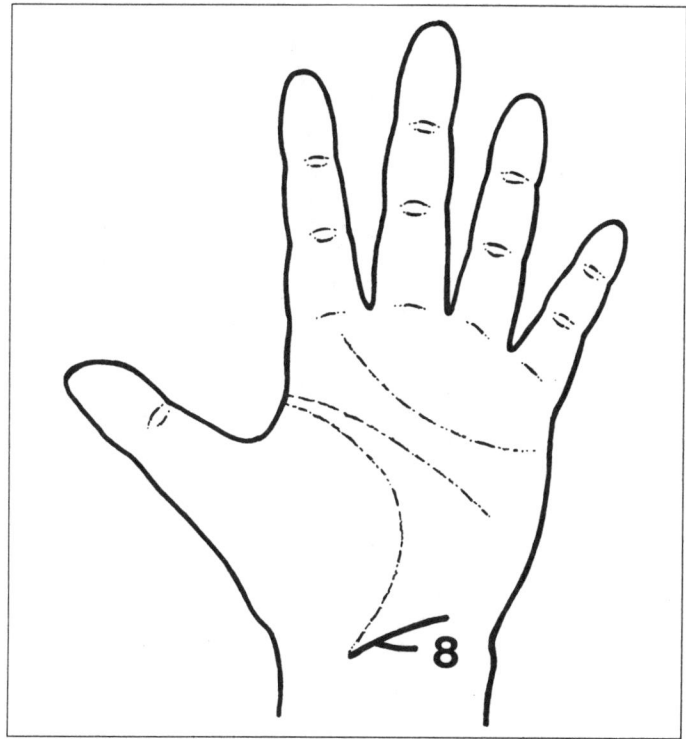

8 = *Giftlinie*

Da die Neptunlinie meist die Lebenslinie durchschneidet, was – wie wir bereits gelesen haben – nichts Gutes bedeuten kann, sollten Besitzer dieser Linie sehr vorsichtig mit ihrer Gesundheit umgehen. Vor allem sollten sie sich vor Giften hüten. Interessant ist, daß viele Süchtige die Neptunlinie besitzen.

### Die Intuitionslinie

Diese auch *Uranuslinie* genannte Handlinie kommt vor allem bei Menschen vor, die sich mehr auf ihre fünf Sinne als auf ihr Genie verlassen. Die Linie beginnt auf dem Mondberg und zieht sich in sanftem Bogen in Richtung Merkurberg hin, den sie aber nicht erreicht. Manchmal kreuzt sie auch die Magenlinie oder vereinigt sich mit ihr. Ihre Besitzer neigen meist zum Okkultismus, haben auf jeden Fall viel Phantasie – eine Phantasie freilich, die sie manchmal auf Abwege führt: Rebellen gegen die bürgerliche

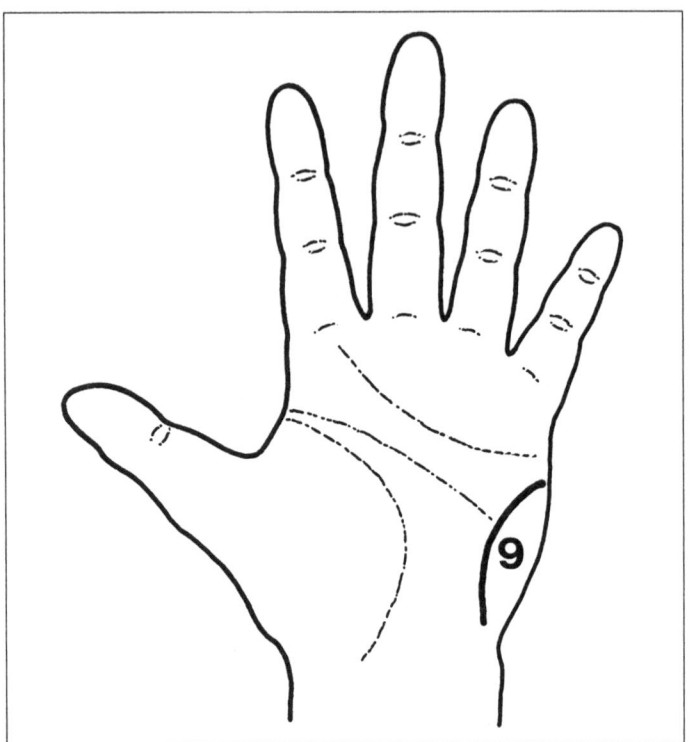

9 = *Intuitionslinie*

Ordnung haben oft diese Intuitionslinie in ihrer Handfläche eingegraben. Sie vermittelt im allgemeinen den starken Willen,
Reformen durchzuführen, eventuell sogar mit Gewalt.

Die Intuitionslinie kommt bei Erwachsenen seltener vor, was
beweist, daß Revoluzzer doch sehr dünn gesät sind. Eher besitzen sie Kinder und Jugendliche, die aus ihrer Antistellung gegen
die Erwachsenen kein Hehl machen. Die Linie verschwindet
jedoch meist, wenn die Jugendlichen dem Pubertätsalter ent-
wachsen sind.

### Der Venusring

Diese Spiegelung der Giftlinie im oberen Raum der Innenhand
sperrt die günstigen Apollokräfte ab; denn der Venusring legt sich
halbkreisförmig um den Saturn- und Apolloberg, unterhalb des
Mittel- und Ringfingers also.

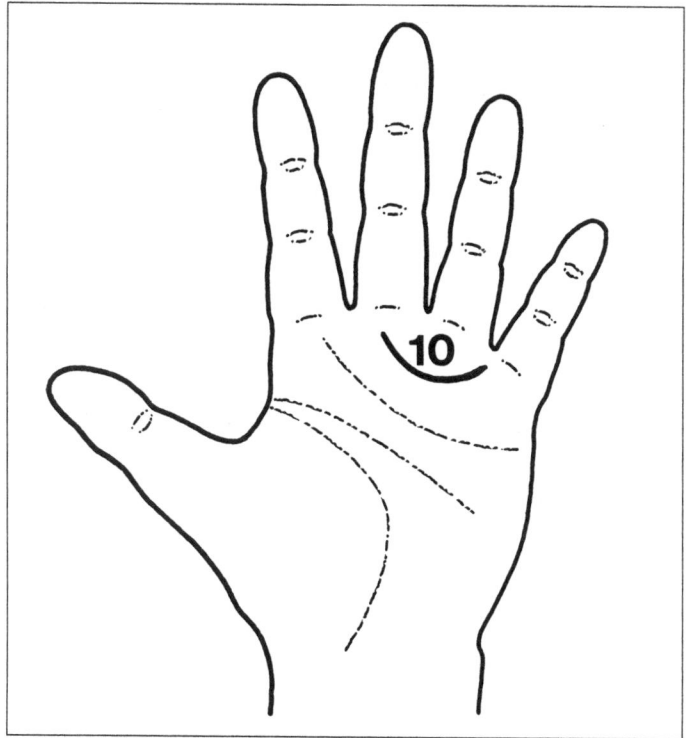

*10 = Venusring*

Wer keinen Venusring in seiner Hand finden kann, dem bleibt
viel erspart. Menschen, die diesen Ring gut sichtbar in der Innenhand tragen, neigen zu ausschweifendem Liebesleben und
allen damit verbundenen Stimmungen und Launen.

Dabei wollen diese Menschen oft nur das Beste: Sie möchten
in tiefere seelische Bereiche eindringen, aber meist kommen die
guten Kräfte nicht durch, bleiben an der Oberfläche, was sich in
einem oft bis an die Grenzen der Perversität gehenden Sexualleben ausdrückt. In diesem Falle müssen aber auch Lebens-, Schick-
sals- oder Herzlinie schwach oder zerrissen sein.

Wer im allgemeinen eine gutgezeichnete Hand hat, dessen
Intelligenz und Willenskraft wird die Kräfte, die ein gutgeprägter
Venusring hervorbringt, aufs Normalmaß beschränken können;
er wird ein aktives, aber ausgeglichenes Sexualleben führen.

● Schon ein nur am Anfang und Ende vorhandener Venusring
  schwächt manche der schlechten Eigenschaften ab, über die

wir eben berichtet haben. Das gilt auch für nur dünn oder andeutungsweise gezeichnete Ringe.

● Wer aber einen gutgezeichneten doppelten Venusring besitzt, der sollte besser nicht heiraten, denn er neigt – wie die Chiromanten behaupten – zum Ehebruch.

### Die Armbänder

Auch die Linien, die sich zwei-, drei- oder mehrfach um das Handgelenk legen und die Innenhand nach unten abschließen, haben nach Meinung der Chiromanten eine schicksalhafte Bedeutung. Diese „Armbänder" genannten Linien werden von den der Handlesekunst mächtigen Zigeunerinnen sogar höher bewertet als manche Linie im Handteller. Auf jeden Fall deuten sie auf die Lebenskraft ihres Besitzers hin.

*Sie deuten die Lebenskraft ihres Besitzers*

● Wer zum Beispiel mehr als drei Armbänder gut sichtbar am Handgelenk trägt, der ist von kraftvoller Gesundheit und darf auf ein hohes Alter rechnen. Dabei sollte er aber seine Schicksalslinie betrachten, die nicht nur manche Aussage der Lebenslinie, sondern auch die der Armbänder ad absurdum führen kann.

● Im allgemeinen aber sagen gutgeprägte Armbänder aus, was eine gutgeführte Lebenslinie dem Chiromanten bestätigt: Das Leben ihres Besitzers wird ziemlich reibungslos ablaufen. Viele Chiromanten ordnen die drei Armbänder, die von den meisten Menschen getragen werden, so ein: Die erste Linie, nahe dem Handteller, weist auf die Gesundheit hin, die zweite darunter auf Berufserfolg oder Reichtum, die dritte auf das Glück (und je mehr Glück man hat, desto mehr Armbänder befinden sich noch darunter!).

*Je mehr Linien, desto mehr Glück*

● Wölbt sich die für die Gesundheit zuständige Linie dem Handteller entgegen, so wird das als Zeichen für eine schwächliche Konstitution oder für die Krankheitsanfälligkeit ihres Besitzers gewertet. Bei werdenden Müttern deutet dieses nach oben gewölbte Armband zum Beispiel oft auf eine schwere Geburt hin.

● Wenn dieses erste Armband kettenförmig ist, hat ihr Träger ein arbeitsreiches Leben, aber er sollte sich in acht nehmen: Der Streß könnte ihm von heute auf morgen schwer zu schaffen machen.

186

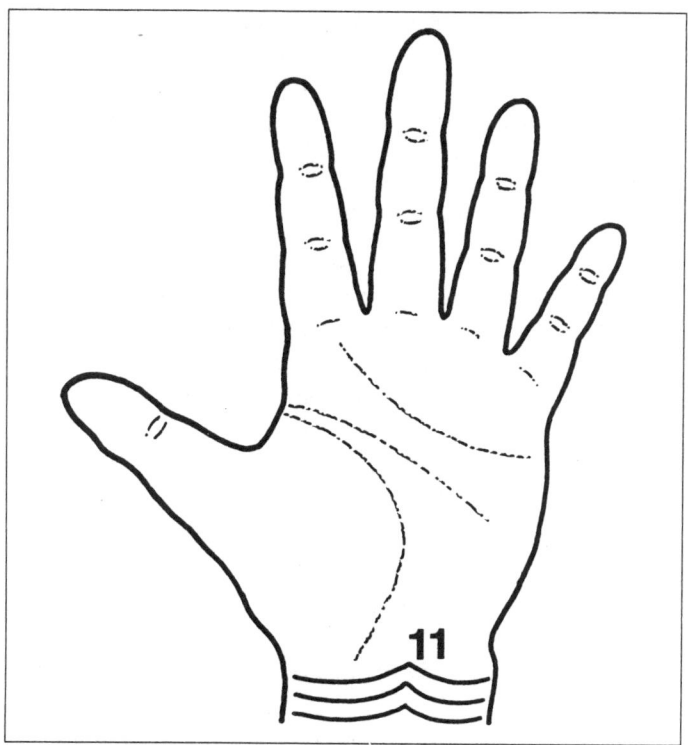

*11 = Armbänder*

● Dieses arbeitsreiche Leben wird auch den Besitzern des darunterliegenden Armbands bescheinigt, wenn es eine Kette bildet. Falls deren Gesundheitslinie aber gut und deutlich geprägt ist, werden sie selbst bei hoher Beanspruchung im Beruf dem Streß nicht erliegen (das kann sich ändern, wenn besagte Kette auf dem ersten Armband erscheint!).

### Die Berge in unserer Hand

Unsere Innenhand hat nicht nur Linien, aus denen man vieles herauslesen kann, sondern auch Berge, die diese Deutung abrunden können. Wir wollen diese Handberge nicht überbewerten; denn für unseren kleinen chiromantischen Lehrkurs würde das nur Verwirrung stiften. Aber ein wenig sollen Sie auch über die Funktion dieser Berge erfahren, die Sie am besten sehen können, wenn Sie die Hände ein wenig krümmen, wie wir es schon

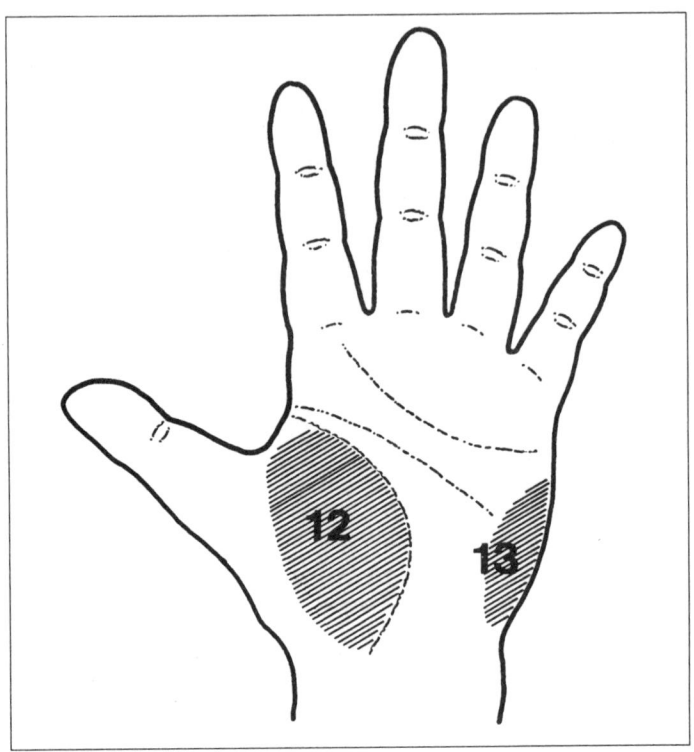

12 = *Venusberg*, 13 = *Mondberg*

bei der Erklärung der Handlinien empfahlen. Die Berge üben gewissermaßen eine Kontrollfunktion aus über das, was die Linien in unserer Hand aussagen.

### Der Venusberg: Berg der Leidenschaften

Dieser größte Berg in der Handlandschaft wird von der Lebenslinie begrenzt. Er ist eigentlich das dritte Glied des Daumens, auch Daumenballen genannt. Er spiegelt die Zuneigung im Geschlechtlichen, aber auch Harmoniegefühl wider. Er wird der *Berg der Leidenschaften* genannt, vor allem wohl, weil er über Liebe und Schamgefühl Aufschluß geben kann. Hier ballt sich noch die Urkraft des Menschen zusammen, die im übertragenen Sinne mit dem Mondberg das Fundament der Hand bildet.

● Ein gutgewachsener, rundlicher Daumenballen läßt seinen Besitzer als angenehmen und freundlichen Menschen erscheinen, der allem Schönen zugetan ist, aber nichts übertreibt (vor allem in der Liebe nicht). Ein Typ auch, der in einem glücklichen Familienleben die Erfüllung findet.

- Ist der Venusberg ein strammer Muskel, so hat sein Besitzer die gleichen Eigenschaften, wie wir sie im vorigen Absatz erläutert haben, bei ihm kommt aber noch einiges hinzu, das wir auf die negative Seite schreiben können: Bei allen guten Ansätzen wirkt er ein wenig leichtsinnig, er neigt zur Bequemlichkeit und zur Völlerei. Er schläft sehr gern und lange, aber abends wird er wach und zum Partylöwen.

*Strammer Muskel läßt zur Völlerei neigen*

- Bei einem mageren, also wenig entwickelten Venusberg haben wir es bei seinem Träger meist mit einem etwas gefühlsarmen Menschen zu tun. Er findet an jedem etwas Tadelnswertes und übersieht dabei ganz, daß er sich selbst ins Abseits drängt.
- Das Gegenteil, ein übermäßig stark entwickelter Venusberg, deutet auf einen Menschen hin, der sehr sinnlich ist, es meistens mit der Treue nicht so genau nimmt und lieber auf das Glück (etwa im Glücksspiel) setzt als auf die eigene Tüchtigkeit.
- Ein gutes Liebes- und Eheleben wird allen bescheinigt, auf deren Handballen sich dünne senkrechte Linien abzeichnen. Wenn sie auf einem mageren Venusberg liegen, deutet das auf Liebessehnsucht hin, der es aber zur Erfüllung an der rechten Kraft mangelt.
- Horizontale Linien, die nicht die Lebenslinie berühren oder kreuzen, zeigen einen Menschen an, der allzu leicht zu beeinflussen ist.
- Je tiefer aber Linien in den Venusberg eingekerbt sind, desto materialistischer denkt sein Träger.

### Der Mondberg: Berg der Launen
Er ist der andere Berg, der im unteren Teil der Innenhand liegt, jenem Teil also, der dem Ursprünglichen, dem Naturhaften zugeschrieben wird. Er wird auch der *Berg der Launen* genannt, weil er unser Gemütsleben symbolisiert.

*Symbol für unser Gemütsleben*

- Ein gut entwickelter Mondberg gehört zu einem gemütvollen, der Romantik zugeneigten Menschen.
- Dagegen stellt uns eine Hand ohne oder mit nur schwachentwickeltem Mondberg einen kalten, nur dem Verstand gehorchenden Menschen vor.

- Ist aber der Handballen übermäßig stark entwickelt, so deutet das auf einen Menschen hin, der mit sich selbst unzufrieden ist und das durch seine üble Laune stets kundtut.
- Unglücklich veranlagt sind auch jene, deren Mondberg im unteren Teil kurze, zerrissene Linien zeigt.
- Wenn übrigens Linien schräg in den Mondberg hineinragen, so ist das immer ein Zeichen für gesteigerte Reise- oder Abenteuerlust.

### Der kleine und der große Marsberg

Der mittlere Teil der Hand ist das Marsgebiet. Über dem Venusberg befindet sich der kleine Marsberg, über dem Mondberg der große; zwischen großem und kleinem Marsberg liegt die Marsebene.

*Der kleine ist positiver zu deuten*

Der kleine Marsberg wird von den Chiromanten der positive genannt, während der große als negativer Marsberg gedeutet wird. Der positive deutet gewissermaßen alles an, was von außen her auf uns einwirkt, der negative mehr die seelischen Einflüsse. Befassen wir uns zuerst mit dem *kleinen Marsberg*:

- Wenn er stark entwickelt ist, sollte man sich vor seinem Besitzer hüten; denn der ist eine rechte Kämpfernatur, ohne Erbarmen und ohne Rücksichtnahme auf andere. Ist dazu die Hand noch rötlich gefärbt, so neigt er zu Zornesausbrüchen, die den Mitmenschen das Leben schwer machen. Dieser Mensch sollte sich vor Prozessen hüten; denn er glaubt selbst dann im Recht zu sein, wenn er unrecht hat.
- Fehlt der kleine Marsberg oder ist er nur schwach entwickelt, so haben wir es bei seinem Besitzer mit einem friedfertigen Menschen zu tun, dem aber im allgemeinen das Selbstvertrauen fehlt und der ein wenig ängstlich durchs Leben geht.
- Ein überstark betonter kleiner Marsberg ist das Zeichen für einen aggressiven, hemmungslosen Menschen, der impulsiv handelt, ohne vorher das Wenn und Aber zu bedenken.

In noch stärkerem Maße als der kleine ist der *große Marsberg*, der eigentlich nichts anderes als eine Fortsetzung des Mondberges ist, ein Berg des Streits, aber auch der Streitbaren. Sein Namensgeber ist schließlich kein anderer als Mars, der römische Kriegsgott, Patron des roten Planeten, ein recht zwiespältiger Herr; denn auf der einen Seite stehen bei ihm solche Tugenden wie Tatkraft, Mut und Selbstvertrauen, auf der anderen erbar-

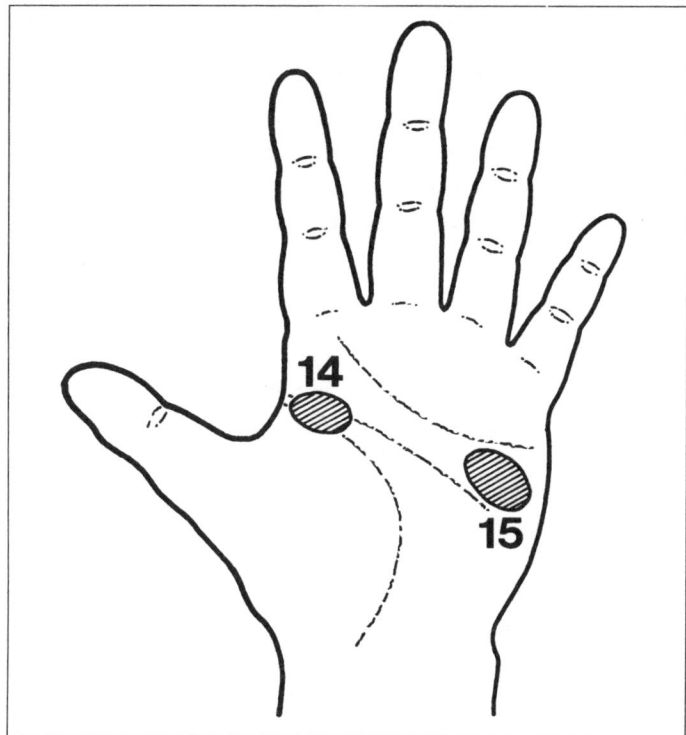

*14 = kleiner Marsberg, 15 = großer Marsberg*

mungslose Rücksichtslosigkeit, Rachsucht und der Wille, alles zu vernichten, was sich einem in den Weg stellt.

● Besitzer eines gutentwickelten großen Marsbergs sind darum Leute mit viel Zivilcourage, die sich für ihre Mitmenschen bedingungslos einsetzen. Haben sie dazu eine gutentwickelte Kopflinie, so kann man ihnen jene geistige Wendigkeit bescheinigen, die sie auf alles neugierig macht, auf das Abenteuer, auf die Wissenschaft, auf die Technik. Sie bringen etwas zuwege.

● Wem der große Marsberg fehlt, der ist mit allerlei Fehlern behaftet. Vor allem fehlt ihm die Selbstbeherrschung, jenes seelische Gleichgewicht, das ihn liebenswert machen könnte. Er kann auf den zarten Gefühlen seiner Mitmenschen herumtrampeln, ohne etwas Anstößiges dabei festzustellen. Freilich muß man diesen Menschen auch ein wenig in Verbindung mit den anderen Handbergen und Handlinien sehen, ehe man ein abschließendes Urteil über ihn abgeben kann.

- Ist nun der große Marsberg zu stark entwickelt, so deutet das auf sehr jähzornige Naturen hin, die keine Schmach vergessen, die man ihnen einmal angetan hat.
- Ist der große Marsberg außerdem linienlos, so läßt das bei seinem Besitzer auf unüberlegte, explosive Ausbrüche schließen, ja, sogar auf Bösartigkeit als Charakterzug .
- Durchziehen viele Linien diesen Berg, so mildern sie manches an aufgestauter Gefahr ab.

### Die Marsebene mit Viereck und Dreiecken

Lassen Sie uns noch einiges zu der sich zwischen großem und kleinem Marsberg erstreckenden Marsebene sagen. Sie besteht aus drei Teilen: dem Viereck und dem großen und dem kleinen Dreieck. Ein geübter Handleser kann sich auf einen Blick aus diesen drei Teilen ein Bild vom Charakter eines Menschen machen.

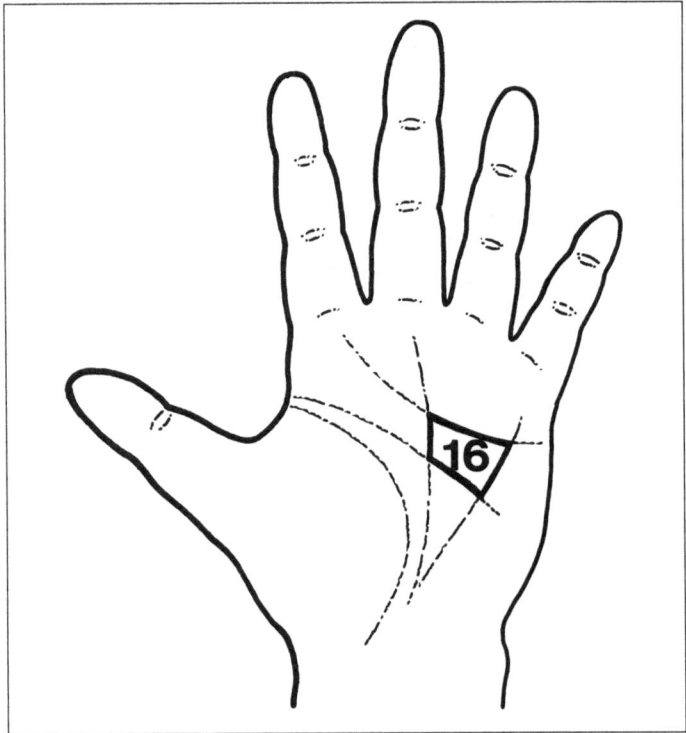

*16 = Viereck*

**Das Viereck** wird von der Schicksals-, Herz-, Kopf- und Magenlinie begrenzt. Je regelmäßiger und gradliniger dieses Viereck ist, desto gradliniger der Charakter. Nun ist aber ein fehlendes Viereck nicht schlimm – im Gegenteil: Die Chiromanten glauben, daß meist kämpferische Naturen ein solches Viereck nicht besitzen. Ein nach oben gewölbtes Viereck läßt übrigens auf Wohlstand schließen, und ein Viereck, dessen Kopf- und Herzlinie eng zusammenstehen, auf einen unverbesserlichen Egoisten.

**Das große Dreieck** wird von Lebens-, Kopf- und Magenlinie gebildet. Diese drei Linien übertragen die von ihnen ausgehenden Kräfte auf das Dreieck. Je gradliniger und winkelgerechter dieses Dreieck ist, desto bessere Eigenschaften kann man seinem Eigentümer nachsagen, vor allem läßt solch Dreieck auf große Lebenskraft und auf ein langes Leben schließen. Kleinlich, ängstlich oder übervorsichtig sind meistens Menschen, die ein unsauber gezeichnetes großes Dreieck aufweisen.

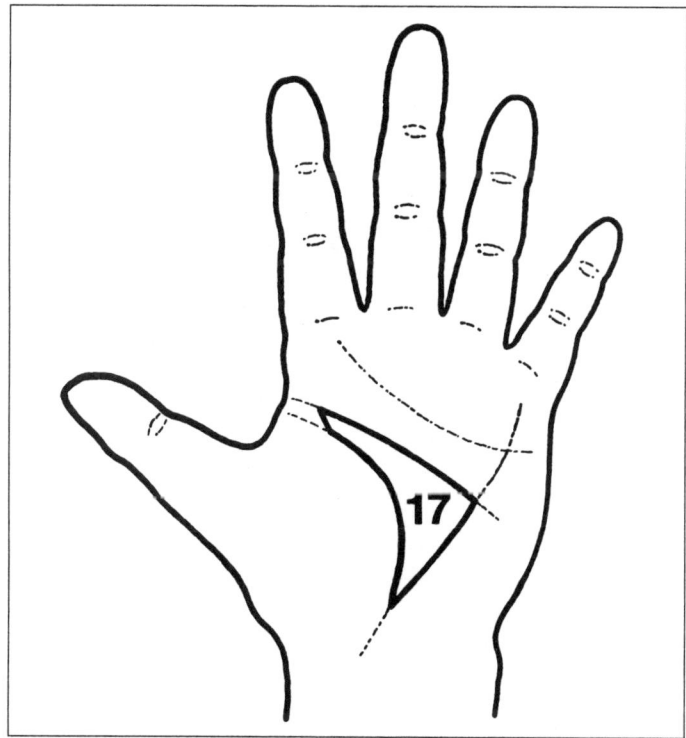

*17 = großes Dreieck*

● Ist eine Linie nur verschwommen, so ist das Ihre schwache Seite. Wessen Magenlinie zum Beispiel im großen Dreieck unklar herauskommt, der sollte sich mehr um die gesundheitliche Verfassung von Magen, Leber, Galle und Darm bekümmern: vielleicht liegt die Schwäche auch nur am zu hohen Gewicht, das abtrainiert werden müßte.

**Das kleine Dreieck** läßt auf die Intelligenz schließen. Es wird von Kopf-, Magen- und Schicksalslinie gebildet.

● Ein gutgezeichnetes kleines Dreieck läßt immer auf einen geistig wachen Menschen schließen.

● Eine gutgezeichnete Kopflinie in diesem Dreieck deutet auf einen urteilskräftigen Menschen hin.

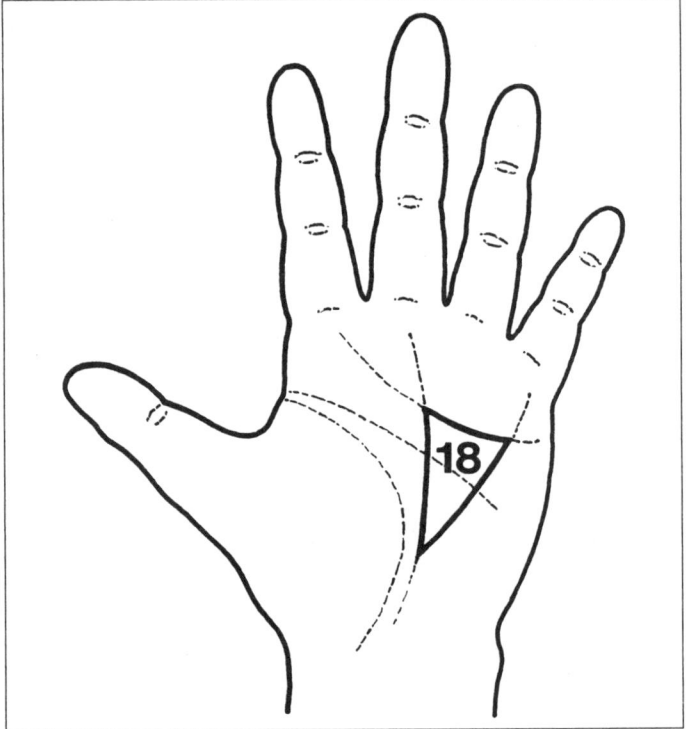

*18 = kleines Dreieck*

● Ist seine Magenlinie gut, wird er nicht so leicht Launen und Stimmungen unterliegen. Das genaue Gegenteil ist der Fall, wenn diese Linie nur undeutlich geprägt ist.

✻

Wir kommen nun zu den Fingerbergen im oberen Bereich der Innenhand. Sie sind Zeichen der Sehnsucht, in der sich die Innerlichkeit der Seele als Wunschkraft verdichtet.

### Der Jupiterberg deutet den Ehrgeiz

Unterhalb der Handwurzel des Zeigefingers liegt der Jupiterberg. Er deutet auf Ehrgeiz hin.

- Haben wir es mit einem gutentwickelten Jupiterberg zu tun, so läßt das auf viel Selbstvertrauen schließen, das sich allerdings manchmal bis zur Herrschsucht steigert.
- Ist der Jupiterberg übermäßig stark entwickelt, so überschätzt sein Besitzer oft die eigenen Fähigkeiten.
- Ist er verschoben, läßt das darauf schließen, daß sein Besitzer ein wenig haltlos, manchmal auch jähzornig ist.

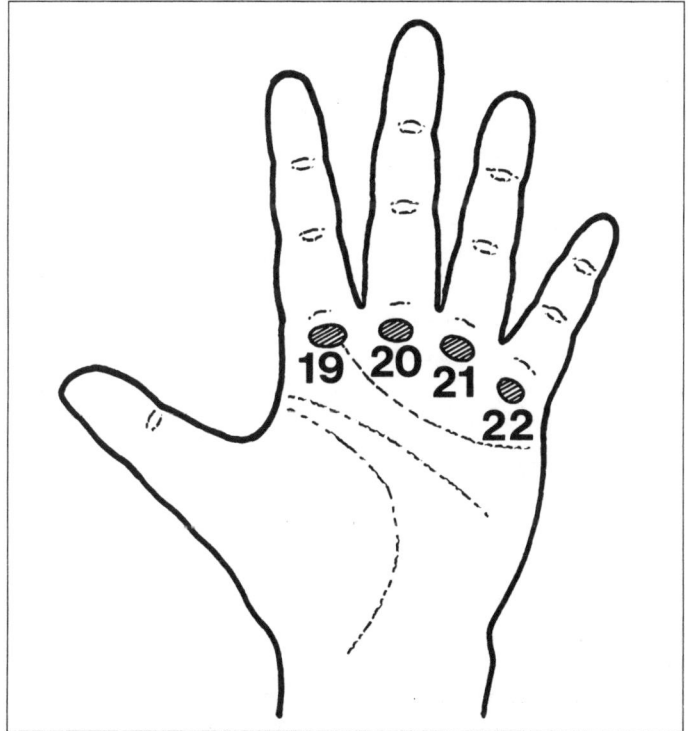

19 = Jupiterberg, 20 = Saturnberg, 21 = Apolloberg,
22 = Merkurberg

● Sind die Linien auf diesem Berg wie eine Leiter gezeichnet, heißt das, daß sein Eigentümer immer versuchen wird, aus eigener Kraft die Erfolgsleiter hinaufzuklettern. Sind aber nur eine oder zwei horizontale Linien vorhanden, so deutet das auf viele Hürden im Berufsleben hin.

Im übrigen neigen alle Menschen mit einem gutgeprägten Jupiterberg zu starkem Blutandrang zum Kopf, auch Fieber bekommen sie leicht. Vielleicht hat das damit zu tun, daß die Erfolgreichen mit solchem Berg in der Hand einfach nicht auf ihre Gesundheit achten.

### Der Saturnberg ist der Schicksalsberg

Er liegt meist unter dem Mittelfinger und wird, da auf ihm die Schicksalslinie beginnt, auch der *Schicksalsberg* genannt. Oft ist er zum Jupiter- oder Apolloberg, auf den wir noch kommen werden, verschoben, was ein günstiges Zeichen ist; denn wenn er direkt unter der Fingerwurzel liegt, deutet das auf übermäßige Melancholie hin.

● Wer einen normalen Saturnberg hat, ist ordnungsliebend und pünktlich, möglicherweise aber auch etwas schlampig, da ihm das eigene Aussehen fast nichts bedeutet.

● Sehr sparsam, wenn nicht sogar geizig, ist der Besitzer eines besonders stark erhöhten Saturnberges.

*Querlinien weisen auf Hindernisse hin*

● Querlinien auf diesem Berg deuten auf einen mit Hindernissen gespickten Lebensweg hin, senkrechte Linien auf manche Unannehmlichkeiten, die es im Leben zu überbrücken gilt.

● Wer einen schwachentwickelten Saturnberg besitzt, der hat zwar nicht allzuviel Glück im Leben, aber er wird wenigstens gesundheitlich gut über die Runden kommen.

### Der Apolloberg unterm Ringfinger

Unter dem Ringfinger liegt der Apolloberg, der vor allem bei Künstlern gut entwickelt ist, aber auch sonst bei Leuten, die über einen erlesenen Geschmack verfügen und sich für Dinge interessieren, die eine gute Allgemeinbildung voraussetzen.

● Fehlt der Apolloberg fast ganz, so läßt das auf einen dem Materiellen zugetanen Menschen schließen, auch eine gewisse Gefühlskälte ist diesem nicht abzusprechen.

196

- Ist der Apolloberg gut entwickelt, zeichnet das den Idealisten aus, der einen ausgeprägten Schönheitssinn hat.
- Ein übermäßig entwickelter Apolloberg dagegen bescheinigt seinem Besitzer einen Hang zur Verschwendungssucht, seine Großzügigkeit ist nichts anderes als bodenloser Leichtsinn.
- Senkrechte Linien lassen auf eine künstlerische Begabung schließen, waagerechte Linien deuten Hemmungen und Hemmnisse an.

## Der Merkurberg fehlt bei vielen

Es ist seltsam: Bei vielen Menschen fehlt dieser Berg ganz. Wenn er aber da ist, liegt er direkt unter dem kleinen Finger oder seitlich zum Apolloberg hin verschoben. Keine Angst, wenn Sie den Merkurberg nicht besitzen. Das ist durchaus kein schlechtes Zeichen. Sie haben dann eben keinen allzugut entwickelten Geschäftssinn, gehören mithin auch nicht zu den Gerissenen, die um des Geldes willen andere gern übers Ohr hauen. Chiromanten, die diesen Menschen bescheinigen, sie seien auch geistig zurückgeblieben, verwechseln hier wohl Geist mit Pfiffigkeit, die jeden auszeichnen muß, der gute Geschäfte machen will.

- Sie bescheinigen einem Menschen mit gutentwickeltem Merkurberg nicht nur die Pfiffigkeit, sondern auch ein großes Rednertalent, das man ja braucht, wenn man mit den Geschäften zu Rande kommen will. Ihm ist auch nicht schlagfertiger Humor abzusprechen. *Solche Menschen können reden*
- Ist jedoch der Merkurberg übermäßig entwickelt, so werden die Fähigkeiten ins Negative verkehrt: Menschen mit solchem Merkurberg versuchen, andere übers Ohr zu hauen, ihnen Märchen aufzutischen. Vor solch geschäftstüchtigen Leuten sollte man sich hüten.

## Zeichen auf der Innenhand

Außer Linien und Bergen sind auf unserer Innenhand manchmal auch noch Zeichen eingegraben, die das Bild abrunden, das wir uns über die Person machen können, in deren Händen wir gelesen haben.

**Ein Punkt** auf einer Handlinie ist immer ein schlechtes Zeichen. Er bedeutet ein Stoßzeichen, warnt gewissermaßen davor, auf dem bisher eingeschlagenen Lebensweg weiterzugehen, weil dieser sonst unweigerlich in den Abgrund führen könnte.

**Ein Ring** ist dagegen immer ein gutes Zeichen, vor allem, wenn er auf dem Apollo- oder Jupiterberg zu sehen ist. Jedenfalls läßt er ungünstige Deutungen nicht zu, er zeigt vielmehr eine Zukunft an, über die wir uns freuen dürfen.

*Schutzzeichen, das Gefahren bannt: das Viereck*

**Das Viereck** ist ein Schutzzeichen, das aus den Handlinien zu deutende Gefahren bannt. Vielfach weist es aber auch auf eine gewisse Absonderung ihres Trägers von anderen Menschen hin. Das kann im schlimmsten Fall auch auf eine Absonderung durch Krankheit oder ein Gerichtsurteil hinweisen. In letzterem Falle wäre also die Absonderung als „Sicherstellung" hinter Schloß und Riegel zu verstehen.

**Das Dreieck** ist ebenfalls ein gutes Zeichen, weil sich die Linien in ihrer Bedeutung gegenseitig unterstützen. Wir haben das schon bei der Erklärung des sogenannten großen und kleinen Dreiecks erläutert.

**Eine Insel** auf einer Handlinie wird oft mit der Gesundheit in Verbindung gebracht, jedoch muß man dabei die ganze Linienführung sehen, um zu einem positiven oder negativen Ergebnis zu kommen.

**Ein Kreuz** entsteht da, wo eine Linie die andere kreuzt. Die Chiromanten glauben, daß sich die schlechten oder guten Eigenschaften, die aus den sich kreuzenden Linien herauszulesen sind, um ein Vielfaches steigern können.

**Das Gitter** wurde von uns schon genannt. Bei ihm treffen mehrere senkrechte und waagerechte Linien aufeinander. Solches Gitter kann die Deutung des Ortes, an dem es sich befindet, in dem einen oder anderen Fall erheblich verschlechtern.

*Ein Stern deutet auf Störungen hin*

**Ein Stern** ist chiromantisch gesehen der Punkt, in dem sich mehrere Handlinien schneiden. Er bedeutet, daß Störungen von außen her eintreten können, die man mit eigener Kraft nicht beseitigen kann. Steht jedoch der Stern auf dem Jupiter- oder dem Apolloberg, so sind die Störungen nur geringfügig und haben keine hemmende Wirkung.

## Guter Rat für Amateure

Sie haben nun einiges über Handlinien, Handberge und andere Zeichen auf unserer Innenhand erfahren. Jetzt können Sie sich als Amateur ans Werk machen und – vielleicht zuerst in Ihrer eigenen Hand – weissagen, was möglicherweise die Zukunft bringen wird. Gehen Sie besonders behutsam vor, wenn Sie anderen aus der Hand lesen. Schon oft wurde solche Deutung zu ernst genommen, vor allem eine negative Auslegung wird von manchen Menschen überbewertet.

Denken Sie daran, daß Sie Amateur sind und dementsprechend die Irrtumsquote höher liegen kann als bei erfahrenen Chiromanten. Zu leicht ist etwas dahingesagt, das von anderen mit Verzweiflung aufgenommen werden könnte.

Sagen Sie Ihren „Klienten", daß Negatives durch eigenes Zutun sehr wohl ins Gegenteil verkehrt werden kann, daß eventuelle Krankheiten, über die unsere Handlinien aussagen, heutzutage leicht von einem Arzt behandelt und geheilt werden können.

*Negatives durch eigenes Zutun ins Positive verkehren!*

Wer den Tod in den Handlinien stehen hat, kann steinalt werden, wenn er im rechten Moment etwas unternimmt, was die schlechte Vorhersage ins Gegenteil verkehrt.

# 19. Kapitel

# Kartenlegen mit französischen Spielkarten

Niemand weiß, wann das Kartenspiel erfunden wurde. Sein Ursprung liegt im Nebulösen. Seine Urmutter ist allem Anschein nach das Würfelspiel; denn die Zahlen auf den Karten sind wohl zunächst nichts anderes als die Übersetzung der Augen auf einem Würfel. Freilich ist diese Artverwandtschaft heute kaum noch zu erkennen.

*Übersetzung der Augen auf einem Würfel*

Die meisten Wissenschaftler sind sich einig, daß bereits im alten Reich der Mitte, in China, mit Karten gespielt wurde. Im 1. Jahrhundert nach Christi Geburt haben die Chinesen nämlich die Papierherstellung erfunden. Und Papier ist nun mal der Grundstoff, aus dem die meisten Kartenspiele bis auf den heutigen Tag bestehen.

### Des „Teufels Gebetbuch" vertreibt die Langeweile

Echte Beweise, daß das Spiel in China erfunden wurde, gibt es freilich kaum.

Fest steht nur, daß es erst Ende des 13. Jahrhunderts aus dem Orient nach Europa kam, wo es bald als des „Teufels Gebetbuch" in Acht und Bann getan wurde. Als dann der Adel das Spiel für sich okkupierte, weil es ihm die Langeweile vertrieb, hörte die Verfolgung auf.

Im 14. Jahrhundert spielte man in höfischen Kreisen bereits mit wunderschönen, handgemalten Karten, die heute museale Raritäten sind.

Schon bald, nachdem Gutenberg die Buchdruckerkunst erfunden hatte, begann der Siegeszug der Spielkarten in Europa; denn auch das „gemeine" Volk wollte teilhaben an den Spielen der Adelsklasse. Und nur wenig später als die Spielkarten wurde die Kartomantie, die Kunst, aus den Karten die Zukunft zu deuten, in Europa bekannt.

Zigeuner aus dem Osten waren die ersten Kartenleger auf unserem Kontinent, und Zigeunerinnen gelten auch heute noch als prädestiniert, aus den Karten wahrzusagen. Erst sehr viel später machte eine Französin, die Madame Lenormand, die Kartomantie auch hoffähig.

### Napoleons Sturz in den Karten gelesen

Wenn wir den Hofberichten Glauben schenken dürfen, sagte diese Frau, mit allen Raffinessen ihrer Kunst, Anfang des 19. Jahrhunderts den Großen ihrer Zeit beinahe auf den Tag genau die Zukunft voraus. Zu ihren Kunden gehörte immerhin auch Kaiser Napoleon I., dessen Sturz sie ebenfalls in ihren Karten gelesen hatte.

Madame Lenormand galt als Seherin. Auf jeden Fall hatte sie die Gabe, die Bedeutung einzelner Karten mit der Bedeutung anderer Karten so geschickt zu verbinden, daß daraus ein zusammenhängendes Zukunftsbild entstand, wobei ihre Deutung wohl auch aus dem eigenen Unbewußten gespeist war, das dem Ganzen erst den richtigen Dreh gab.

Schon als Kind machte sie das so geschickt, daß ein Bischof Grimaldi, ein Verwandter des monegassischen Fürstenhauses, der erst Siebenjährigen erstaunt attestierte, sie sei „übernatürlich" inspiriert.

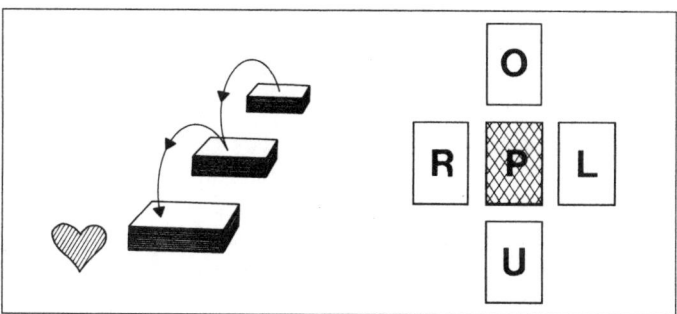

*Der Fragesteller hebt immer mit der linken Hand die Karten zweimal in Richtung auf sein Herz ab (Zeichnung links). Die Personenkarte (P) ist Ausgangspunkt fast jeder Deutung. Der Betrachter sieht rechts (R), links (L), oben (O) und unten (U) beim Kartenlegen so wie auf unserer Zeichnung rechts*

201

## Kleine Schule des Kartenlegens

Nun wollen wir Sie beileibe nicht zu einer zweiten Madame Lenormand machen. Aber mit Hilfe unserer kleinen Schule des Kartenlegens und mit Ihrer eigenen Phantasie können Sie sich und Ihren Gästen vielleicht einmal einen unterhaltsamen Abend gestalten.

Denken Sie aber daran, daß Sie Ihre neuerworbenen Kenntnisse nicht mit tierischem Ernst vortragen, denn manch einer, dem Sie die Karten legen, ist beeinflußbar und könnte sich vielleicht zu Herzen nehmen, was Sie ihm an schlimmer Zukunft aus den Karten gedeutet haben.

*Mit Vergnügen ein wenig das Schicksal belauschen*

Lassen Sie Ihre Phantasie spielen, machen Sie sich und anderen das Vergnügen, ein wenig das Schicksal zu belauschen, aber pfuschen Sie ihm nicht ins Handwerk.

Früher wurden meist 52 Karten ausgelegt, aber diese Methode ist nicht mehr gebräuchlich.

Heute nimmt der Kartomant stattdessen das sogenannte Skatblatt, 32 Karten mit französischem Bild, dessen Farben Karo, Herz, Kreuz und Pik sind und das auch wir beim Kartenlegen benützen wollen.

Doch gehen wir Punkt für Punkt der Reihe nach vor.

1. Zunächst bestimmen wir die Personenkarte, die ja nach Geschlecht und Familienstand des Fragestellers ausgesucht wird. Die Bedeutung dieser Karte ist bei vielen Kartomanten unterschiedlich, um Sie aber nicht zu verwirren, wollen wir uns so festlegen:

*Beim Rechteck im Auslegeschema mit 32 Karten werden zunächst die der Personenkarte am nächsten liegenden Karten gedeutet*

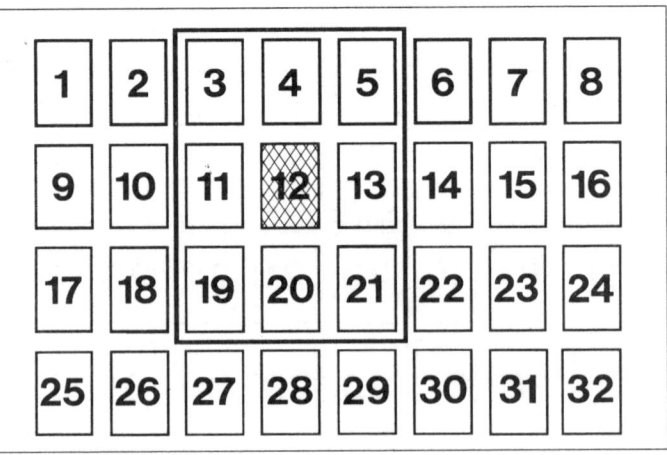

| | | |
|---|---|---|
| *Karo-König* | = | unverheirateter (auch geschiedener) Mann |
| *Herz-König* | = | verheirateter Mann |
| *Kreuz-König* | = | Witwer oder älterer Mann |
| *Karo-Dame* | = | unverheiratete (auch geschiedene) Frau |
| *Herz-Dame* | = | verheiratete Frau |
| *Kreuz-Dame* | = | Witwe oder ältere Frau |

2. Wir lassen den Fragesteller oder die Fragestellerin die Karten gründlich mischen und dann zweimal mit der linken Hand in Richtung auf das Herz abheben (wie wir sehen, geht es auch bei dieser alten Wahrsagemethode nicht ganz ohne feierliches Ritual ab).

3. Nun drehen wir die drei Talons, das sind die Päckchen, die beim Abheben liegenbleiben, um, so daß jeweils die unterste Karte zu sehen ist. Diese drei Karten sind die sogenannten Schlüsselkarten, die zunächst auszudeuten sind. Die mittlere Karte steht dabei für die Gegenwart, die am weitesten vom Fragesteller oder der Fragestellerin entfernte Karte für die Zukunft und schließlich die ihm am nächsten liegende für die Vergangenheit.

4. Nach der Auswertung der Schlüsselkarten, die gewissermaßen einen ersten Überblick geben soll, werden die drei Talons wieder zu einem einzigen Kartenhaufen vereint. Dann legt man sämtliche Karten nacheinander, also in der Reihenfolge, wie sie nun in dem einen Kartenpäckchen liegen, zu je acht Stück in vier Reihen offen aus.

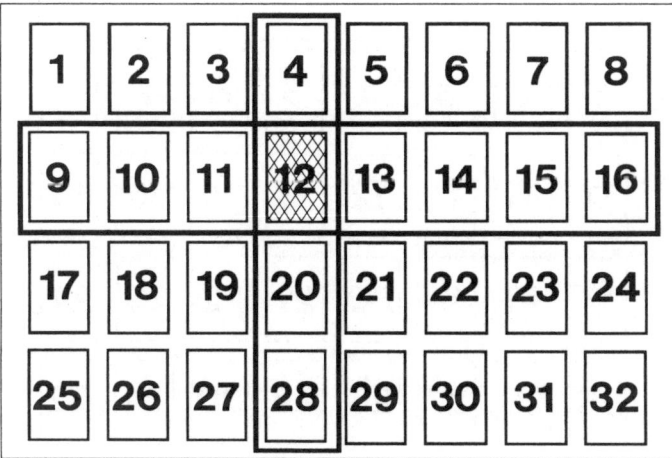

203

5. Danach kann die Ausdeutung der aufgelegten Karten beginnen, wobei der Kartomant sich zunächst einen Gesamtüberblick über das Ausgelegte verschafft, ob also die Vorhersage
Schlechtes oder Gutes beinhalten wird. Dieses stumme Sich-
vertiefen in die Karten wird von vielen Kartenlegern um eini-

*Auch die
durch die
Personenkarte
verlaufenden
Diagonalen
des Lege-
schemas sind
für eine genaue
Deutung der
Karten wichtig*

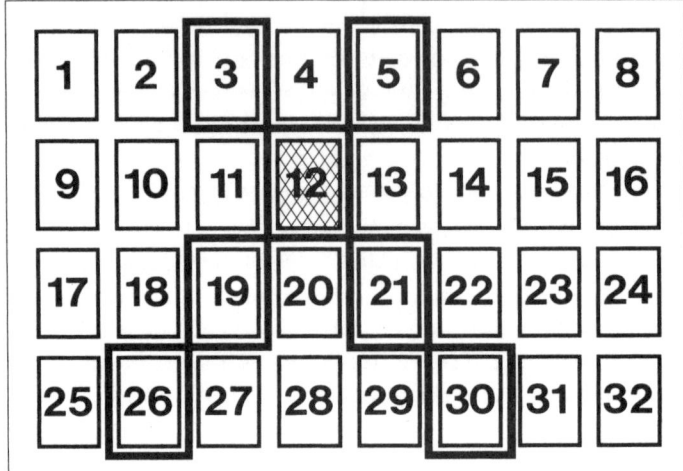

ges überzogen, um die Spannung beim Fragesteller oder bei
den eventuell Zuschauenden zu erhöhen. Erst dann beginnt
er von der Personenkarte aus mit der Deutung der vor ihm
liegenden Karten.

## Die Technik des Kartomanten

Es sei vermerkt, daß wir im Anschluß an die „technischen" Hinweise auf das Kartenlegen eine ausführliche Beschreibung über
die Bedeutung der Karten bringen, wie sie international am meisten gebräuchlich ist.

Hier nun also zunächst das „Technische":

Wie gesagt, beginnen wir bei unserer Deutung mit der Personenkarte.

● Alles, was rechts von dieser Karte liegt, gilt als Vergangenheit,
was links davon liegt, als Zukunft des Fragestellers. Dabei sollten wir berücksichtigen, daß „rechts" und „links" nicht vom
Betrachter aus zu sehen ist, sondern von der Personenkarte
aus.

- Wenn die Personenkarte als eine der ersten Karten ausgelegt wird, so gilt das im allgemeinen als ein sehr günstiges Zeichen. Viele Zigeunerinnen schließen in diesem Fall auf ein langes Leben des sie Konsultierenden. Liegt die Personenkarte aber am äußersten Rand des Geschehens, so deutet das auf eine Ortsveränderung des Fragestellers hin. Sagen dabei die die Personenkarte umgebenden Blätter Schlechtes aus, so muß das für den Fragenden sehr negativ gedeutet werden. Im allgemeinen lassen geübte Kartomanten in diesem Fall die Karten noch einmal in der angegebenen Weise mischen und legen sie erneut aus.

- Zunächst werden die der Personenkarte am nächsten liegenden Blätter gedeutet und in Zusammenhang mit jener gebracht. Das sind die Karten, die in einem Rechteck um die Personenkarte herum liegen.

- Dann werden die in der Waagerechten und Senkrechten (mit Schnittpunkt Personenkarte) liegenden Karten miteinander in Verbindung gebracht, wobei man wieder von der Personenkarte ausgeht. Kartomanten nennen diese Deutungsart „das Kreuz".

- Schließlich ist für die Deutung die Diagonale (mit Schnittpunkt Personenkarte) wichtig, bei der ebenfalls von der Personenkarte ausgegangen wird.

*Erst Rechteck, dann Kreuz und die Diagonale*

## Diagnose mit 32 Karten

Bei diesen drei Deutungsarten lassen es die meisten Kartenleger bewenden, zumal sie ja bereits vor Beginn ihrer Erläuterungen für den Fragesteller das Gesamtbild diagnostiziert haben. Sie werden diesen ersten Eindruck dem Fragenden wohl als Abschluß der Sitzung zusammenfassend kurz vermitteln, um das Bild abzurunden.

Dabei gehen Sie vielleicht von der Personenkarte zunächst nach rechts die Reihe durch, in der die Personenkarte liegt, darauf die nächsten Reihen bis zur letzten ausgelegten Karte und beginnen dann bei der ersten ausgelegten Karte, bis sie wieder bei der Personenkarte angelangt sind.

Wie gesagt: Viele Kartenleger verzichten auf diese Zusammenfassung, da mit Rechteck, Kreuz und Diagonalen (siehe unsere Zeichnungen) das Wichtigste bereits gedeutet wurde.

- Natürlich dürfen auch Rechteck, Kreuz und Diagonalen mit anderen Karten gebildet werden, die den Fragesteller besonders interessieren. Wenn seine Personenkarte der Herz-König, er also ein verheirateter Mann ist, wird er wissen wollen, ob die Karten der Herz-Dame, seiner Ehefrau, Günstiges aussagt.
- Wir haben bereits erklärt, wo Vergangenheit und Zukunft von der Personenkarte aus liegen. Was aber ist mit oben und unten?
- Über der Personenkarte: Personen, Dinge und Ereignisse, von denen der Fragende beherrscht wird.
- Unter der Personenkarte: Personen, Dinge und Ereignisse, die vom Fragesteller beherrscht werden.

### Die Lage der Personenkarte

Je weiter eine Karte von der Personenkarte entfernt liegt, desto weiter ist auch das entfernt, was ausgesagt wird. Je näher eine Karte an der Personenkarte liegt, desto näher ist auch das, was aus den betreffenden Karten herausgelesen werden kann. Dabei kommt es immer zunächst auf die Lage der Personenkarte an, wobei es wichtig ist, daß genügend Karten rechts und links von der Personenkarte liegen, da sonst die Ausdeutung schwer ist.

Deshalb werfen viele Kartomanten, wenn die wichtige Personenkarte zum Beispiel am Rand des ausgelegten Kartenfeldes liegen sollte, die Karten wieder zusammen und lassen neu mischen und in der beschriebenen Weise abheben, damit sich das Bild von Vergangenheit und Zukunft deutlicher abzeichnet.

*Bei dem Kreuzschema mit neun Karten erklären die Karten 1 bis 4 die nähere, die Karten 5 bis 8 die fernere Zukunft*

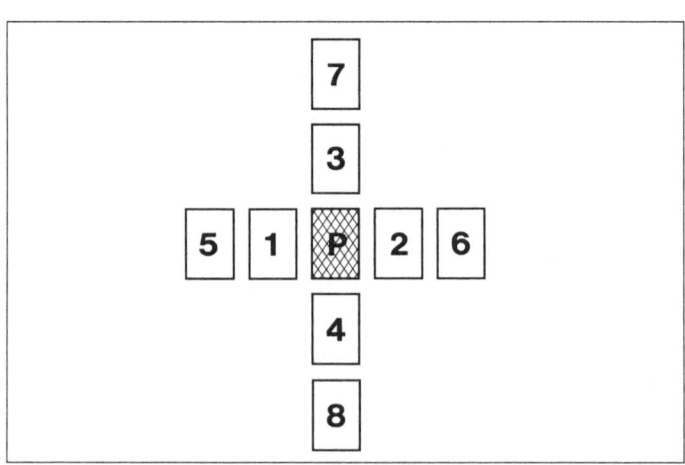

- Karten, die einen Weg („Reise") beschreiben, sind nicht nur räumlich, sondern auch zeitlich zu sehen. Eine „große Reise« bedeutet also auch eine große Zeitspanne, eine „kleine Reise" dementsprechend eine kurze Zeitdauer.

## Bedeckte Karten

Viele Kartenleger bedecken nach dem Generalüberblick, den sie durch Rechteck, Kreuz und Diagonalen und durch die Zusammenfassung bekommen haben, einzelne Karten, die sie dann in Beziehung zueinander bringen. Das geschieht auf unterschiedliche Art und Weise:

- Man nimmt zum Beispiel die letzte Reihe der gelegten Karten (25–32) auf, mischt sie gründlich und bedeckt mit den Karten acht für die Deutung wichtig erscheinende Karten der verbliebenen drei Reihen.

- Oder man deckt mit Karte 32 die Karte 1, mit 31 die 2 und so weiter und deutet die Kartenpaare einzeln (wie man diese Zweierkombinationen deutet, wird später ausführlich in diesem Kapitel erklärt).

*Einzelne Kartenpaare werden gedeutet*

- Man kann aber auch alle Karten noch einmal gründlich mischen, 16 Karten verdeckt auflegen und offen darüber die 16 anderen Karten auslegen. Dabei wird ebenfalls über die jeweils zusammenliegenden Karten einzeln ausgesagt.

## Das Kreuz-Schema

Alle Systeme hier aufzuführen würde den Rahmen dieser kleinen Schule des Kartenlegens sprengen; denn es gibt so viele davon, daß sie in mehreren dicken Bänden zusammengefaßt werden müßten. Wir haben hier wie beim Tarot im 20. Kapitel nur die notwendigsten genannt. Wir wollen aber auch noch ein paar Zeilen über das Legen mit beschränkter Kartenzahl anfügen. Dabei wird die Personenkarte immer zuerst auf den Tisch gelegt, dann werden die Karten gemischt und entsprechend unserer Zeichnung auf den Tisch gelegt:

- Mit acht Blatt wird ein Kreuz ausgelegt (die Reihenfolge der Karten ist aus der Numerierung auf unserer Zeichnung zu ersehen). Dabei werden zunächst die Karten 1 bis 4 und danach erst die Karten 5 bis 8 gedeutet.

## Das Sieben-Karten-Orakel

Eine andere Variante ist das Auslegen von sieben Karten. Dabei wird die Personenkarte ebenfalls auf den Tisch gelegt, die übrigen Karten werden gemischt und in der beschriebenen Weise abgehoben, wobei der mittlere Talon, das mittlere Kartenpäckchen also, auf den zuerst abgehobenen kommt, so daß sich unten der zuletzt abgehobene, dem Herzen der Fragestellerin oder des Fragestellers am nächsten liegende Talon befindet. Dann legen wir die sechs Karten nach diesem Schema auf:

*Persönliche Anliegen im Orakelspruch*

- Die erste Karte auf die Personenkarte („für mich"). Sie beinhaltet das persönliche Anliegen der Person, die in diesem Orakel die Fragen stellt;
- die zweite Karte bezieht sich auf die Familie, also den ganz persönlichen Umkreis der Fragenden („fürs Haus");
- die dritte Karte deutet Wünsche und Hoffnungen der Fragestellerin oder des Fragestellers („was mich deckt");
- die vierte Karte erläutert Befürchtungen des Fragenden, also das, was er nicht erwartet („was mich schreckt");
- die fünfte Karte sagt Ereignisse, die man nicht selbst beeinflussen kann, für die fragende Person voraus („was mir bestimmt ist");
- die sechste Karte ergibt schließlich das, was die Zukunft parat hat („was mir nicht entgeht").

Sollte eine der Antworten nicht zur Fragestellung passen, kann man eine oder zwei weitere Karten bei der bestimmten Frage auflegen und von diesen die endgültige Antwort auf das Orakel bekommen.

Obwohl es noch Dutzende andere Legeschemen in der Kartomantie gibt, haben wir hier lediglich die gebräuchlichsten herausgesucht, um Sie mit der Technik des Kartenlegens bekannt zu machen.

Bewußt lassen wir Ihnen genügend Spielraum für weitere Spielchen mit dem Schicksal, das aus den Karten spricht. Mit anderen Worten: Ihrer Intuition sind beim Kartenlegen keine Grenzen gesetzt.

Nun aber kommen wir zu der Deutung der einzelnen Karten im 32 Blatt umfassenden Spiel und lernen anschließend, wie man sämtliche Einzelaussagen in ein großes Gesamtbild einbringt, sie also miteinander kombiniert, um so zu einer umfassenden Deutung zu kommen.

### Die Bedeutung einzelner Karten

Wir wollen nun die einzelnen Kartenwerte erklären, wobei wir uns im klaren darüber sind, daß einige Kartomanten für die eine oder andere Karte eine von unserer Aufstellung etwas abweichende Deutung geben könnten. Übrigens haben wir das Kartenspiel mit dem sogenannten französischen Bild genommen, da sich hier für einzelne Werte eine doppelte Bedeutung ergibt. Bei manchen dieser Karten gleicht der obere Teil nicht dem unteren, wie beispielsweise die Sieben, die oben fünf und unten nur zwei Zeichen hat.

*Einzelne Werte haben doppelte Bedeutung*

Über die Bedeutung der Persönlichkeitskarte haben wir schon geschrieben. In nachstehender Aufstellung haben wir diese Karten nur nach dem gedeutet, was sie aussagen, wenn ein anderes Blatt die Persönlichkeitskarte ist. Beginnen wir mit Karo.

### Karo sagt über die Finanzen aus

Im allgemeinen weist die Kartenfarbe Karo (oder Eckstein) auf Finanzielles, aber auch auf Glück im persönlichen Bereich hin. Wenn einige Karokarten beieinanderstehen, kann der Kartomant seinen „Kunden" getrost auf viel Geld hinweisen, das gewonnen werden kann. Und das sind die Bedeutungen der einzelnen Karo-Werte:

**Karo-Sieben:** Richtig (fünf Karos im oberen Teil): Veränderung im günstigen Sinn, wie Vermögensgewinn, der einen größeren Hausstand oder eine bessere Stellung ermöglicht; auch: Unruhe, die durch Reisen oder Einladungen hervorgerufen wird. Man sehnt sich weg aus dem lauten Großstadtleben und hofft, in ländlicher Stille glücklich zu werden. Bei entsprechenden anderen Karten kann auch eine große Liebe in Erfüllung gehen.

*Auch die Liebe kann in Erfüllung gehen*

Verkehrt (zwei Karos im oberen Teil): Verluste, die zu gewissen Einschränkungen führen könnten; auch: ein etwas unbeständiger Lebenswandel.

**Karo-Acht:** Ein wenig Geld oder ein kleines Geschenk, finanziell gesehen also nicht allzu hohe Einnahmen, die aber Freude machen; im übertragenen Sinn kann es sich auch um eine günstige Nachricht oder eine Unterredung handeln, die möglicherweise im Berufsleben eine positive Veränderung bewirken kann.

**Karo-Neun:** Geschäftlicher Zugewinn oder materielle Vorteile, bei denen es sich um kleinere Geldsummen handeln könnte; auf jeden Fall wird es sich um Überraschendes drehen (etwa eine kleine, aber erfreuliche Reise mit einer guten Freundin oder einem guten Freund).

*Materielle
Vorteile durch
Karo-Zehn*

**Karo-Zehn:** Sie deutet in den meisten Fällen auf große materielle Vorteile oder auch größere Geschäftsgewinne hin. Man kann sogar von einem gewissen Reichtum durch einen Lotto- oder Lotteriegewinn sprechen; oder es kommt Vermögen durch einen reichen Partner, vielleicht auch durch eine Erbschaft herein. Viel Geld kann im Spiel sein, im übertragenen Sinn aber ebenso das große Glück, das eine Freundschaft oder ein freudiges Ereignis schenkt. Wenn dazu noch die entsprechenden Nebenkarten kommen, kann es sich auch um eine große und sehr erlebnisreiche Reise handeln.

**Karo-Bube:** Glücksbote, der im günstigen Fall auf eine gute Anstellung oder auf Chancen im Glücksspiel hinweist; auch: die Gedanken dessen, dem man die Karten legt. Im ungünstigen Fall, wenn andere Karten Negatives aussagen, eine überaus selbstsüchtige Person, vor der man sich auf jeden Fall hüten sollte.

**Karo-Dame:** Freundin, Schwester, Braut oder Geliebte; symbolisiert jedoch ebenso eine unverheiratete Frau, der man die Karten legt. Die Karo-Dame gilt als die Karte der Hoffnung im Hinblick auf eine günstige Wendung des Schicksals; das kann für Männer eine Besserstellung durch die Bekanntschaft mit einer betuchten, auf jeden Fall angesehenen Dame bedeuten, für Frau wie Mann aber auch eine gute Freundin, die einen günstigen Einfluß ausübt.

*Karo-König
kann gute
Dienste
leisten*

**Karo-König:** Freund, Bruder, Bräutigam oder Geliebter; symbolisiert im allgemeinen den unverheirateten Mann, dem man die Karten legt, sonst aber einen ledigen Mann aus der Nachbarschaft oder einen Herrn, der gute Dienste leisten kann. Manchmal ist es ein Geschäftspartner oder jemand, der für Fortschritte im Beruf sorgen wird.

**Karo-As:** Schriftstück oder Botschaft, wobei es sich ebenso um einen Liebesbrief oder eine geschäftliche Mitteilung handeln kann. Ob es sich um eine gute oder schlechtere Nachricht dreht, entscheiden immer die Karten, die neben dem Karo-As liegen. In einigen Fällen ist das Glück im Spiel oder ein materieller Zugewinn gemeint, der aber sich bald schon in ein Nichts auflösen könnte.

## Herz verspricht oft Glück in der Liebe

Meist bedeutet die Kartenfarbe Herz Angenehmes. Im allgemeinen wird sich alles zum Guten wenden, wenn gleich mehrere Herz- oder doch zumindest rote Karten in unmittelbarer Nachbarschaft zur Personenkarte liegen. Das Glück, vor allem in der Liebe, ist dann dem sicher, dem man die Karten legt.

**Herz-Sieben:** Richtig (wenn die meisten Herzspitzen nach unten zeigen): Herzenskarte, die Freude bringt. Sie deutet auf ein glückliches Gelingen und stets auf Erfreuliches in der Liebe oder in der Familie hin. In einigen Fällen ist von heimlicher Liebe die Rede, wenn nämlich die Herz-Sieben neben oder unterhalb der Personenkarte liegt.

*Herz-Sieben bringt immer viel Freude*

Verkehrt: Geheimnis anderer Menschen, hinter das man mit Hilfe der Nachbarkarten gelangen kann. Vielfach deutet die Karte auch auf Zufälle hin, die einem das Leben beschert. Liegt diese Karte direkt angrenzend unter der Personenkarte, kann Untreue in der Partnerschaft im Spiel sein.

**Herz-Acht:** Richtig (die meisten Herzspitzen nach unten): Der engumgrenzte Lebensraum, in dem man glücklich ist. Oft steht ein gutes Ereignis bevor oder ein baldiges, freudiges Wiedersehen. Auf jeden Fall handelt es sich um gute Gedanken und um viel Zuneigung im zwischenmenschlichen Bereich. Herz-Acht soll bei Krankheiten gute Besserung versprechen.

Verkehrt: Baldiger Wechsel zu dem, was Nachbarkarten aussagen. Manchmal kann sich auch die Zuneigung des oder der Herzallerliebsten einem anderen Menschen zuwenden, oder sie wird von einer gewissen Gleichgültigkeit abgelöst. Die Karte warnt hier und da, man solle besser auf seine Gesundheit achten.

**Herz-Neun:** Richtig: Wunscherfüllung, Glück in der Liebe, überschwengliche Freude; auch: die sichere Gewißheit, daß man vom Wunschpartner geliebt wird. Man gerät in eine günstige Lebensphase.

*Herz-Neun deutet auf Wunscherfüllung hin*

Verkehrt: Unsicheres Glück; auch: Kindstaufe (bei der es ja noch ungewiß ist, wie sich das Kind entwickeln wird).

**Herz-Zehn:** Hochzeitskarte, die Unverheirateten eine Heirat in Aussicht stellt. Sie deutet immer auf großes Glück in Ehe und Partnerschaft und allgemein auf viel Freude hin, kündigt manchmal auch die Ankunft eines geliebten Menschen an. Im übertragenen Sinn läßt sie gute Nachrichten erwarten, die in einigen Fällen auf die baldige Lösung eines Problems hinweisen können.

**Herz-Bube:** Treuekarte, die jedoch ebenso einen treuen Mann aus der eigenen Umgebung versinnbildlicht. Sie deutet meist auf Hilfe hin, die der fragenden Person gewährt wird, oder auf eine Wunscherfüllung. Nebenbei kann Herz-Bube über die guten Gedanken dessen aussagen, dem man die Karten legt.

**Herz-Dame:** Herzensdame, die in vielen Fällen die verheiratete Frau symbolisiert, der man die Karten legt. Sonst Ehefrau, Braut oder Mutter des Fragenden, andernfalls eine Frau aus der Nachbarschaft, aber immer eine gute Person.

**Herz-König:** Herzenskönig, der auch den verheirateten Mann symbolisiert, dem man die Karten legt. Ehemann oder – bei jungen Mädchen etwa – der eigene Vater. Sonst ein sympathischer Mann, dessen Bekanntschaft Vorteile verspricht, weil er meist begütert ist. Es kann auch ein netter Mann aus der Nachbarschaft sein.

**Herz-As:** Richtig (Herzspitze zeigt nach unten): Das eigene Haus oder die eigene Familie. Dieses As deutet meist auf geordnete Verhältnisse hin, auf ein Festhalten an guten, alten Traditionen. Im übertragenen Sinn weist es auf die engere Verwandtschaft oder auf eine freudige Begegnung hin.

Verkehrt: Hier werden Veränderungen im häuslichen Umfeld, wie etwa ein Umzug, angedeutet; es kann sich aber auch um eine einschneidende schmerzliche Veränderung handeln, die aus den Nachbarkarten herauszulesen ist.

## Mit dem Kreuz hat man sein Kreuz zu tragen

Wenn Kreuzkarten gehäuft in der Nähe der Personenkarte liegen, hat die Person, der man die Karten legt, in mancher Hinsicht ihr Kreuz zu tragen. Aber manches, das eine einzelne Kreuzkarte schlecht auslegt, wird sich neben anderen, besseren Karten in Wohlgefallen auflösen.

**Kreuz-Sieben:** Richtig: (wenn die meisten Kreuze im oberen Teil stehen): Tränen, Kummer, Leid oder auch nur Unsicherheit, ein Hindernis oder die Verzögerung einer Wunschvorstellung. Diese Sieben zeigt ebenso Illusionen auf, die sich der macht, dem man die Karten legt.

Verkehrt (fünf Kreuze stehen auf dem Kopf): Fehlschlag, Feindschaft, unglückliche Liebe oder Trennung von jemandem, den man liebt. Möglicherweise auch rasende Eifersucht.

**Kreuz-Acht:** Richtig: Eine Leidenschaft, die schnell vorübergeht, hier und da Krankheit und Sorgen. Als Zeitbestimmung: eine kurze Zeitspanne unter einem Jahr (oft nur ein paar Wochen). Als Personenbestimmung: ein junges Mädchen mit dunklem Haar.

Verkehrt: Eifersuchts- und Verzögerungskarte, die auf Unglücksfälle oder Umwege, die man auf dem Lebensweg machen muß, hinweisen kann.

**Kreuz-Neun:** Richtig: Büro, Arbeitsstelle oder Amt. Sie deutet daneben auf Verluste, auf Zufälle und Veränderungen (etwa auf kleine Reisen) hin.

Verkehrt: Durch Kampf und Krampf Verzögerungen in der Weiterentwicklung, nicht allzu schnelle Überwindung von Hindernissen, die sich einem in den Weg stellen. Begründete Eifersucht macht möglicherweise das Leben zur Qual. Vorsicht vor falschen Freunden!

*Verkehrt liegende Kreuz-Neun verzögert manches*

**Kreuz-Zehn:** Karte des Ärgers, der sich besonders auf Strafsachen und Prozesse bezieht. Diese Zehn deutet auf große Reisen oder großes Geld hin, wenn die Nachbarkarten Günstiges aussagen. Als Personenkarte stellt sie einen Fremden, vielleicht einen Ausländer dar.

**Kreuz-Bube:** Amtlicher Glücksbote, der zum Beispiel eine günstige Mitteilung (des Finanzamts?) überbringt. Er deutet aber auch auf eine unerwartete Botschaft, eine gute Nachricht, hin. Mit Nachbarkarten verdeutlicht er die Aussicht auf einen Erfolg. Als Personenkarte stellt dieser Bube in einigen Fällen einen jungen Mann mit hellen Haaren dar.

**Kreuz-Dame:** Verwandte, meist Schwägerin, aber auch Witwe, die einem nahesteht, oder nicht ganz enge Freundin. Sie stellt ebenso eine vornehme Dame aus der Nachbarschaft, eine Vorgesetzte oder Lehrerin dar, oft sogar eine ältere Dame oder Frau, die stets hilfreich zur Seite steht. Es handelt sich dabei meist um eine dunkelhaarige Person. In Verbindung mit anderen Karten gilt Kreuz-Dame manchmal als Person, vor der man sich in acht nehmen muß.

**Kreuz-König:** Ein vornehmer und hochgestellter Herr aus der eigenen Umgebung, manchmal eine Amtsperson. Entweder Witwer oder Mann, der zur Kreuz-Dame gehört und der wie sie hilfreich eingreifen kann. Man sollte in bestimmten Fällen seinen Rat suchen, zumal er meist einen Beruf hat, in dem man Ratsuchenden helfen muß, also Arzt, Anwalt oder dergleichen. Es kann sich bei Kreuz-König um Vater oder Schwiegervater dessen handeln, dem man die Karten legt, jedoch auch um einen stillen Verehrer.

**Kreuz-As:** Richtig: Größeres Geschenk (etwa ein kostbarer Ring) oder eine besondere Neuigkeit wie die Bekanntgabe einer Erbschaft oder ein günstig verlaufender Prozeß. Oft auch eine Nachricht, die mit einigem Ärger verbunden ist, wenn nebenstehende Karten nicht allzu Gutes aussagen.

*Verkehrtes Kreuz-As läßt Gewinne verpulvern*

Verkehrt: In diesem Fall zeigt Kreuz-As vergängliches Glück an, wie etwa den Lottogewinn, der schnell verpulvert ist. Nur manchmal deutet dieses As auf eine Krankheit hin, wenn die Nachbarkarten Schlechtes aussagen.

## Pik – mehr negativ als positiv

Auch Pik (Schippen) ist eine Kartenfarbe, die mehr Negatives als Positives schildert. Im Fall eines Falles läßt sie aber zumindest der Hoffnung breiten Raum, daß sich manches zum Guten kehren könnte, was in einigen Pikkarten recht düster ausgemalt wird.

**Pik-Sieben:** Richtig (die meisten Pik im oberen Teil): Verlust, Streit, Fehlschlag, Ärger sind die Attribute dieser Sieben. Wenn sie aber entsprechende Nachbarkarten hat, kann sie auch auf zärtliche Gefühle hinweisen. Liegt sie über oder unter einer jüngeren Person, der man die Karten legt, läßt das hier und da auf Familiennachwuchs oder eine fröhliche Erwartung schließen.

Verkehrt: Ungünstiger Ausgang dessen, was die Nachbarkarten aussagen. Umschreibt manchmal unglückliche Liebe.

**Pik-Acht:** Richtig: Diese Karte bringt ebenfalls Ärger. Sie bedeutet Mißgunst, Eifersucht, Krankheit, Hindernisse, auch schwere Arbeit. Als Zeitbegriff steht sie für die Abendstunde.

Verkehrt: Eine Hoffnung wird getäuscht. Heimweh oder Traurigkeit herrschen vor.

**Pik-Neun:** Schwere Unannehmlichkeiten oder Krankheit sind angesagt, wenn die Nebenkarten Schlimmes befürchten lassen, ebenso Vermögensverluste.

Verkehrt: Ein Schicksalsschlag ist angesagt, auf jeden Fall ist Gefahr im Verzuge. Der Weg an ein bestimmtes Ziel ist beschwerlich und sehr risikoreich. Die Falschheit triumphiert.

**Pik-Zehn:** Existenzkarte, die sich aus den Nachbarkarten im guten wie im schlechten Sinn deuten läßt. Sie sagt vor allem über den Beruf und Existenzmöglichkeiten aus, steht aber ebenso für eine glückliche Reise und für die Klugheit dessen, dem man die Karten legt. Des öfteren hebt sie die gute Vorbedeutung anderer Karten auf. Ihre Zeit ist die Nacht, die von ihr beschriebene Zeitdauer meistens länger als ein Jahr.

*Pik-Zehn ist die Existenzkarte in der Kartomantie*

**Pik-Bube:** Ein schlimmer Schlingel, der Fehlschläge und Intrigen ankündigt, der als Freund und Liebhaber meist das sogenannte schmutzige Verhältnis darstellt. Diese Karte steht aber auch für Falschheit und Unaufrichtigkeit, was jedoch nicht damit zusammenhängt, daß sie ebenfalls eine Gerichtsperson, etwa einen Gerichtsvollzieher, darstellen kann.

**Pik-Dame:** Auch sie ist eine unangenehme Person, eine richtige Klatschbase aus der eigenen Umgebung oder eine ältere Frau mit nicht allzu gutem Charakter. Die Pik-Dame kann die Schwiegermutter darstellen, die ja von vielen Eheleuten als die „böse" eingestuft wird; böse ist sie jedoch nur, wenn das auch die Nachbarkarten aussagen.

**Pik-König:** Ein älterer Herr, vor dem man sich hüten muß. Oft ist er der Anwalt der Gegenpartei. Es kann auch der eigene Vater oder Schwiegervater gemeint sein. Auf jeden Fall ist er ein kluger Herr. Als Nebenbuhler tritt er manchmal ins Kartenbild des Mannes, dem man die Karten legt.

**Pik-As:** Richtig: Unheil, Schreck, Schande, Ärger bringt diese Karte, weshalb sie wohl auch den Gerichtsvollzieher darstellen kann. Im günstigen Fall sorgt sie freilich für die alles überwindende Gerechtigkeit.

Verkehrt: Verlust, Überfall, Raub und Diebstahl sind möglich, auf jeden Fall aber eine kleine oder größere Enttäuschung.

\*

Das waren also die Bedeutungen der einzelnen französischen Spielkarten, die freilich beim Kartenlegen kombiniert werden müssen mit den Bedeutungen der Karten, die in unmittelbarer Nachbarschaft ausgelegt sind. Bei diesen Kombinationen kann sich oft etwas ganz Konträres herausstellen, Gutes in Böses und Böses in Gutes verkehrt werden. Manchmal wird man die Wirkung abschwächen, ein anderes Mal verstärken müssen. Dabei kommt es, wie schon gesagt, ganz auf den Einfallsreichtum des Kartenlegers an.

*Jetzt geht es ans Kombinieren!*

## Zweierkombinationen

Wir wollen den Versuch unternehmen, einmal alle möglichen Kartenkombinationen auszulegen, wobei wir aufzeigen wollen, wieviel Spielraum einem Kartomanten in der Beurteilung der Karten bleibt. Dabei wollen wir zunächst Zweierkombinationen aufs Korn nehmen (bei dem Hinweis „beide Karten verkehrt" sind zwei oder eine verkehrt liegende Karte gemeint).

*Nützlicher Hinweis für die Neulinge beim Kartenlegen*

Sollten Sie gerade erst anhand dieses Buches das Kartenlegen erlernen wollen, müssen Sie bei der Benutzung unserer nachstehenden Aufstellung berücksichtigen, daß Zweierkombinationen, die nicht unter ihrer Farbe zu finden sind, bereits vorher unter einer anderen Farbe aufgeführt wurden.

Da wir mit Karo beginnen, haben wir dort alle Kombinationen der einzelnen Karo-Karten mit den Karten von Karo, Herz, Kreuz und Pik genannt. Unter Herz finden Sie solche mit Herz, Kreuz und Pik, unter Kreuz Kombinationen mit Kreuz und Pik und unter Pik nur noch die möglichen Kombinationen mit Pik-Karten, da jene mit Karo, Herz und Kreuz schon unter diesen Farben aufgeführt wurden. Hier also die Aufstellung:

## Kombinationen der Karo-Sieben

…**mit Karo-Acht:** Man spricht über Sie, weil Sie es vielleicht zu mehr gebracht haben als andere. Da der Neid manchmal seltsame Blüten treibt, könnten Sie, negativ gesehen, zum Klatschobjekt Ihrer Umgebung werden. Liegt Karo-Sieben verkehrt, kann ein möglicher Verlust ausgeglichen werden.

…**mit Karo-Neun:** Ein finanzieller Gewinn, der allerdings nicht allzugroß sein dürfte, kann mögliche Schulden abdecken. Reisepläne sollten nicht am Geld scheitern. Karo-Sieben verkehrt: Kein finanzieller Erfolg möglich.

…**mit Karo-Zehn:** Ein Geldgewinn, der von allen Sorgen befreit, steht ins Haus. Karo-Sieben verkehrt: Ihr Einsatz lohnt sich nicht.

…**mit Karo-Bube:** Ein Mensch, den man irgendwie übergangen hat, ist deswegen beleidigt und versucht, Ihnen eins auszuwischen. Im günstigen Fall wird ein Spiel gewagt, das man gewinnt. Karo-Sieben verkehrt: Ein Egoist spielt Ihnen einen Streich.

…**mit Karo-Dame:** Eine Dame läuft Ihnen über den Weg, die sehr eitel ist und sich auf ihr feudales Zuhause etwas einbildet. Das Glück kann sich zu Ihren Gunsten wenden. Karo-Sieben verkehrt: Eine Freundin klatscht über Sie.

... **mit Karo-König:** Sie werden eine Reise zu zweit machen, auf *Reise zu zweit* der es zu einigen Abenteuern kommen kann und deren *mit einigen* Ausgang daher im Nebelhaften liegt. Vielleicht haben Sie auch *Abenteuern* jemanden, der Sie fördert. Karo-Sieben verkehrt: Falls Sie ausflippen sollten, bringt Sie jemand zur Räson.

... **mit Karo-As:** Sie werden sich, nachdem Sie einen Brief oder eine bestimmte Nachricht erhalten haben, möglicherweise verändern. Sollte es sich um einen Liebesbrief handeln, kann das auch eine Veränderung des Hausstandes bedeuten. Karo-Sieben verkehrt: Ein Brief enttäuscht Sie.

... **mit Herz-Sieben:** Nachwuchs ist im Haus zu erwarten – wahrscheinlich ein Junge. Oder vielleicht kommt dieser Junge auch nur zu Besuch? Beide Karten verkehrt: Sie können ein Geheimnis nicht für sich behalten.

... **mit Herz-Acht:** Man unternimmt eine Reise, um einen lieben Menschen wiederzusehen. Liegen beide Karten verkehrt, deutet das auf Verluste hin, die man verschweigen sollte.

... **mit Herz-Neun:** Ein Wunsch geht in Erfüllung, der mit einer Ortsveränderung in Zusammenhang steht. Beide Karten verkehrt: Unsichere Zukunft für ein Leben zu zweit.

... **mit Herz-Zehn:** Eine glückhafte Veränderung wird bald eintreten, bei Ungebundenen ist wohl eine Heirat möglich. Karo-Sieben verkehrt: Mühsame Lösung eines Problems.

... **mit Herz-Bube:** Sie lernen einen netten Menschen kennen. Vielleicht kommt aber auch nur eine gute Nachricht ins Haus, die mit einer Reise in Verbindung steht. Karo-Sieben verkehrt: Hilfe ist da, um eventuelle Verluste auszugleichen.

... **mit Herz-Dame:** Ihre Herzensdame spielt für Sie Frau Fortuna *Die* (bei männlichen Fragestellern). Fortuna schüttet ihr Füllhorn *Herzensdame* aus, Geld geht ein (bei weiblichen, aber auch bei männlichen *spielt Frau* Fragestellern, die nicht gebunden sind). Liegt Karo-Sieben ver- *Fortuna* kehrt, ist der Geldeingang eher schleppend.

... **mit Herz-König:** Eine Veränderung in einer Herzensangelegenheit kann das ganze bisherige Leben umkrempeln. Bei Ehefrauen oder verliebten Damen: stilles Glück zu zweit. Verluste sind selbst bei einer verkehrt liegenden Karo-Sieben kaum zu erwarten.

... **mit Herz-As:** Im eigenen Heim oder in der eigenen Familie wird sich in kurzer Zeit allerlei verändern. Stehen beide Karten auf dem Kopf, kann die Veränderung einiges Geld kosten; vielleicht bedeutet das aber auch nur eine Absage an sogenannte liebe Gewohnheiten.

…mit **Kreuz-Sieben:** Eine Veränderung in den Lebensgewohnheiten, die viel Kummer und Sorgen mit sich bringen kann. Beide Karten verkehrt: Bei verheirateten Leuten deutet das auf eine Trennung hin; weitere Karten können dann darüber aussagen, ob diese Trennung für immer ist.

*Unbeständiger Lebenswandel durch verkehrt liegende Karten*

…mit **Kreuz-Acht:** Sie werden über kurz oder lang wohl verreisen, bestimmt aber Abschied nehmen müssen. Beide Karten verkehrt: Unbeständiger Lebenswandel, Verzögerungen bei der beruflichen Karriere.

…mit **Kreuz-Neun:** Da Sie sich eventuell falsch verhalten haben, sollten Sie Mitmenschen gegenüber vorsichtig sein. Beide Karten verkehrt: Sie kommen nur nach verlustreichem Kampf auf einen grünen Zweig.

…mit **Kreuz-Zehn:** Nach einigem Ärger erhalten Sie von einer Amtsstelle Geld zurück oder einen günstigen Bescheid. Liegt Karo-Sieben verkehrt, sorgt ein Fremder für Verluste, die Sie wohl oder übel zum Sparen zwingen.

…mit **Kreuz-Bube:** Sie werden auf Reisen Erfolg haben, aber auch ein unruhiges Leben führen müssen. Karo-Sieben verkehrt: Eine ungünstige Nachricht von einer Behörde (Finanzamt?) steht ins Haus. Behalten Sie kühlen Kopf!

…mit **Kreuz-Dame:** Eine Frau hilft Ihnen, einschneidende Veränderungen in Ihrer Lebensführung zu treffen. Karo-Sieben verkehrt: Eine anspruchsvolle Freundin verlangt zuviel.

…mit **Kreuz-König:** Sie können damit rechnen, daß Sie Ihr Chef (oder eine einflußreiche Persönlichkeit) bei einem beruflichen Unternehmen tatkräftig unterstützen wird. Karo-Sieben verkehrt: Bei Damen bedeutet das, daß ein stiller Verehrer viel Unruhe ins Leben bringt; bei Männern ist dann vielleicht ein Nebenbuhler am Werk.

…mit **Kreuz-As:** Eine Erbschaft oder ein Vermögenszuwachs ist fällig; er müßte aber erst vor Gericht erkämpft werden. Beide Karten verkehrt: Sie versuchen manchmal, das Geld regelrecht aus dem Fenster zu werfen.

…mit **Pik-Sieben:** Sie werden Ihr Heim verlassen wegen einer Krankheit oder einer anderen unliebsamen Geschichte. Beide Karten verkehrt: Unglückliche Liebe oder Probleme, die sich nicht so leicht lösen lassen.

... **mit Pik-Acht:** Sie werden erst sehr spät dazu kommen, sich ein gemütliches Heim einzurichten. Wenn Sie aber eines besitzen, könnten Sie Gefahr laufen, es wieder zu verlieren, wenn beide Karten verkehrt liegen.

*Hier dreht es sich um das gemütliche Heim*

... **mit Pik-Neun:** Sie machen sich Sorgen um Ihr Vermögen oder um Ihr Einkommen. Das kann auch eine fixe Idee sein. Beide Karten verkehrt: Sie gehen zu große Risiken ein und programmieren dadurch im voraus Verluste.

... **mit Pik-Zehn:** Eine einschneidende Veränderung ist möglich. Sie könnte auch in Zusammenhang mit einem Trauerfall stehen, wenn Karo-Sieben verkehrt liegt; auf jeden Fall scheint Ihre Existenz auf wackeligen Beinen zu stehen.

... **mit Pik-Bube:** Jemand kündigt Ihnen seine Freundschaft auf; eventuell brechen Sie auch selbst mit jemandem, den Sie bisher für Ihren Freund gehalten haben. Karo-Sieben verkehrt: Eine Trennung kostet viel Geld.

... **mit Pik-Dame:** Hüten Sie sich vor einer Frau, die Ihnen nichts Gutes wünscht. Sie sollten ihr auf jeden Fall einige Zeit aus dem Wege gehen. Liegt Karo-Sieben verkehrt, haben Sie im familiären Umkreis Schwierigkeiten mit einer Verwandten, mit der Sie sonst recht gut konnten.

... **mit Pik-König:** Ein Herr hilft Ihnen auf die Sprünge, aber Sie werden erst sehr spät merken, daß damit eine Veränderung in Ihrem eigenen Heim vorbereitet wird. Karo-Sieben verkehrt: Ein gefährlicher Gegner wird Ihnen (vor Gericht?) hart zusetzen.

... **mit Pik-As:** Sie haben ein erschreckendes Erlebnis, das Sie völlig durcheinanderbringen kann. Pik-As verkehrt: Es kann sich um eine Erbschaft handeln, der ein trauriger Anlaß vorausgeht. Karo-Sieben verkehrt: Erwartungen in finanzieller Hinsicht werden getäuscht.

*Bei Pik-As und Karo-Sieben ist Finanzielles im Spiel*

### Kombinationen der Karo-Acht

... **mit Karo-Neun:** Sie werden eine Reise unternehmen, die Ihnen auch einen geschäftlichen Zugewinn bringen kann.

... **mit Karo-Zehn:** Jetzt ist die Reise schon erheblich größer, führt Sie möglicherweise sogar ins Ausland. Die Eindrücke, die Sie mitbringen werden, sind unvergeßlich.

... **mit Karo-Bube:** Sie scheinen an einen Verschwender geraten zu sein. Oder sind Sie das selber? Vielleicht steht auch der Geldbote vor der Tür und bringt überraschend klingende Münze.

… **mit Karo-Dame:** Die Dame, mit der Sie es hier zu tun haben, scheint sehr viel von kleinen, aber teuren Geschenken zu halten – Vorsicht, daß Sie sich nicht übernehmen!

… **mit Karo-König:** Sie brauchen bei einem Plan, den Sie schon lange überdenken, einen guten Verbündeten.

… **mit Karo-As:** Diesmal ist es eine Botschaft, die Sie selbst versenden; dabei deutet die Acht mit ihren beiden Ringen auf einen Verlobungsring hin. Es könnte sich also um die Mitteilung einer Verlobung handeln. Wenn Sie schon in festen Händen sind, wird sich vielleicht jemand aus Ihrer Familie mit Heiratsgedanken beschäftigen.

*Die Acht kann auf einen Verlobungsring hinweisen*

… **mit Herz-Sieben:** Die Zuneigung in der Ehe oder Familie scheint ein wenig durchs liebe Geld gestört zu sein. Sie haben es aber in der Hand, das zu ändern. Liegt Herz-Sieben verkehrt, kommen Sie eventuell einem Geizkragen auf die Schliche, der Sie betrügen möchte.

… **mit Herz-Acht:** Sie können mit Freuden einige gute Geldgeschäfte tätigen. Herz-Acht verkehrt: Die Jagd nach dem Geld macht Sie unter Umständen krank.

… **mit Herz-Neun:** Sie werden selbst dann geliebt, wenn Sie nicht soviel Geld auf der hohen Kante liegen haben. Herz-Neun verkehrt: Vielleicht erfahren Sie, daß in Ihrer Familie Nachwuchs zu erwarten ist.

… **mit Herz-Zehn:** Sie verreisen mit einem geliebten Menschen ins Land Ihrer Sehnsucht.

… **mit Herz-Bube:** Man hat einen Freund gefunden, auf den man sich verlassen kann. Bei Eltern: Ihr Sorgenkind ist über den Berg und wird Ihnen von nun an Freude machen.

… **mit Herz-Dame:** Man kommt Ihnen entgegen, und das nicht nur auf finanziellem Gebiet. Bei einem Fragesteller: Sie werden von Ihrer Herzensdame über kurz oder lang eine erfreuliche Neuigkeit erfahren.

*Ein freundlicher Herr will Geld verleihen*

… **mit Herz-König:** Wenn Sie nicht genug Geld haben, wird Ihnen ein freundlicher Herr etwas leihen. Bei einer Fragestellerin kommt es mit dem Herzensmann zu einem glückhaften Gespräch, das alles in Wohlgefallen auflöst.

… **mit Herz-As:** Sie erhalten eine gute Nachricht, die Ihre Verhältnisse spürbar stabilisieren wird. Herz-As verkehrt: Eine Veränderung steht ins Haus, die Sie einiges kosten wird, aber am Ende günstig verläuft.

... **mit Kreuz-Sieben:** Ihrem finanziellen Vorwärtskommen stehen einige Hindernisse entgegen. Für junge, unverheiratete Leute heißt das: Mit einer Heirat wird's vorerst nichts werden. Kreuz-Sieben verkehrt: Eine bestimmte Geldanlage kann sich als Fehlschlag erweisen.

*Hindernisse, die nicht vorwärts kommen lassen*

... **mit Kreuz-Acht:** Sie haben eine Unterredung mit einer Person des anderen Geschlechts, die darauf hinausläuft, daß Sie sich mit ihr in Liebe verbinden. Es kann sich aber auch nur um einen heißen Flirt handeln. Kreuz-Acht verkehrt: Eifersucht ist im Spiel, vielleicht auch eine Trennung, die teuer zu stehen kommt.

... **mit Kreuz-Neun:** Eine kürzere Reise ist möglich, die aber nicht allzuviel einbringt. Möglicherweise ist eine kleinere Rückzahlung (vom Finanzamt?) drin. Kreuz-Neun verkehrt: Falsche Freunde sorgen im Beruf für Verzögerungen.

... **mit Kreuz-Zehn:** Gespräch mit einem Fremden, das mehr verspricht, als es hält. Andere Version: Man erhält einen kleineren Geldbetrag, den man auf die hohe Kante legt.

... **mit Kreuz-Bube:** Sie haben beim Geldverdienen einen Konkurrenten bekommen, der aber fair bleibt.

... **mit Kreuz-Dame:** Eine Ihnen nahestehende Dame erwartet, daß Sie ihr ein kleines Geschenk machen. Eventuell erfährt man auch nur von einer Nachbarin eine Neuigkeit, die positiv zu bewerten ist.

*Kleines Geschenk für eine Dame*

... **mit Kreuz-König:** Man bringt Sie ohne große Umstände in geordnete Verhältnisse.

... **mit Kreuz-As:** Sie haben Aussicht auf mehr Geld. Vielleicht ist eine Gehaltserhöhung fällig. Kreuz-As: Sie wollen Ihr Geld, ohne Rücksicht auf Verluste, verpulvern.

... **mit Pik-Sieben:** Sie könnten in Geldschwierigkeiten kommen, die Sie aber meistern werden. Pik-Sieben verkehrt zeigt Verluste an, die nur schwer ausgeglichen werden können.

... **mit Pik-Acht:** Sie müssen sich darauf einrichten, eventuell wegen eines Krankheitsfalles einiges Geld auszugeben. Pik-Acht verkehrt: Die Hoffnung, daß sich Ihre finanziellen Verhältnisse über kurz oder lang bessern, ist trügerisch.

... **mit Pik-Neun:** Ihre Einnahmen könnten von den Ausgaben übertroffen werden. Mit anderen Worten: Sie sollten sich auf einen finanziellen Engpaß einrichten. Pik-Neun verkehrt: Nur wenn Sie ein finanzielles Risiko eingehen, werden Sie ans Ziel Ihrer Wünsche gelangen.

... **mit Pik-Zehn:** Möglicherweise müssen Sie jetzt im Beruf oder im Geschäft kleinere Brötchen backen.

... **mit Pik-Bube:** Jemand verursacht Unannehmlichkeiten in Geldsachen.

... **mit Pik-Dame:** Ums liebe Geld muß gestritten werden; es kann sein, daß Sie den kürzeren ziehen. Oder: Eine nahe Verwandte bittet Sie um Geld. Sie sollten es ihr geben.

... **mit Pik-König:** Sie sollten auf der Hut sein; denn man versucht, Sie in (Geld-)Verlegenheit zu bringen. Das kann auch durch einen verlorenen Prozeß geschehen.

*Über einen Geldverlust nicht weiter ärgern*

... **mit Pik-As:** Sie sollten sich über einen kleineren Geldverlust nicht weiter ärgern. Pik-As verkehrt: Der Gerichtsvollzieher könnte bei Ihnen anklopfen, aber es handelt sich wohl zum Glück nur um eine kleinere Summe Geldes.

### Kombinationen der Karo-Neun

... **mit Karo-Zehn:** Sie werden auf einer großen Reise viel erleben, eventuell auch viel Geld mit nach Hause bringen.

... **mit Karo-Bube:** Sie haben die Chance, in einem Glücksspiel einen kleineren Treffer zu machen. Oder: Sie sind in Gedanken schon in Urlaub.

... **mit Karo-Dame:** Bei einem Fragesteller deutet diese Kombination auf einen Flirt hin, sonst auf kleinen Gewinn.

... **mit Karo-König:** Bei einer Fragestellerin deutet diese Kombination auf einen Flirt hin, sonst auf die günstige Vermittlung bei einem Geldgeschäft.

... **mit Karo-As:** Eine überraschende Nachricht wird Ihnen eine ganze Menge Freude bereiten.

... **mit Herz-Sieben:** Eine Reise wird zu einem glückhaften Abschluß gebracht. Oder: Sie erleben frohe Stunden mit reizenden Freunden. Herz-Sieben verkehrt: Sprechen Sie mit niemandem über Ihre Geldgeschäfte.

... **mit Herz-Acht:** Ein Ereignis im häuslichen Kreis versetzt Sie in Hochstimmung. Herz-Acht verkehrt: Beruflicher Erfolg macht Sie glücklich, nicht aber jemand Ihnen Nahestehenden.

... **mit Herz-Neun:** Sollten Sie noch den Partner fürs Leben suchen, werden Sie bald jemanden finden, der einiges mit in die Ehe bringen wird. Sonst: Sie freuen sich über einen Geldeingang. Herz-Neun verkehrt: Sie sollten von Glücksspielen die Finger lassen, weil Sie verlieren könnten.

…**mit Herz-Zehn:** Deutet auf eine Hochzeit oder ein Ereignis hin, bei dem es gleichfalls hoch hergehen wird.

…**mit Herz-Bube:** Sollten Sie sich bei einem treuen Freund Geld ausgeliehen haben, dürfen Sie sich wegen der Rückzahlung keine Sorgen machen. Andernfalls: Ein Ratengeschäft wird Ihnen kaum schwerfallen.

*Geliehenes Geld oder Ratengeschäft*

…**mit Herz-Dame:** Die Dame Ihres Herzens wird ein wenig Geld oder auch etwas anderes gewinnen (für einen Fragesteller); sonst: Man wird Ihnen unter die Arme greifen.

…**mit Herz-König:** Der Mann Ihres Herzens kommt zu Geld (für eine Fragestellerin); sonst: Vorteile durch einen reichen Herrn aus Ihrer Umgebung.

…**mit Herz-As:** Für Ihre Familie wird sich Erfreuliches ereignen. Herz-As verkehrt: Keine Angst vor Veränderungen.

…**mit Kreuz-Sieben:** Sie werden noch einige Zeit auf das große Geld warten müssen. Kreuz-Sieben verkehrt: Überraschend steht eine Trennung ins Haus, die Sie jedoch kaum sonderlich aufregen wird.

…**mit Kreuz-Acht:** Mit einem Urlaub wird es wohl vorerst nichts Rechtes werden. Kreuz-Acht verkehrt: Ein einschneidendes Erlebnis nervt Sie nur für kurze Zeit.

…**mit Kreuz-Neun:** Der Geldeingang von einer Behörde wird Sie erfreuen, möglicherweise ist es auch die Rückzahlung von Geld, das Sie vor einiger Zeit verliehen haben. Kreuz-Neun verkehrt: Ein Techtelmechtel Ihres Partners macht Sie zu Recht wütend.

*Geldeingang von einer Behörde wird erfreuen*

…**mit Kreuz-Zehn:** Sie haben die Chance, durch eigenes Dazutun einen Batzen Geld zu verdienen.

…**mit Kreuz-Bube:** Jemand will Ihnen selbstlos mit Geld oder guten Empfehlungen weiterhelfen. Oder: Ein lieber Freund wird Sie aufheitern und trübe Gedanken verscheuchen.

…**mit Kreuz-Dame:** Finanziell könnten Sie durch eine selbstlose Dame unterstützt werden.

…**mit Kreuz-König:** Hier ist es ein Herr, der hilfreich zur Seite stehen will. Bei einer Fragestellerin: Sie stellen wahrscheinlich fest, daß Sie einen stillen Verehrer haben.

…**mit Kreuz-As:** Ein Geschenk gelangt unerwartet in Ihre Hände. Kreuz-As verkehrt: Sie sollten sich in Geldsachen zur Vorbeugung übervorsichtig verhalten, dann werden Sie bestimmt keine Verluste erleiden.

…**mit Pik-Sieben:** Sie werden eine hohe Rechnung begleichen müssen (hoffentlich kein Arzt-Honorar!). Pik-Sieben verkehrt: Sie haben zur Zeit kaum eine glückliche Hand.

…**mit Pik-Acht:** Auch bei dieser Kombination hat der Fragende nichts zu lachen; denn sie bedeutet, daß man manche Mark in den Kamin schreiben kann. Pik-Acht verkehrt: Was Sie sich erhofft haben, trifft nicht ein.

…**mit Pik-Neun:** Sie sind von einigen falschen Mitmenschen umgeben, die Sie nur zu gern um die Früchte Ihrer Arbeit bringen möchten. Halten Sie sich also etwas zurück. Pik-Neun verkehrt: Sie sollten lieber kleine Brötchen backen.

…**mit Pik-Zehn:** Sie werden finanziell einiges hinzugewinnen, vielleicht ist auch eine Gehaltsaufbesserung drin.

…**mit Pik-Bube:** Leihen Sie einem sogenannten guten Bekannten kein Geld; er denkt kaum daran, Ihnen das Geliehene schnell wieder zurückzuzahlen. Oder: Ein sogenannter guter Freund entpuppt sich als schlechter Verlierer.

*Pik-Dame weist auf Neid hin*

…**mit Pik-Dame:** Man beneidet Sie, weil Sie es zu etwas gebracht haben oder auf dem besten Weg sind, sich besserzustellen. Oder: Sie müssen für eine jüngere Verwandte Geld ausgeben, das Sie in den Schornstein schreiben können.

…**mit Pik-König:** Mit jemandem, den man nicht richtig kennt, sollte man keine Geschäfte machen. Das könnte nämlich recht verlustreich sein.

…**mit Pik-As:** Irgendwer könnte versuchen, Sie um Ihr sauer verdientes Geld zu bringen. Pik-As verkehrt: Hüten Sie sich vor Leuten, die Sie ausnützen möchten.

### Kombinationen der Karo-Zehn

…**mit Karo-Bube:** Lassen Sie sich nicht mit einem arroganten jungen Mann ein, der mit dem Geld nur so um sich wirft, aber keine guten Absichten hat.

…**mit Karo-Dame:** Sie dürfen auf einen Gewinn hoffen, der Sie aus einem möglichen Engpaß herausführen wird. Oder: Eine Freundin setzt sich selbstlos für Sie ein.

…**mit Karo-König:** Ein Verwandter denkt daran, Sie in seinem Testament zu bedenken oder Ihnen sonstwie Gutes zu tun. Vielleicht gibt auch endlich jemand geliehene Sachen zurück.

…**mit Karo-As:** Ein Schein wird Ihnen Gewinn bringen, aber es ist fraglich, ob es sich dabei um einen Lottoschein handelt.

... **mit Herz-Sieben:** Sie können einiges Geld in Ihr Heim stecken, ohne dabei am Hungertuch nagen zu müssen. Auf jeden Fall haben Sie bei dieser Kombination immer Glück. Herz-Sieben verkehrt: Zufällig kommen Sie zu Geld.

*Eine Kombination, die immer Glück bringt*

... **mit Herz-Acht:** Sie werden auf einer größeren Reise die Zuneigung eines reizenden Menschen gewinnen. Herz-Acht verkehrt: Eine Veränderung (Umzug?) steht ins Haus, die Ihnen eine Menge Arbeit bringen wird.

... **mit Herz-Neun:** Ihr sprichwörtliches Glück in der Liebe kann auch auf reichen Kindersegen hinweisen, auf jeden Fall aber auf inniges Verständnis in der eigenen Familie. Herz-Neun verkehrt: Sie sind ein bißchen verunsichert, ob das, was Sie planen, auch glücken wird.

... **mit Herz-Zehn:** Der Wohlstand Ihrer Familie scheint gesichert zu sein. Was wollen Sie mehr?!

... **mit Herz-Bube:** Man liest Ihnen fast jeden Wunsch von den Augen ab. Das macht Sie glücklich.

... **mit Herz-Dame:** Ihre Freundin ist sichtlich bestrebt, Sie an allem teilhaben zu lassen, was sie besitzt. Für einen Fragesteller bedeutet diese Kombination auf jeden Fall viel Glück in der Liebe.

... **mit Herz-König:** Auf den Freund trifft das zuletzt Gesagte ebenso zu, jedoch deutet diese Kombination auch auf ein Übermaß an Gefühlen hin.

... **mit Herz-As:** Eine Einladung kann Vorteile bringen, die sich irgendwie auch finanziell zu Buche schlagen werden. Herz-As verkehrt: Es ist durchaus möglich, daß Sie sich in absehbarer Zeit verändern werden, wobei eine andere Stadt im Gespräch sein könnte.

*Veränderung in eine andere Stadt*

... **mit Kreuz-Sieben:** Schlechte Karten für Spieler: Gewinnaussichten verzögern sich. Kreuz-Sieben verkehrt: In eine bisher glückliche Verbindung schleichen sich seit einiger Zeit Zweifel ein.

... **mit Kreuz-Acht:** Hüten Sie sich vor dem Spiel mit dem Glück, sonst könnten Sie Pech haben. Kreuz-Acht verkehrt: Eifersucht ist im Spiel.

... **mit Kreuz-Neun:** Sie sollten nicht zu freigebig sein, legen Sie lieber Ihr Geld für schlechtere Tage gut an. Kreuz-Neun verkehrt: Eine Freundschaft droht in die Brüche zu gehen; aber sie ist zu kitten.

225

…**mit Kreuz-Zehn:** Freunde geben für Sie einiges Geld aus, damit Sie wieder auf die Beine kommen. Oder: Von einer großen Reise kehren Sie erholt zurück.

…**mit Kreuz-Bube:** Sie sollten vorsichtig sein; denn Betrug ist im Spiel. Aber Ihre Rechnung geht trotzdem auf.

…**mit Kreuz-Dame:** Eine Freundin gibt vor, alles für Sie zu tun, in Wirklichkeit will sie nur etwas von Ihnen haben.

*Nie auf eine Erbschaft hoffen …*

…**mit Kreuz-König:** Trauen Sie auch dem reichsten Verwandten nicht, und hoffen Sie nicht auf die von ihm versprochene Erbschaft; denn schon oft überlebte der Erblasser den Erben. Oder: Ein Arzt stellt fest, Sie sind kerngesund.

…**mit Kreuz-As:** Ein prächtiges Geschenk wartet in naher Zukunft auf Sie. Kreuz-As verkehrt: Selbst wenn Sie eine Menge Geld verdienen sollten, werden Sie es über kurz oder lang wieder ausgeben müssen, um einem anderen aus der Patsche zu helfen.

…**mit Pik-Sieben:** Sie haben Sorgen in der Familie, vielleicht auch Kummer wegen der eigenen Kinder. Pik-Sieben verkehrt: Sie könnten im Spiel verlieren, weil Sie zur Zeit eine regelrechte Pechsträhne haben.

…**mit Pik-Acht:** Es riecht nach Streit und Ärger. Es braucht nicht unbedingt ums Geld zu gehen; vielleicht ist es eine Freundschaft, die langsam zu zerbrechen droht. Pik-Acht verkehrt: Die Hoffnung aufs große Geld sollten Sie aufgeben und lieber etwas sparsamer sein.

…**mit Pik-Neun:** Sie haben irgendeinen Krankheitskeim in sich stecken und sollten mal zu einem Arzt gehen, vielleicht verschreibt er Ihnen eine Kur. Pik-Neun verkehrt: Falsche Freunde versuchen, Sie um Geld zu bringen.

*Wenn falsche Freunde im Spiel sind …*

…**mit Pik-Zehn:** Lassen Sie sich nicht schocken, wenn Sie jetzt Ihr sauer verdientes Geld ausgeben müssen, um die Existenz Ihrer Familie zu sichern. Die Talfahrt wird auf jeden Fall nicht allzu lange dauern.

…**mit Pik-Bube:** Jemand möchte Sie um einiges Geld bringen. Oder: Ein Wohnungswechsel könnte an jemandem scheitern, der Ihnen Steine in den Weg legt.

…**mit Pik-Dame:** Klatsch kann tödlich sein, aber es wird Ihnen schon gelingen, den Klatschbasen das Maul zu stopfen. Oder: Geben Sie keine müde Mark für jemanden aus, der hintenherum gegen Sie stänkert.

...**mit Pik-König:** Vorsicht, Sie könnten (in einem Prozeß?) mehr verlieren, als Ihnen lieb ist. Vielleicht hilft Ihnen aber auch ein gewisser Herr über den Berg.

...**mit Pik-As:** Man möchte Sie auf sehr unschöne Weise vom Ziel abbringen. Pik-As verkehrt: Hüten Sie sich vor Leuten, die Ihnen sauer Verdientes stehlen möchten.

### Kombinationen von Karo-Bube

...**mit Karo-Dame:** Ein Mensch hat es darauf angelegt, Sie oder Ihren Partner zu ärgern.

...**mit Karo-König:** Man steht zu Diensten, aber diesem „man" ist nicht unbedingt zu trauen. Aber manchmal handelt es sich um jemanden, der Ihnen einen guten Rat gibt, wie Sie Ihre Lage verbessern können.

...**mit Karo-As:** Geld kommt mit der Post, vielleicht auch ein Scheck über eine ansehnliche Summe. Oder: Sie sind in Gedanken ganz bei dem, den Sie lieben.

...**mit Herz-Sieben:** Sie lernen jemanden kennen, der vorgibt, viel Herz zu haben, in Wirklichkeit aber nur berechnend ist. Herz-Sieben verkehrt: Sie kommen hinter das lang gehütete Geheimnis eines Menschen, werden jedoch mit diesem Wissen nicht so recht glücklich.

*Herzlichkeit ist oft nur Berechnung*

...**mit Herz-Acht:** In den eigenen vier Wänden werden Sie das erfreuliche Wiedersehen mit einem alten Bekannten feiern. Herz-Acht verkehrt: Wenn Sie irgendwelche Beschwerden haben, sollten Sie mal zum Arzt gehen.

...**mit Herz-Neun:** Die Liebe ist oft nur ein Spiel; wenn diese Kombination aufliegt, werden Sie in diesem Spiel auf jeden Fall gewinnen. Das ist freilich nicht so ganz sicher, wenn Herz-Neun verkehrt liegt.

...**mit Herz-Zehn:** Ein Mensch, den Sie nur flüchtig kennen, verehrt Sie heiß und innig.

...**mit Herz-Bube:** Treue ist oft ein leerer Wahn, man verschwendet sie oft an den Falschen. Oder: Sie sollten sich mit einem Freund zusammentun und ein Spielchen wagen.

...**mit Herz-Dame:** Bei einem Fragesteller: Ein Nebenbuhler versucht, sich einzumischen. Sonst: Besuch von zwei Menschen in Sicht, die sich für Sie verwenden wollen.

...**mit Herz-König:** Jemand bringt einen Freund mit, der entscheidend Ihren weiteren Lebensweg bestimmen kann.

... **mit Herz-As:** Sie bekommen Besuch im eigenen Heim, der Ihnen gute Nachricht überbringt. Herz-As verkehrt: Ein recht selbstsüchtiger Kerl will Sie übers Ohr hauen.

... **mit Kreuz-Sieben:** Ein unangenehmer Mensch will sich Ihnen um jeden Preis aufdrängen. Kreuz-Sieben verkehrt: Sie sind rasend wütend auf jemanden, der einen Keil in Ihre Liebesbeziehung treiben möchte.

*Einer meint es nicht ganz ehrlich*

... **mit Kreuz-Acht:** Über kurz oder lang werden Sie von einem Menschen heimgesucht, der es nicht ganz ehrlich mit Ihnen meint. Kreuz-Acht verkehrt: Durch einen Menschen, der nur sein eigenes Wohl im Auge hat, verzögert sich eine Angelegenheit, die Ihnen sehr am Herzen liegt.

... **mit Kreuz-Neun:** Hüten Sie sich vor dem Spiel mit dem Glück; es wird Ihnen Verluste bringen. Kreuz-Neun verkehrt: Bei einem Fragesteller kann es ein Mann sein, der seiner Herzallerliebsten schöntut; sonst ein Mensch, der Ihnen eine Falle stellen will.

... **mit Kreuz-Zehn:** Sie bekommen Ärger mit einer undurchsichtigen Person.

... **mit Kreuz-Bube:** Wenn zwei Glücksboten zusammentreffen, reiben sie sich aneinander. Und deshalb deutet diese Kombination auf Treulosigkeit und wenig Glück hin.

... **mit Kreuz-Dame:** Ein Ehepaar versucht, Sie und Ihre Familie madig zu machen. Oder: Ein Pärchen will Ihnen mit allerlei Tricks das Geld aus der Tasche ziehen.

... **mit Kreuz-König:** Sie werden eine schwierige Prüfung zu bestehen haben, aber Sie beißen sich mit Hilfe eines Gönners durch. Oder: Zwei oder mehrere Konkurrenten versuchen, Sie auszuschalten.

... **mit Kreuz-As:** Lassen Sie sich durch eine Nachricht, die Ihnen Ärger bereitet, nicht schrecken. Kreuz-As verkehrt: Ein Bote bringt Ihnen eine Nachricht, die Sie traurig stimmt.

... **mit Pik-Sieben:** Legen Sie sich nicht mit einem Menschen an, der durch seinen Einfluß mehr schaden als nützen kann. Pik-Sieben verkehrt: Eine bessere Stellung können Sie sich wohl vorerst einmal aus dem Kopf schlagen.

*Achtung! Die Konkurrenz schläft nicht*

... **mit Pik-Acht:** Jemand möchte Sie in Ihrer Arbeit oder in Ihrem weiteren Fortkommen behindern. Lassen Sie darum in Ihrem Eifer nicht nach. Pik-Acht verkehrt: Die Konkurrenz schläft nicht, geben Sie aber die Hoffnung, mehr erreichen zu können, nicht auf.

…**mit Pik-Neun:** Ein unangenehmer Zeitgenosse will Ihnen ein-reden, daß Sie sich unwohl befinden. Pik-Neun verkehrt: Ein falscher Mensch will Sie ausgerechnet vor Ihren besten Freunden in ein schiefes Licht rücken.

…**mit Pik-Zehn:** Ihre Existenz könnte jemand bedrohen, der bisher immer betont hat, wie sehr er Sie schätzt. Andere Version: Sie müssen wahrscheinlich noch ein Jahr lang war-ten, bis Sie endlich Ihre Glückschance haben werden.

…**mit Pik-Bube:** Ein nicht ganz aufrichtiger Mensch versucht, Ihr Vertrauen zu gewinnen. Oder: Zwei recht unterschiedliche Charaktere buhlen um Ihre Gunst.

…**mit Pik-Dame:** Ihr Partner heuchelt Treue. Sie sollten ihn prü-fen, wie ernst er es in Wirklichkeit meint. Oder: Eine junge Verwandte oder Bekannte hat ein Verhältnis mit jemandem, den Sie nicht allzu gut leiden können.

…**mit Pik-König:** Ein kluger Freund ergreift für Sie Partei. Viel-leicht verschafft er Ihnen auch etwas, das Sie von allen Sorgen befreien könnte.

*Ein Freund befreit von Sorgen*

…**mit Pik-As:** Erschrecken Sie nicht, wenn plötzlich ein Glücks-bote ins Haus kommt. Pik-As verkehrt: Ein Ekel schleicht um Ihr Haus, das sie besser absichern sollten.

### Kombinationen der Karo-Dame

…**mit Karo-König:** Ein verliebtes Gespann, das jedoch nicht allzuviel von der Treue hält. Vielleicht will man Sie unbedingt eifersüchtig machen.

…**mit Karo-As:** Auch Liebesbriefe trügen manchmal. Schauen Sie Ihrem Partner lieber einmal ganz tief in die Augen.

…**mit Herz-Sieben:** In den Herzensangelegenheiten tritt jetzt eine günstige Wendung ein. Herz-Sieben verkehrt: Eine Frage-stellerin kommt einem Verhältnis auf die Spur, das Sie erschüt-tert. Oder: Ein Fragesteller ist wohl ein bißchen untreu.

…**mit Herz-Acht:** Die Zuneigung, die Ihnen eine Freundin (oder ein Freund) entgegenbringt, ist echt. Herz-Acht verkehrt: Eine Krankheit nimmt eine günstige Wendung.

…**mit Herz-Neun:** Für eine unverheiratete Fragestellerin: Wenn Sie sich jetzt binden, könnte das Glück nicht von langer Dauer sein. Sonst: Geben Sie die Hoffnung nicht auf, geliebt zu wer-den. Herz-Neun verkehrt: Weiblicher Nachwuchs könnte die Familie erweitern.

…**mit Herz-Zehn:** Sie sind ein Glückspilz in der Liebe. Für eine ungebundene Fragestellerin könnten bald die Hochzeitsglocken läuten.

…**mit Herz-Bube:** Sie sollten eine enge Freundschaft nicht aufgeben. Oder: An die unverrückbare Liebe Ihres Partners sollten Sie glauben.

*Eine „gute" Freundin mischt sich ein*

…**mit Herz-Dame:** Bei einer Fragestellerin: Eine gute Freundin will sich in Ihre Liebesbeziehung einmischen. Ein Fragesteller steht möglicherweise zwischen zwei Frauen, die am liebsten vereint ein Komplott gegen ihn schmieden möchten.

…**mit Herz-König:** Ein Fragesteller sollte nicht mit der Liebe spielen. Für eine ungebundene Fragestellerin: Sie scheinen noch nicht zu wissen, welchen Mann Sie nun eigentlich haben möchten.

…**mit Herz-As:** Ein Brief bringt Ihnen Aufklärung über die wahren Gefühle Ihres Partners. Herz-As verkehrt: Eine junge Dame sorgt für eine Veränderung in der Familie.

…**mit Kreuz-Sieben:** Sie haben Kummer mit einem Mädchen, das sich in Ihr häusliches Glück drängen will. Kreuz-Sieben verkehrt: Eine Fragestellerin dürfte rasend eifersüchtig auf eine Frau sein, die sich mit ihrem Freund oder Ehemann besonders gut versteht (sonst: Sie werden sich in einer neuen Umgebung sehr wohl fühlen).

*Ein Flirt kann heiter stimmen*

…**mit Kreuz-Acht:** Ein unbedeutender Flirt stimmt Sie heiter; bei einer ungebundenen Fragestellerin ist das Liebesglück nicht von langer Dauer. Kreuz-Acht verkehrt: Angst um eine nahe Verwandte; eine unverheiratete Fragestellerin wird sich kaum vor Jahresfrist entscheiden, ob sie einen Antrag annehmen wird.

…**mit Kreuz-Neun:** Kleine Geschenke erhalten die Freundschaft. Kreuz-Neun verkehrt: Anscheinend gibt es Grund zur Eifersucht, bei der eine Frau möglicherweise zum Scheidungsgrund wird.

…**mit Kreuz-Zehn:** Eine Dame wird Ihnen helfen, über ein Ärgernis hinwegzukommen. Möglich, daß sich auch ein Fremder in eine intime Beziehung einmischt.

…**mit Kreuz-Bube:** Man sollte harmlose Freundschaften nicht ernster nehmen, als sie sind. Bei einer Fragestellerin: Ein junger Mann will sich selbstlos um Sie bekümmern; seien Sie nett zu ihm.

…**mit Kreuz-Dame:** Man klatscht über Sie. Oder: Eine dunkelhaarige Frau will Schicksal spielen und Sie verkuppeln.

…**mit Kreuz-König:** Sie können hoffen, daß sich ein Paar, das es gut mit Ihnen meint, um Sie bemüht. Für eine Fragestellerin: Vorsicht, daß Sie sich nicht in einen verheirateten Mann verlieben.

*Nettes Paar bemüht sich um den, der fragt*

…**mit Kreuz-As:** Eine gewisse Mitteilung kann eine günstige Wendung herbeiführen. Kreuz-As verkehrt: Sie kehren einer Freundin den Rücken, die es immer gut mit Ihnen meinte.

…**mit Pik-Sieben:** Streit in der Liebe reinigt manchmal die Luft. Pik-Sieben verkehrt: Auch wenn es noch so schlimm kommt, sollte man die Hoffnung nie aufgeben; für einen unverheirateten Fragesteller steht eher eine Trennung bevor.

…**mit Pik-Acht:** Eine Freundin hat Sorgen, weil Sie ihr in letzter Zeit, was die Gesundheit angeht, gar nicht gefallen. Pik-Acht verkehrt: Man verpaßt einen günstigen Augenblick im Beruf oder in der Liebe.

…**mit Pik-Neun:** Sie haben Unannehmlichkeiten mit einer Ihnen nahestehenden Dame. Pik-Neun verkehrt: Sie müssen schon einiges wagen, um sich durchzusetzen.

…**mit Pik-Zehn:** Die Hoffnung, daß Sie in nächster Zukunft Ihre Position verbessern könnten, ist mehr als trügerisch. Warten Sie lieber ab, bis Ihre Zeit gekommen ist.

*Oft ist die Hoffnung trügerisch*

…**mit Pik-Bube:** Ihr Schicksal nimmt einen krummen Weg. Bei einer Fragestellerin: Lassen Sie die Finger von einem sogenannten schmutzigen Verhältnis.

…**mit Pik-Dame:** Gefährlicher Klatsch könnte Ihrem guten Ruf schaden. Vielleicht legt sich die Schwiegermutter quer.

…**mit Pik-König:** Eine Verwandte (es könnte auch die Tochter des Chefs sein) greift zu Ihren Gunsten ein. Oder: Ein Nebenbuhler macht sich unangenehm bemerkbar.

…**mit Pik-As:** Sie haben ein Erlebnis, das alles andere als berauschend ist. Pik-As verkehrt: In der Liebe werden Sie vorerst nicht so recht zum Zuge kommen.

### Kombinationen von Karo-König

…**mit Karo-As:** Der Besuch eines Freundes wird angesagt. Oder: Sie werden in geschäftlichen Angelegenheiten hervorragend von einem Fachmann unterstützt.

…**mit Herz-Sieben:** Bei einem Streit in der Liebe bietet jemand seine Vermittlungsdienste an. Herz-Sieben verkehrt: Ein Freund vertraut Ihnen ein Geheimnis an.

…**mit Herz-Acht:** Ein erfreuliches Ereignis wird Ihnen den Lebensmut zurückgeben. Herz-Acht verkehrt: Ein unverheirateter Mann drängt sich in Ihr Leben und sorgt für Unruhe.

…**mit Herz-Neun:** Da wird sich wohl mal ein Nebenbuhler melden. Für eine Fragestellerin: Ein Liebhaber möchte Sie von seinen Vorzügen überzeugen. Herz-Neun verkehrt: Um Ihre Gutmütigkeit auszunutzen, verspricht Ihnen ein Nachbar etwas zu viel.

…**mit Herz-Zehn:** Entweder ein stürmischer Liebhaber oder ein ebenso feuriger Nebenbuhler will sich in Ihr Leben drängen. Es könnte aber auch sein, daß Ihnen ein guter Bekannter hilft, ein Problem zu lösen.

*Dem Schicksal einen Streich spielen*

…**mit Herz-Bube:** Ein Freund will Ihnen helfen. In Gedanken malen Sie sich aus, wie Sie dem Schicksal einen Streich spielen können.

…**mit Herz-Dame:** Ein Ehepaar aus der Nachbarschaft möchte Sie als Freund gewinnen. Oder: Hilfe kommt von einer nahestehenden Person, die sich Ihrer annehmen wird.

…**mit Herz-König:** Ihr Freund möchte mal so richtig mit Ihnen in den Tag hineinleben. Bei einer Fragestellerin: Vorsicht, ein Herr aus Ihrem Umkreis könnte Ihnen gefährlich werden.

…**mit Herz-As:** Sie lernen jemanden kennen, der sich für Sie einsetzen wird. Herz-As verkehrt: Ein Bekannter zieht weit weg, und Sie sind sich sicher, daß Sie ihn wohl nie mehr wiedersehen werden.

…**mit Kreuz-Sieben:** Ein etwas arroganter Herr versucht, Sie auszutricksen. Kreuz-Sieben verkehrt: Ein naher Verwandter ist unglücklich verliebt und möchte sich Ihnen einmal anvertrauen.

…**mit Kreuz-Acht:** Abenteuer auf einer Party oder irgendeinem Fest. Kreuz-Acht verkehrt: Eifersuchtsszene wegen einer wohl noch jungen Frau, die handfest flirten kann.

…**mit Kreuz-Neun:** Eine Amtsstelle wird auf Sie aufmerksam. Ob im positiven oder negativen Sinne, ergeben Nachbarkarten.

…**mit Kreuz-Zehn:** Durch Vermittlung könnten Sie in eine bessere Lage versetzt werden. Bei einer Fragestellerin: Ein Fremder will Sie mit einem seiner Freunde bekannt machen, der Ihnen gegenüber recht forsch auftritt.

…**mit Kreuz-Bube:** Sie haben bei Verhandlungen Glück. Oder: Ihre Gedanken drehen sich um einen Ihnen nahestehenden Herrn, der im Begriff steht, eine Dummheit zu machen.

…**mit Kreuz-Dame:** Eine ältere Dame will sich Ihrer annehmen. Möglicherweise ist das für einen Fragesteller nicht allzugut, weil sie sich gleichzeitig in Dinge einmischen wird, die sie eigentlich nichts angehen.

*Da mischt sich eine ältere Dame ein*

…**mit Kreuz-König:** Sie werden erleben, was gute Freunde so alles vermögen. Auf jeden Fall werden Sie gefördert oder erhalten einen Rat, der Ihnen weiterhilft.

…**mit Kreuz-As:** Ihr Chef oder auch ein vermögender Bekannter eröffnet Ihnen etwas Erfreuliches. Kreuz-As verkehrt: Ein naher Verwandter ist in Not.

…**mit Pik-Sieben:** Ein Gönner ist anscheinend plötzlich nicht mehr für Sie zu sprechen. Pik-Sieben verkehrt: Sie erhalten Besuch von jemandem, der Ihnen eine traurige Geschichte erzählen wird.

…**mit Pik-Acht:** Sie finden einen Menschen, der Ihnen Trost zusprechen wird. Pik-Acht verkehrt: Ein Geschäftspartner, dem Sie vertrauen, handelt egoistisch.

…**mit Pik-Neun:** Ein geliebter Mensch will sich unter Umständen von Ihnen trennen. Pik-Neun verkehrt: Wenn Sie im Beruf jetzt ein Risiko eingehen, wird man Ihnen nicht helfen wollen.

…**mit Pik-Zehn:** Um keine Verluste zu erleiden, müssen Sie schon taktisch klug verhandeln.

…**mit Pik-Bube:** Vorsicht, wenn Ihnen ein etwas undurchsichtiger Herr seine Dienste anbietet. Vielleicht sind Sie auch von sogenannten guten Freunden umgeben, die es nicht gut mit Ihnen meinen.

*„Gute" Freunde, die es nicht gut meinen*

…**mit Pik-Dame:** Eine bestimme Dame, die Nachbarn besser als Sie kennen, möchte Sie übers Ohr hauen.

…**mit Pik-König:** Man spricht über Sie im guten Sinne. Bei einem Fragesteller kann es sich auch um einen Konkurrenten handeln, dem er eine Falle stellt.

…**mit Pik-As:** Was Sie für ein Unheil hielten, stellt sich nachträglich als harmlos heraus. Pik-As verkehrt: Ein nicht verheirateter Mann will Sie um Ihr Geld bringen.

### Kombinationen von Karo-As

…**mit Herz-Sieben:** Sie warten ungeduldig auf einen Brief, der für Ihr weiteres Leben entscheidend sein könnte. Herz-Sieben verkehrt: Sie erhalten eine Nachricht, etwas endlich zahlen zu müssen, das Sie eigentlich längst hätten erledigen sollen.

...**mit Herz-Acht:** Sie haben nichts zu befürchten. Herz-Acht verkehrt: In der Liebe klappt zur Zeit recht wenig.

...**mit Herz-Neun:** Ob in der Liebe oder im Beruf – Sie haben Glück! Herz-Neun verkehrt: Für Nachwuchs in der eigenen Familie scheint gesorgt zu sein.

...**mit Herz-Zehn:** Bei Unverheirateten: Sie kommen vielleicht bald unter die Haube. Bei Verheirateten: Kein Wölkchen trübt den Ehehimmel. Sonst: Kein Verdruß im Zusammenleben mit guten Freunden.

...**mit Herz-Bube:** Ein heimlicher Wunsch geht in Erfüllung. Oder: Ein Brief löst persönliche Probleme.

*Frohe Stunden durch eine erfreuliche Nachricht*

...**mit Herz-Dame:** Eine Frau überbringt Ihnen eine erfreuliche Nachricht. Ist es die Herzensdame eines Fragestellers, kann sich dieser auf viele frohe Stunden in zärtlicher Zweisamkeit freuen.

...**mit Herz-König:** Ein guter Freund will mit Ihnen zusammensein und Ihnen eine erfreuliche Mitteilung machen. Bei einer unverheirateten Fragestellerin: Man macht Ihnen über kurz oder lang einen vielverheißenden Antrag.

...**mit Herz-As:** Freudiges Ereignis in der Familie. Herz-As verkehrt: Durch einen Brief erfahren Sie, daß sich in Ihrer Familie bald etwas Entscheidendes ändern wird.

...**mit Kreuz-Sieben:** Vorsicht vor einem Antrag, der zwar ernst gemeint ist, dessen Folgen Sie jedoch noch nicht übersehen können. Kreuz-Sieben verkehrt: Ein vermeintlicher Liebesbrief entpuppt sich als das Gegenteil.

...**mit Kreuz-Acht:** Es geht alles vorüber – auch noch so große Sorgen. Kreuz-Acht verkehrt: Sie sollten nicht zu offenherzig über Ihre privaten Verhältnisse schreiben.

...**mit Kreuz-Neun:** Es gibt kleinere Veränderungen in Ihrer Umgebung. Kreuz-Neun verkehrt: Sie müssen schon kämpfen, wenn Sie weiterkommen wollen.

...**mit Kreuz-Zehn:** Sie haben Glück in geschäftlichen Dingen. Oder: Sie erhalten einen prächtigen Tip.

...**mit Kreuz-Bube:** Sie stehen im Briefwechsel oder im Gespräch mit jemandem, der eigentlich immer nur Nichtssagendes schreibt oder spricht. Oder: Ein junger Mann will sich in Ihr Leben drängen und ist dabei recht unverschämt.

...**mit Kreuz-Dame:** Eine Dame wird Ihnen aus der Patsche helfen. Oder: Eine Verwandte oder Bekannte meldet sich bei Ihnen, die Sie lange nicht gesehen haben.

… **mit Kreuz-König:** Sie erhalten Hilfe durch einen älteren Herrn. Für eine noch ledige Fragestellerin: Heiratsantrag von einem Herrn möglich, der nicht ganz arm ist.

… **mit Kreuz-As:** Eine Nachricht geht ein, über die Sie sich eigentlich ärgern müßten. Kreuz-As verkehrt: Mit einem Brief werden Sie ganz schön zur Kasse gebeten.

… **mit Pik-Sieben:** Was Sie zur Zeit auch anfassen, es wird nichts Rechtes daraus. Pik-Sieben verkehrt: Sie sollten lieber auf Nummer Sicher gehen.

*Hier macht Pik-Sieben Ärger*

… **mit Pik-Acht:** Ärger in der Abendstunde möglich. Pik-Acht verkehrt: Hoffen Sie nicht darauf, daß in einem bestimmten Verhältnis noch etwas zu kitten ist.

… **mit Pik-Neun:** Sie erfahren, daß eine Ihnen nahestehende Person krank ist. Pik-Neun verkehrt: Ein Brief erschüttert Sie; weitere Karten sagen aus, um was es sich handelt.

… **mit Pik-Zehn:** Man macht Ihnen einen Vorschlag, den Sie ruhig annehmen sollten.

… **mit Pik-Bube:** Ein Ekel will Ihnen den Alltag vermiesen. Oder: Ein Brief enthüllt, was Sie schon befürchtet hatten.

… **mit Pik-Dame:** Eine Dame will sich zwischen Sie und Ihren Partner oder Ihre Partnerin drängen. Oder: Der Brief einer älteren Person sät Mißtrauen.

… **mit Pik-König:** Ein kluger Mann wirbt um Sie. Oder: Der Brief (eines Anwalts?) schafft endlich Klarheit in einer verfahrenen Situation.

… **mit Pik-As:** Schlimme Nachricht, die sich jedoch später als falsch herausstellt. Pik-As verkehrt: Sie erhalten Nachricht, daß Sie sich ein wenig einschränken müssen.

*Schlimme Nachricht war verkehrt*

### Kombinationen der Herz-Sieben

… **mit Herz-Acht:** Im häuslichen Bereich scheint alles in Ordnung zu sein. Beide Karten verkehrt: Sie erfahren von einer Treulosigkeit durch einen Ihnen nahestehenden Menschen und sollten die Konsequenzen ziehen.

… **mit Herz-Neun:** Irgend etwas Erfreuliches ist in Sicht. Beide Karten verkehrt: So ganz glücklich sind Sie nicht darüber, wenn Ihnen Ihr Partner auf die Schliche kommt.

*Erfreuliches kann glücklich stimmen*

… **mit Herz-Zehn:** Das Wiedersehen mit einem lieben Menschen steht Ihnen ins Haus. Herz-Sieben verkehrt: Ein Problem löst sich von selbst.

… **mit Herz-Bube:** Man hält Ihnen die Treue – auch in der Ferne. Herz-Sieben verkehrt: Sie kommen hinter das Geheimnis eines Sorgenkindes und können ihm selbstlos helfen.

… **mit Herz-Dame:** Auf eine gute Freundin können Sie sich verlassen. Herz-Sieben verkehrt: Eine nette Nachbarin vertraut Ihnen etwas Wichtiges an. Bei einem Fragesteller: Ihre Herzensdame sinnt auf Abwege.

… **mit Herz-König:** Wiedersehen mit einem guten Freund. Herz-Sieben verkehrt: Sie treffen Absprache mit einem nahen Verwandten, die sich als hilfreich erweist. Bei einer Fragestellerin: Der Herzensmann ist wohl nicht ganz treu.

… **mit Herz-As:** Vorteile durch jemanden, den man nach längerer Zeit wiedersieht. Beide Karten verkehrt: Sie wollen Ihr Leben heimlich auf eine andere Basis stellen.

… **mit Kreuz-Sieben:** Kummer im eigenen Heim. Beide Karten verkehrt: Sind Sie etwa unglücklich verliebt?

… **mit Kreuz-Acht:** Jemand, der sich plötzlich in Ihren Kreis einschlich, wird ebenso plötzlich daraus verschwinden. Beide Karten verkehrt: Ein Ihnen Nahestehender läßt Sie allein mit Ihren Problemen.

*Der Zufall kann Gutes bescheren*

… **mit Kreuz-Neun:** Ein Zufall beschert Ihnen Gutes. Beide Karten verkehrt: Ihre Eifersucht erscheint leider begründet.

… **mit Kreuz-Zehn:** Ärger in der Familie verfliegt schnell. Herz-Sieben verkehrt: Auf einer Reise lernen Sie jemanden kennen, der Ihrem Partner oder Ihrer Partnerin Kummer macht.

… **mit Kreuz-Bube:** Ein Freund macht Ihnen ein gutes Angebot. Herz-Sieben verkehrt: Verscheuchen Sie trübe Gedanken, die in der Liebe Untreue suchen.

… **mit Kreuz-Dame:** Lassen Sie keine Klatschbase über die Schwelle Ihres Hauses treten. Herz-Sieben verkehrt: Man vertraut Ihnen etwas an, das Sie entsetzt zur Kenntnis nehmen.

… **mit Kreuz-König:** Hoher Besuch erwartet Sie. Herz-Sieben verkehrt: Eine Amtsstelle kommt hinter ein Geheimnis.

… **mit Kreuz-As:** Sie erfahren Erfreuliches über Ihren Partner. Beide Karten verkehrt: Wenn Sie den Geheimniskrämer spielen, werden Sie kaum etwas erreichen.

… **mit Pik-Sieben:** Sie könnten Ihr häusliches Glück verspielen. Beide Karten verkehrt: In der Familie steht's zur Zeit nicht allzugut; es kommt auf Sie und Ihre Initiative an, daß sich das wieder einrenkt.

... mit **Pik-Acht:** Ärger im Haus (auch Ehekrach). Beide Karten verkehrt: Sie sind traurig, weil Ihr Partner eigene Wege zu gehen scheint.

*Pik-Acht sorgt für Krach*

... mit **Pik-Neun:** Sie haben zur Zeit nicht viel zu lachen. Beide Karten verkehrt: Heimlichkeiten werden riskant.

... mit **Pik-Zehn:** Sie werden über schlechte Zeiten schnell hinwegkommen. Herz-Sieben verkehrt: Über Nacht löst sich eine geheime Angst in nichts auf.

... mit **Pik-Bube:** Jemand versucht, Ihren häuslichen Frieden zu stören. Herz-Sieben verkehrt: Sie pflegen doch nicht etwa ein sogenanntes schmutziges Verhältnis?

... mit **Pik-Dame:** Hören Sie nicht auf Einflüsterungen, die von außen an Sie herangetragen werden. Herz-Sieben verkehrt: Das Geheimnis, das Sie einer Klatschbase anvertrauen, wird nicht lange geheim bleiben.

... mit **Pik-König:** Liegen Sie mit einem Nachbarn etwa in Fehde? Dann sollten Sie jetzt schleunigst einlenken. Herz-Sieben verkehrt: Eine heimliche Verabredung gibt Ihrem Partner einige Rätsel auf.

*Gute Nachbarschaft hilft immer*

... mit **Pik-As:** Irgend etwas (vielleicht ein Gerichtsvollzieher?) könnte Ihr häusliches Glück stören. Beide Karten verkehrt: Jemand stiehlt sich heimlich in Ihr Herz, aber Sie wollen das noch nicht wahrhaben.

### *Kombinationen der Herz-Acht*

... mit **Herz-Neun:** Das Glück in der Liebe ist auf das eigene Heim beschränkt. Beide Karten verkehrt: Sie erfahren auf Umwegen, daß Ihr Partner nicht glücklich ist.

... mit **Herz-Zehn:** Hochzeit in Sicht, wenn nicht Ihre eigene, dann aber doch im engeren Kreis der Familie oder Ihrer Freunde. Herz-Acht verkehrt: Sie treffen sich heimlich mit jemandem, den Sie sehr mögen.

... mit **Herz-Bube:** Sie denken an einen treuen Freund. Herz-Acht verkehrt: Ihre Liebe wird arg strapaziert durch unverständliche Handlungen Ihres Partners.

... mit **Herz-Dame:** Sie haben ein weites Herz. Für einen Fragesteller: Sie werden heiß und innig geliebt. Herz-Acht verkehrt: Sie entdecken an einer bisher von Ihnen verehrten Dame einen Zug, der Sie bestimmt, sich von ihr auf jeden Fall zurückzuziehen.

...**mit Herz-König:** Man denkt liebevoll von Ihnen. Herz-Acht verkehrt: Ein Ihnen sehr nahestehender Mensch könnte plötzlich krank werden.

...**mit Herz-As:** Vorteile erwachsen durch jemanden, den man nach langer Zeit zum erstenmal wiedersieht. Beide Karten verkehrt: Sie müssen sich von etwas trennen, das Ihnen sehr lieb geworden ist.

*Wiedersehen bringt Vorteile*

...**mit Kreuz-Sieben:** Kummer oder auch eine Krankheit werden schnell vorübergehen. Beide Karten verkehrt: Ein Fehlschlag kann nur mit Mühe wiedergutgemacht werden.

...**mit Kreuz-Acht:** Ein junges Mädchen gewinnt Ihre Zuneigung. Beide Karten verkehrt: Achten Sie mehr auf Ihre Gesundheit, und gehen Sie mal, auch wenn nichts zu fehlen scheint, zum Arzt, daß er Sie durchcheckt.

*Eine kleine Reise bringt Abwechslung ...*

...**mit Kreuz-Neun:** Eine kleine Reise würde Abwechslung in Ihr Leben (oder in den Ehealltag) bringen. Beide Karten verkehrt: Falsche Freunde sorgen für Aufregung.

...**mit Kreuz-Zehn:** Ein Fremder klopft an die Tür und bringt etwas Schönes mit. Herz-Acht verkehrt: Ein bißchen Ärger.

...**mit Kreuz-Bube:** Eine gute Nachricht erreicht Sie. Herz-Acht verkehrt: Sie hängen manchmal zu trüben Gedanken nach und machen sich unnötig das Leben schwer.

...**mit Kreuz-Dame:** Hilfe kommt von nebenan. Für Unverheiratete: Man will Sie verkuppeln.

...**mit Kreuz-König:** Sie erwerben die Zuneigung eines Menschen, der Ihnen helfen kann. Herz-Acht verkehrt: Sie sollten eine amtliche Angelegenheit schleunigst klären.

...**mit Kreuz-As:** Sie erhalten eine Nachricht, die Sie in Hochstimmung versetzt. Beide Karten verkehrt: Wenn Sie Ihre Gesundheit weiter so strapazieren, liegen Sie schneller, als Sie denken, auf der Nase.

...**mit Pik-Sieben:** Streit im Haus; lenken Sie lieber gleich ein. Beide Karten verkehrt: Eine schmerzliche Trennung.

...**mit Pik-Acht:** Eifersucht kann den häuslichen Frieden stören. Beide Karten verkehrt: Sie haben sich falsch verhalten und sollten daher ruhig mal den untersten Weg gehen.

...**mit Pik-Neun:** Nachricht (aus dem Krankenhaus?), daß es einem Nahestehenden wieder besser geht. Beide Karten verkehrt: Ein Schicksalsschlag könnte Sie erschüttern, behalten Sie daher die Nerven.

… **mit Pik-Zehn:** Erholung steht an, machen Sie etwas daraus. Herz-Acht verkehrt: Von einer Reise könnten Sie gestreßt zurückkehren; also verschieben Sie diese besser.

… *aber sie streßt auch manchmal*

… **mit Pik-Bube:** Jemand erzählt Lügen über Sie und Ihre Familie. Herz-Acht verkehrt: Ein bestimmter Fall könnte vor Gericht enden.

… **mit Pik-Dame:** Sagen Sie den Besuch einer recht zweifelhaften Dame rechtzeitig ab. Herz-Acht verkehrt: Sie sollten nicht über eine Verwandte (Schwiegermutter?) schimpfen, die es eigentlich recht gut mit Ihnen meint.

… **mit Pik-König:** Wehren Sie sich standhaft gegen einen Herrn, der Unruhe in Ihr Haus bringen möchte. Herz-Acht verkehrt: Wenn Sie sich nicht aussöhnen wollen, könnte Ihnen ein Mann (Anwalt?) das Leben schwermachen.

… **mit Pik-As:** Auch ein freudiges Ereignis kann schrecken. Beide Karten verkehrt: Irgendein Verlust ist angezeigt.

### Kombinationen der Herz-Neun

… **mit Herz-Zehn:** Baldige Hochzeit im engeren Familienkreis oder der Beweis, daß man in einem engen Verhältnis glücklich ist. Herz-Neun verkehrt: Sie sind sich nicht ganz sicher, ob Sie auch wirklich geliebt werden.

… **mit Herz-Bube:** Ein treuer Freund meldet seinen Besuch an. Herz-Neun verkehrt: Ein Wunsch wird nicht erfüllt.

… **mit Herz-Dame:** Eine gute Freundin hilft Ihnen weiter. Für Eheleute: heiße Liebe. Herz-Neun verkehrt: Sie könnten eine Dame enttäuschen, die es gut mit Ihnen meint.

… **mit Herz-König:** Ein sympathischer Mann möchte Ihr Freund werden. Für eine Fragestellerin: Ihr Freund oder Ehemann liebt Sie und bleibt Ihnen treu. Herz-Neun verkehrt: Es ist gar nicht so sicher, daß sich ein Freund für Sie einsetzt.

… **mit Herz-As:** Viel Liebe im eigenen Heim. Beide Karten verkehrt: Bei einem möglichen Umzug oder einer persönlichen Veränderung kommen Sie vom Regen in die Traufe.

… **mit Kreuz-Sieben:** Auch die Liebe bringt manchmal Kummer; es kommt nur auf Sie an. Beide Karten verkehrt: Was Sie leichtsinnigerweise anstreben, kann schiefgehen.

*Auch die Liebe kann Kummer machen*

… **mit Kreuz-Acht:** Vorübergehende Sorgen in der Familie sollten Sie nicht schocken. Beide Karten verkehrt: Ein einschneidendes Ereignis verunsichert Sie sehr.

… **mit Kreuz-Neun:** Eine Amtshandlung deutet auf Geld, eventuell auf eine Erbschaft hin. Beide Karten verkehrt: Fühlen Sie sich nicht zu sicher, sondern sorgen Sie lieber für später vor.

… **mit Kreuz-Zehn:** Wenn die Nachbarkarten Günstiges aussagen, läßt diese Kombination den Schluß zu, daß man reich wird, wenn man es nicht schon ist. Herz-Neun verkehrt: Es ist fast nicht möglich, daß Sie ans große Geld kommen.

… **mit Kreuz-Bube:** Wunscherfüllung auf der ganzen Linie. Herz-Neun verkehrt: Man kann sich auf niemanden verlassen, auch nicht auf den, den man liebt.

… **mit Kreuz-Dame:** Man denkt an Sie und Ihre zukünftigen Erfolge. Herz-Neun verkehrt: Nehmen Sie sich vor einer weiblichen Person in acht, die Ihnen einen Streich spielen will.

… **mit Kreuz-König:** Eine hochgestellte Persönlichkeit wird sich für Sie verwenden. Herz-Neun verkehrt: Wenn Sie sich nicht wohl fühlen, sollten Sie mal zum Arzt gehen.

… **mit Kreuz-As:** Eine Nachricht von offizieller Stelle geht ein, die Ihnen Freude bereiten wird. Beide Karten verkehrt: Sie haben es in der Hand, alles zum Guten zu wenden.

*Glück in der Liebe kann schnell vergehen*
… **mit Pik-Sieben:** Nach einem Fehlschlag holen Sie schnell wieder auf. Beide Karten verkehrt: Das Glück in der Liebe kann rasch vergehen, wenn man sich nichts mehr zu sagen hat.

… **mit Pik-Acht:** Sie müssen hart arbeiten, um ein Erfolgsziel zu erreichen. Beide Karten verkehrt: Streben Sie nicht in die Ferne; das Heimweh würde Sie umbringen.

… **mit Pik-Neun:** Wer Ihnen Unannehmlichkeiten macht, wird sich am Ende selber schaden. Beide Karten verkehrt: Allzu große Risikobereitschaft wird sich nicht auszahlen.

… **mit Pik-Zehn:** Alles geht nach Wunsch, selbst wenn einige Hindernisse aufgebaut sind. Herz-Neun verkehrt: Der Aufstieg im Beruf ist noch gar nicht so sicher.

… **mit Pik-Bube:** Auch wenn Sie fest daran glauben, daß in jedem Menschen ein guter Kern steckt, sollten Sie doch nicht jedem x-beliebigen vertrauen. Herz-Neun verkehrt: Jemand bringt Sie mit seiner Unaufrichtigkeit in eine miese Lage.

… **mit Pik-Dame:** Klatsch kann Ihnen nichts anhaben. Liegt Herz-Neun verkehrt, ist das gar nicht so sicher, zumal Sie vielleicht selbst hinter dem Rücken anderer tuscheln.

*Auch sonnige Leute haben ihre Neider*
… **mit Pik-König:** Weil Sie ein sonniger Menschentyp sind, haben Sie einen oder auch gleich ein paar Neider. Herz-Neun ver-

kehrt: Ein naher Verwandter läßt Sie über seine jetzt anstehenden Ziele völlig im unklaren.

...mit **Pik-As:** Lassen Sie ruhig andere sich ärgern. Beide Karten verkehrt: Ein Verlust ist schwer wiedergutzumachen.

### Kombinationen der Herz-Zehn

...mit **Herz-Bube:** Der Mensch, den Sie lieben, ist bedingungslos treu. Probleme gibt es da also nicht.

...mit **Herz-Dame:** Glück in einem innigen Verhältnis. Bei Fragestellern: Mit Ihrer Frau (oder Freundin) haben Sie das große Los gezogen; denken Sie stets daran.

...mit **Herz-König:** Ein Mann verehrt Sie sehr. Zusätzlich bei einer Fragestellerin: Ein Antrag liegt in der Luft.

...mit **Herz-As:** Großes Glück im Familienkreis. Herz-As verkehrt: Ein Problem tut sich auf, das mit dem Wunsch nach baldiger Veränderung bestehender Verhältnisse zusammenhängt.

...mit **Kreuz-Sieben:** Sie machen sich Illusionen, die aber wider Erwarten (reiche Heirat?) Wirklichkeit werden können. Kreuz-Sieben verkehrt: Rasende Eifersucht könnte einen Eheplan zerschlagen.

...mit **Kreuz-Acht:** Man verwöhnt Sie, aber nur für kurze Zeit. Kreuz-Acht verkehrt: Ein Plan, der das Zusammenziehen betrifft, verzögert sich mehr und mehr.

*Verwöhnt werden für kurze Zeit – auch ganz schön!*

...mit **Kreuz-Neun:** Durch einen simplen Zufall wendet sich das Glück zu Ihren Gunsten. Kreuz-Neun verkehrt: Ein Problem kann in nächster Zeit nicht gelöst werden, verzagen sollten Sie aber auf gar keinen Fall.

...mit **Kreuz-Zehn:** Ärger kehrt sich in Freude. Leute, die Sie zunächst nicht mochten, sind Ihnen plötzlich zugetan.

...mit **Kreuz-Bube:** Ein Freund sorgt dafür, daß Sie sich keine Sorgen zu machen brauchen.

...mit **Kreuz-Dame:** Eine Freundin heiratet oder zieht in einen anderen Ort.

...mit **Kreuz-König:** Ihr Chef fördert Sie. Oder: Sie sollten einmal einen Fachmann um Rat fragen, was Sie nun tun sollen.

...mit **Kreuz-As:** Sie gewinnen einigen Einfluß im Leben. Kreuz-As verkehrt: In eine bisher sehr glückliche Verbindung zieht plötzlich das Mißtrauen ein.

...mit **Pik-Sieben:** Sie sind über jeden Verdacht erhaben und werden sich in einem ganz bestimmten Fall durchsetzen. Pik-

Sieben verkehrt: Jemand, den Sie gern mögen, wendet sich von Ihnen ab – ob für immer, das ist hier die Frage.

***Versöhnung wird für alles entschädigen***

... **mit Pik-Acht:** Als Optimist kann Ihnen alltäglicher Ärger oder Streit wenig anhaben. Pik-Acht verkehrt: Sie brauchen nicht traurig zu sein, wenn's in der Ehe oder einer anderen innigen Verbindung einmal kracht; trösten Sie sich damit, daß Sie die Versöhnung für alles entschädigen wird.

... **mit Pik-Neun:** Lassen Sie sich nicht entmutigen, wenn es mit Ihrer Gesundheit augenblicklich nicht allzugut steht. Pik-Neun verkehrt: Sie sollten mit vollem Risiko die Lösung eines Problems ansteuern.

... **mit Pik-Zehn:** Sie machen die Nacht zum Tage, sollten aber auch ein klein wenig Rücksicht auf die eigene Familie oder auf die Nachbarn nehmen.

... **mit Pik-Bube:** Sie gehen unbeirrt Ihren Weg, auch wenn es dem „lieben" Nachbarn nicht so paßt.

... **mit Pik-Dame:** Sie haben viele Neider, die Ihnen Ihr Glück mißgönnen. Bei Fragestellern: Sie haben ein Auge auf ein Mädchen geworfen, das Ihnen zu Ihrem Glück gerade noch gefehlt haben könnte.

... **mit Pik-König:** Sie setzen sich selbst gegen hartnäckige Gegner sehr erfolgreich durch.

***Das Ende einer Beziehung***

... **mit Pik-As:** Ende einer Ehe oder Freundschaft in Sicht. Liegt Pik-As verkehrt, strebt man wohl in beiderseitigem Einverständnis auseinander.

### Kombinationen von Herz-Bube

... **mit Herz-Dame:** Diese Kombination deutet meist auf ein Liebesverhältnis hin. Auf jeden Fall ist da ein treuer Bursche sehr um die Herzensdame bemüht.

... **mit Herz-König:** Ein treuer Freund, der aber auch einige Fehler hat, tritt auf den Plan. Vielleicht macht man aber auch die Bekanntschaft eines Herrn, mit dem man gleich ein Herz und eine Seele ist.

... **mit Herz-As:** Gute Nachricht flattert ins Haus. Herz-As verkehrt: Jemand, der es treu und ehrlich meint, bringt einigen Wirbel ins Haus.

... **mit Kreuz-Sieben:** Sie stürzen sich in ein Verhältnis (gegebenenfalls in eine Ehe), das noch viele Bewährungsproben bestehen muß. Kreuz-Sieben verkehrt: Gegen einen Gegner, der mit allen Tricks arbeitet, steht Ihnen ein guter Freund erfolgreich zur Seite.

…**mit Kreuz-Acht:** Ein Mensch, der es gut mit Ihnen meint, hilft Ihnen, augenblickliche Sorgen zu überwinden. Kreuz-Acht verkehrt: Sie haben gar keinen Grund zur Eifersucht.

…**mit Kreuz-Neun:** Sie lernen auf einer Reise einen netten Menschen kennen. Kreuz-Neun verkehrt: Ein persönlicher Wunsch stößt plötzlich auf erbitterten Widerstand.

…**mit Kreuz-Zehn:** Sie können sich über kurz oder lang manches kaufen, das Sie sich schon lange gewünscht haben. Möglicherweise entpuppt sich auch ein Fremder als jemand, der Ihnen selbstlos helfen will.

…**mit Kreuz-Bube:** Ein reizender Mann macht Ihnen seine Aufwartung. Oder: Setzen Sie sich nie zwischen zwei Stühle.

…**mit Kreuz-Dame:** Eine treue Freundin (Freund) wird sich um Sie kümmern. Oder: Bei einem befreundeten Paar finden Sie den Rückhalt, den Sie in nächster Zeit brauchen werden.

…**mit Kreuz-König:** Auf jeden Fall wird Ihnen geholfen. Sie haben Gönner, die Ihnen auch zur Seite stehen, wenn Sie in ein etwas schiefes Licht geraten sollten.

…**mit Kreuz-As:** Sie erhalten Nachricht von einem Menschen, der Sie sehr verehrt. Kreuz-As verkehrt: Und wenn noch soviel auf Sie einstürmt, werden Sie sich auf treue Freunde immer verlassen können.

…**mit Pik-Sieben:** Sie haben zur Zeit anscheinend nicht den Mut, sich durchzubeißen. Pik-Sieben verkehrt: Ihre heißen Wünsche werden in nächster Zeit kaum erfüllt werden.

…**mit Pik-Acht:** Mißgunst kann ein hilfreiches Angebot gefährden. Pik-Acht verkehrt: Sie sind um eine Hoffnung ärmer, weil sich sogar ein guter Freund gegen Sie entscheidet.

*Mißgunst gefährdet Hilfe*

…**mit Pik-Neun:** Wahrscheinlich werden Sie durch eigene Schuld einen treuen Freund verlieren. Pik-Neun verkehrt: Man versucht, Ihnen einen Menschen abspenstig zu machen, der es absolut ehrlich mit Ihnen meint.

…**mit Pik-Zehn:** Ein Freund, dem es nicht besonders gut geht, braucht Ihre Hilfe. Oder: Sie lernen auf einer Reise jemanden kennen, der gefühlsmäßig zu Ihnen paßt.

…**mit Pik-Bube:** Ein treuloser Freund bereitet Ihnen am laufenden Band Schwierigkeiten. Oder im Falle eines Falles: Vor Gericht wird jemand zu Ihren Gunsten aussagen.

…**mit Pik-Dame:** Man hetzt gegen Sie oder Ihre Familie, aber jemand, von dem Sie gar nichts erwarteten, steht zu Ihnen. Und das löst das Problem.

…**mit Pik-König:** Vertrauen Sie nie jemandem, den Sie noch gar nicht so recht kennen. Oder: Sie finden in einer prekären Situation einen Anwalt, der Sie raushaut.

…**mit Pik-As:** Ein Unheil wird in buchstäblich letzter Minute von einem Freund abgewendet. Pik-As verkehrt: Sie verlieren jemanden, der stets für Sie Partei ergriffen hat.

### Kombinationen der Herz-Dame

…**mit Herz-König:** In Ehe und Freundschaft ist alles im Lot. Die Liebe lacht den Glücklichen.

…**mit Herz-As:** Eine Frau sorgt dafür, daß es in der Familie ebenso stimmt wie im Freundeskreis. Herz-As verkehrt: In Verbindung mit einer engen Verwandten steht eine Veränderung ins Haus.

…**mit Kreuz-Sieben:** Hindernisse sind aufgebaut, die nur schwer überwunden werden können. Für einen Fragesteller: Die Dame Ihres Herzens sorgt sich um Sie. Kreuz-Sieben verkehrt: Eine enge Verwandte (oder auch die Herzensdame) ist sehr eifersüchtig und macht sich das Leben unnötig schwer.

*Eifersüchtige Dame macht das Leben schwer*

…**mit Kreuz-Acht:** Auch Liebe kann mal vorübergehen. Kreuz-Acht verkehrt: Die Mutter (Braut oder Ehefrau) macht Sorgen.

…**mit Kreuz-Neun:** Reise zu zweit. Kreuz-Neun verkehrt: Einer Herzensverbindung stehen Schwierigkeiten entgegen.

…**mit Kreuz-Zehn:** Eine Urlaubsreise, auf der man viel erlebt (ein lediger Fragesteller könnte zum Beispiel dabei die Frau seiner Träume kennenlernen).

…**mit Kreuz-Bube:** Sie gewinnen einen Freund. Für einen Fragesteller: Glück bei Frauen.

…**mit Kreuz-Dame:** Eine ältere Dame fördert Sie (das kann natürlich auch die eigene Mutter sein).

…**mit Kreuz-König:** Sie finden bei Freunden Hilfe durch Rat und Tat. Bei einer Fragestellerin: Sie haben einen stillen Verehrer.

*Pech in der Liebe durch Kreuz-As verkehrt?*

…**mit Kreuz-As:** Sie machen einer Dame oder einer Freundin ein schönes Geschenk. Liegt das Kreuz-As verkehrt, deutet das bei einem Fragesteller auf Pech in der Liebe, bei einer Fragestellerin möglicherweise auf irgendeinen Verlust hin.

…**mit Pik-Sieben:** Es gibt Streit mit der besten Freundin. Bei Fragestellern auch: Liebeskummer. Pik-Sieben verkehrt: Eine bestimmte Frau (Nachbarin?) bringt Unruhe in die eigene Ehe oder Freundschaft.

… **mit Pik-Acht:** Sie sind wohl eifersüchtig? Pik-Acht verkehrt: Haben Sie vielleicht Heimweh nach der Mutter oder dem Elternhaus?

… **mit Pik-Neun:** Eine nahe Verwandte könnte krank werden. Pik-Neun verkehrt: Ein Fragesteller muß um seine Liebste kämpfen; eine Fragestellerin hört zu sehr auf ihre Mutter.

… **mit Pik-Zehn:** Ihre Freundin bemüht sich um Ihre Karriere. Oder: Eine nächtliche Aussprache klärt Mißverständnisse.

… **mit Pik-Bube:** Untreue ist im Spiel. Bei einer Fragestellerin: Vorsicht, Ihr Ehemann (oder Freund) geht fremde Wege!

… **mit Pik-Dame:** Eine fremde Dame will sich in Ihre Liebesangelegenheiten mischen. Oder ist es die liebe Schwiegermutter, die bei Entscheidungen junger Eheleute allzusehr mitsprechen will?

… **mit Pik-König:** Verbindung zwischen zwei ungleichen Leuten. Bei einer Fragestellerin: Sie sollten lieber nicht nach anderen Männern Ausschau halten.

… **mit Pik-As:** Schreckschuß in der Liebe. Pik-As verkehrt: Was man liebt, ist nicht sehr sicher.

### *Kombinationen von Herz-König*

… **mit Herz-As:** Ein Mann sorgt für Ordnung in der Familie oder im freundschaftlichen Umkreis. Herz-As verkehrt: Sie lernen einen sympathischen Menschen kennen, der Sie in andere Kreise bringt.

… **mit Kreuz-Sieben:** Ein Freund bringt Tränen mit. Kreuz-Sieben verkehrt: Sie müssen sich von einem Freund trennen.

… **mit Kreuz-Acht:** Eine bessere Stellung könnte innerhalb von Jahresfrist im Beruf winken. Kreuz-Acht verkehrt: Ein Freund wird krank; für eine Fragestellerin: Die Verbindung mit einem geliebten Mann lockert sich wohl durch eigene Schuld ein wenig.

… **mit Kreuz-Neun:** Erst durch kleinere Verluste gelangen Sie ans Ziel. Kreuz-Neun verkehrt: Selbst der beste Freund kann Ihnen im Augenblick nicht helfen.

… **mit Kreuz-Zehn:** Großes Geld kommt Ihnen ins Haus. Oder: Ein Mann, den Sie sehr schätzen, schmeichelt sich bei Ihnen ein.

*Geld oder Mann ins Haus – das ist die Frage*

… **mit Kreuz-Bube:** Geschäftlicher Erfolg des Familienoberhaupts. Oder: Ein lieber Freund hängt tristen Gedanken nach.

…**mit Kreuz-Dame:** Erfolge in der Ehe oder in der Freundschaft, die auch durch eine gewisse Dame nicht verhindert werden.

…**mit Kreuz-König:** Sie finden Rat bei einem älteren Herrn. Bei einer Fragestellerin: Sie stehen wohl zwischen zwei Männern und können sich nicht entscheiden?

…**mit Kreuz-As:** Erfolg im Beruf. Für eine Fragestellerin ist es der berufliche Erfolg ihres Freundes oder Ehemanns. Kreuz-As verkehrt: Vielleicht ist Ihr bester Freund ein wenig zu großzügig.

…**mit Pik-Sieben:** Vorsicht vor Schulden. Pik-Sieben verkehrt: Wenn die Liebe nachläßt, liegt's wohl am Mann.

…**mit Pik-Acht:** Sorgen, die sich nicht ums liebe Geld drehen. Pik-Acht verkehrt: Da ist jemand traurig, den man allzusehr vernachlässigt.

*Fragestellerin geht auf Abwege*

…**mit Pik-Neun:** Der Herr des Hauses könnte in einer gesundheitlichen Krise stecken. Steht Pik-Neun verkehrt, geht ein Fragesteller auf Abwege und gefährdet eine Verbindung. Da sollte auch eine Fragestellerin aufpassen.

…**mit Pik-Zehn:** Berufliche Sorgen werden nicht allzu lange anhalten, weil ein guter Freund zu Ihnen hält. Bei einer Fragestellerin: Es ist möglich, daß Ihr Mann (oder Ihr Bekannter) zu viel Geld kommt.

…**mit Pik-Bube:** Es spricht manches gegen einen Fragesteller oder den Mann (oder Freund) einer Fragestellerin. Es könnte eine Dummheit gemacht werden.

…**mit Pik-Dame:** Störenfried in einer Ehe oder einer festen Beziehung. Eine Dame verbreitet lauter Lügen.

…**mit Pik-König:** Ein älterer Herr meint es gut mit Ihnen. Bei einem Fragesteller: Sie sollten mal mit einem älteren Herrn über Ihre Zukunft sprechen.

…**mit Pik-As:** Schrecken für den Herrn des Hauses. Pik-As verkehrt: Ein guter Freund ist in eine etwas zwielichtige Geschichte verwickelt.

### Kombinationen von Herz-As

…**mit Kreuz-Sieben:** Es treibt Sie in eine unsichere Ferne. Beide Karten verkehrt: Bei einem Umzug müssen Sie mit einer Trennung rechnen.

…**mit Kreuz-Acht:** Für kurze Zeit ist Unruhe im Haus. Beide Karten verkehrt: Tränen, die um einen Nahestehenden geweint werden müssen.

246

… **mit Kreuz-Neun:** Verluste werden durch den Zusammenhalt in der Familie oder im freundschaftlichen Umkreis aufgewogen. Beide Karten verkehrt: Sie finden sich nur schwer in einer neuen Umgebung zurecht.

*Verluste werden aufgewogen*

… **mit Kreuz-Zehn:** Für einige Zeit sind Sie von daheim fort, möglicherweise auf Urlaub. Herz-As verkehrt: Aus der erhofften Verbesserung Ihrer finanziellen Lage wird nichts.

… **mit Kreuz-Bube:** In der engeren Verwandtschaft gibt es Grund zur Freude. Herz-As verkehrt: Sie denken oft an vergangene Tage, in denen es Ihnen besser erging als zur Zeit.

… **mit Kreuz-Dame:** Ihr Traditionsbewußtsein eckt in der Nachbarschaft oder im Kollegenkreis an. Herz-As verkehrt: Eifersuchtsszenen wegen einer dunkelhaarigen Frau stehen Ihnen ins Haus.

… **mit Kreuz-König:** Der Senior der Familie lädt ein. Herz-As verkehrt: Die Trennung von einem nahen Verwandten oder Bekannten berührt Sie sehr. Eine Fragestellerin findet in einer neuen Umgebung einen stillen Verehrer.

… **mit Kreuz-As:** Ihre geordneten Verhältnisse geraten etwas in Unordnung. Beide Karten verkehrt: Jemand, den Sie sehr mögen, wird von Ihrer Seite gerissen.

… **mit Pik-Sieben:** Ein kleiner Familienstreit, der jedoch alles wieder ins Lot bringt. Beide Karten verkehrt: Sie sollten jetzt nichts verändern wollen.

… **mit Pik-Acht:** Eifersucht oder ein Streit um des Kaisers Bart macht bei Ihnen daheim dicke Luft. Beide Karten verkehrt: Ihre Hoffnung, in einer anderen Umgebung besser zurechtzukommen, erfüllt sich nicht.

*Streit um des Kaisers Bart macht dicke Luft*

… **mit Pik-Neun:** Schwierigkeiten (oder schwere Krankheit) im Familienkreis. Beide Karten verkehrt: Ein Umzug brächte jetzt ein großes Risiko.

… **mit Pik-Zehn:** Begegnung mit einem Fremden eröffnet Ihnen neue Perspektiven. Herz-As verkehrt: Sie könnten nur in der Fremde zu Geld oder neuem Ansehen kommen.

… **mit Pik-Bube:** Ein Hausfreund steht vor der Tür. Herz-As verkehrt: Man rät Ihnen falsch, wenn man Ihnen sagt, jetzt sei der beste Zeitpunkt für eine berufliche Veränderung.

… **mit Pik-Dame:** Sie bekommen Streit mit einer Frau, die schlecht über Sie spricht. Herz-As verkehrt: Eine jüngere Verwandte will das Elternhaus verlassen.

...**mit Pik-König:** Im Beruf haben Sie einen Gegenspieler, der Ihnen noch schwer zu schaffen machen wird. Herz-As verkehrt: Ein ernstzunehmender Gegner will Sie zwingen, sich eine andere Bleibe zu suchen.

...**mit Pik-As:** Unruhe in der eigenen Familie wegen unbedeutenden Angelegenheiten. Beide Karten verkehrt: Sie müssen mit einem Verlust rechnen, wenn Sie sich jetzt verändern.

### *Kombinationen der Kreuz-Sieben*

...**mit Kreuz-Acht:** Augenblicklicher Kummer hält nur kurze Zeit an. Beide Karten verkehrt: Mit Ihrer Eifersucht oder Ihren Nörgeleien machen Sie noch alle krank.

...**mit Kreuz-Neun:** Unsicherheit am Arbeitsplatz. Beide Karten verkehrt: Sie müssen gegen ein Unwohlsein ankämpfen.

*Man darf vom großen Geld träumen*

...**mit Kreuz-Zehn:** Sie dürfen vorerst nur vom großen Geld träumen. Kreuz-Sieben verkehrt: Sogenannte gute Freunde raten zu einer Reise, die zum Fiasko werden könnte.

...**mit Kreuz-Bube:** Ihre Gesundheit stabilisiert sich. Kreuz-Sieben verkehrt: Ein noch junger Mann sorgt für viel Aufregung in der Familie oder im Freundeskreis.

...**mit Kreuz-Dame:** Man stellt Ihnen Bedingungen, wie Sie aus einer mehr oder weniger prekären Situation herauskommen könnten. Kreuz-Sieben verkehrt: Sie ziehen sich die Gegnerschaft einer älteren Dame zu, die es bisher eigentlich immer ganz gut mit Ihnen gemeint hat.

...**mit Kreuz-König:** Ein Freund rüttelt Sie endlich wach. Kreuz-Sieben verkehrt: Sie sollten einen Bekannten oder nahen Verwandten zum Arzt schicken.

...**mit Kreuz-As:** Ein Gewinn (oder eine Erbschaft) ist nicht so groß, wie Sie zunächst annahmen. Beide Karten verkehrt: Sie werden trotz erheblicher Anstrengungen vielleicht einen Fehlschlag landen.

...**mit Pik-Sieben:** Sie sollten über einen herben Verlust nicht weinen. Beide Karten verkehrt: Irgendeine Trennung steht bevor; sie ist endgültig.

*Nichts als Ärger steht an*

...**mit Pik-Acht:** Ärger im Geschäft und Ärger daheim. Beide Karten verkehrt: Sie hoffen wohl vergeblich, daß sich ein bestimmtes Verhältnis noch kitten läßt.

...**mit Pik-Neun:** Sie fühlen sich elend oder erfahren, daß ein Ihnen nahestehender Mensch in die Klinik muß.

... **mit Pik-Zehn:** Wenn Sie so weitermachen, könnte es für Sie eines Tages schlimm enden. Kreuz-Sieben verkehrt: Ihre Existenz steht auf dem Spiel, aber rasches Handeln hilft!

... **mit Pik-Bube:** Weinen Sie einem falschen Freund keine Träne nach. Pik-Sieben verkehrt: Machen Sie Schluß, wenn Sie merken, daß man Sie betrügt.

... **mit Pik-Dame:** Eine ekelhafte Frau versucht, Sie bei anderen herabzusetzen. Pik-Sieben verkehrt: Sie erfahren von der unglücklichen Liebe einer Verwandten.

... **mit Pik-König:** Ein Gegner gibt auf. Pik-Sieben verkehrt: Sie ziehen den Schlußstrich unter eine Feindschaft, die viel Ärger brachte.

... **mit Pik-As:** Sie bekommen eine für Sie betrübliche Nachricht. Beide Karten verkehrt: Ein arger Verlust, der Sie sehr erschütterte, ist auszugleichen.

### Kombinationen der Kreuz-Acht

... **mit Kreuz-Neun:** Verlust, der aber nur kurze Zeit Sorgen bereitet. Beide Karten verkehrt: Sie könnten auf Ihrem Weg nach oben steckenbleiben.

... **mit Kreuz-Zehn:** Ein Prozeß (oder eine schon länger währende Streitigkeit) kann durch einen etwas faulen Vergleich beendet werden. Kreuz-Acht verkehrt: Ein Fremder überbringt Ihnen eine Nachricht, die Sie überaus traurig stimmt.

*Fauler Vergleich beendet Streit*

... **mit Kreuz-Bube:** Gute Nachricht, die wahrscheinlich den Gesundheitszustand betrifft. Kreuz-Acht verkehrt: Sie machen sich Gedanken, wie Sie sich weiterhin gegenüber einer bestimmten Person verhalten sollten.

... **mit Kreuz-Dame:** Bei einem Flirt kommt allerlei zur Sprache. Kreuz-Acht verkehrt: Eine Nachbarin hat einen herben Verlust erlitten; Sie sollten sie trösten.

... **mit Kreuz-König:** Ein Gönner greift rechtzeitig ein. Kreuz-Acht verkehrt: Sie können nicht alles allein machen; ziehen Sie lieber einen Fachmann zu Rate.

... **mit Kreuz-As:** Nur kurz ist die Freude, länger die Enttäuschung. Beide Karten verkehrt: Es ist kaum zu hoffen, daß sich ein bestimmter Fall schnell erledigen wird. Also: nur Geduld!

... **mit Pik-Sieben:** Ärger, der sehr schnell vorübergeht. Beide Karten verkehrt: Eine Reise würde Ihnen zur Zeit nicht allzuviel nützen.

... **mit Pik-Acht:** Eifersucht, die Leiden schafft. Beide Karten verkehrt: Sie erhalten eine Nachricht, die Sie traurig stimmen wird.

... **mit Pik-Neun:** Sie sind selber schuld, wenn Sie Ärger krank macht. Beide Karten verkehrt: Sie wollen sich von einem Risiko in das andere stürzen.

... **mit Pik-Zehn:** Spannungsfelder im Beruf. Kreuz-Acht verkehrt: Gefährden Sie nicht, was Sie errungen haben.

... **mit Pik-Bube:** Sie fallen leicht auf eine Intrige herein. Kreuz-Acht verkehrt: Unaufrichtigkeit wird Ihnen Schaden bringen.

*Falscher Verdacht wegen Pik-Dame*

... **mit Pik-Dame:** Eine Frau bringt Sie in einen falschen Verdacht. Kreuz-Acht verkehrt: Eine Bekannte oder Verwandte hat Pech – Sie sollten ihr helfen, auch wenn Sie sie nicht leiden können.

... **mit Pik-König:** Ein Besuch kommt zur rechten Zeit. Kreuz-Acht verkehrt: Ein Prozeß verzögert sich.

... **mit Pik-As:** Der Schreck sitzt Ihnen in den Gliedern. Beide Karten verkehrt: Sie sollten besser noch einmal von vorne anfangen, selbst wenn Sie sich darüber ärgern, daß Sie mit Unnützem viel Zeit vertan haben.

### Kombinationen der Kreuz-Neun

... **mit Kreuz-Zehn:** Im Beruf kann sich Erfreuliches (etwa eine Gehaltsaufbesserung?) ergeben. Kreuz-Neun verkehrt: Ein Fremder macht Sie darauf aufmerksam, daß Sie Ihr Freund belügt und betrügt.

*Kreuz-Bube bringt gute Nachricht*

... **mit Kreuz-Bube:** Gute Nachricht von amtlicher Seite. Kreuz-Neun verkehrt: Nur in Gedanken sind Sie schon über Hindernisse hinweg, die Ihnen absichtlich in den Weg gestellt werden.

... **mit Kreuz-Dame:** Eine Bekannte oder Verwandte macht Schwierigkeiten. Kreuz-Neun verkehrt: Eine Freundin (oder Nachbarin) spielt falsch.

... **mit Kreuz-König:** Ein Höherstehender fördert Sie. Kreuz-Neun verkehrt: Sie werden noch eine Zeitlang zu leiden haben, wenn Sie nicht endlich jemanden rufen, der bereit und in der Lage ist, Ihnen zu helfen.

... **mit Kreuz-As:** Man will Ihnen eine Freude machen. Beide Karten verkehrt: Sie haben sich wohl zuviel vorgenommen und könnten in einer Sackgasse landen.

... **mit Pik-Sieben:** Sie können einen Fehlschlag kaum verwinden. Beide Karten verkehrt: Ihre Liebe wird wahrscheinlich nicht erwidert.

...**mit Pik-Acht:** Nichts als Ärger im Beruf. Beide Karten verkehrt: Sie sind traurig, daß der Partner wie ein gehörnter Ochse reagiert.

...**mit Pik-Neun:** Ein Schicksalsschlag erweist sich als nicht so schlimm. Beide Karten verkehrt: Sie müssen zur Zeit einen dornenvollen Weg gehen.

...**mit Pik-Zehn:** Im Beruf dürfte sich bald Ihre Stellung zusehends festigen; vielleicht ist auch mehr Geld drin. Kreuz-Neun verkehrt: Mindestens noch ein Jahr werden Sie warten müssen, bis Sie endlich soweit sind, daß Sie zufrieden sein können.

...**mit Pik-Bube:** Irgendwer denkt schlecht von Ihnen. Kreuz-Neun verkehrt: Sie sind eifersüchtig oder zornig auf einen Menschen der sich in Ihre feste Beziehung oder in Ihre Ehe einmischen möchte.

...**mit Pik-Dame:** Eine Kollegin schwärzt Sie an. Kreuz-Neun verkehrt: Sie schließen sich den Falschen an.

...**mit Pik-König:** Wenn Sie im Leben etwas erreicht haben, sollten Sie sich vor einem Neider oder einem Konkurrenten in acht nehmen. Kreuz-Neun verkehrt: In einer Rechtssache sollte Sie ein Anwalt beraten.

...**mit Pik-As:** Sie werden im Beruf schlecht behandelt. Beide Karten verkehrt: Über kurz oder lang werden Sie einen Verlust erleiden müssen.

*Da reagiert einer wie ein gehörnter Ochse ...*

### Kombinationen der Kreuz-Zehn

...**mit Kreuz-Bube:** Eine Verhandlung endet zu Ihren Gunsten. Oder: In Gedanken verteilen Sie schon das Geld, das Sie bald erhalten werden.

...**mit Kreuz-Dame:** Eine Dame schlichtet einen Streit, den Sie fast verloren hätten. Oder: Ein glückliches Paar lehrt Sie, wie man miteinander umgehen muß.

...**mit Kreuz-König:** Ein Herr sorgt dafür, daß Sie beruflich die Tapete wechseln können. Oder: Ein älterer Herr bringt eine erfreuliche Nachricht ins Haus.

...**mit Kreuz-As:** Sie können auf einiges Geld hoffen, aber Sie müssen auch etwas dafür tun. Kreuz-As verkehrt: Viel Glück wird Ihnen kaum viel Geld bringen.

*Viel Geld bringt oft kein Glück*

...**mit Pik-Sieben:** Verlust im Spiel oder finanzieller Ärger. Pik-Sieben verkehrt: Eine Reise verläuft nicht so, wie Sie sich das vorgestellt haben.

… **mit Pik-Acht:** Das Geld fließt nicht so, wie Sie es sich erhofft hatten. Pik-Acht verkehrt: Nur nach anstrengender Arbeit werden Sie belohnt werden.

… **mit Pik-Neun:** Etwas Ärger im Beruf. Oder: Sie werden verlieren, wenn Sie sich nicht anstrengen. Pik-Neun verkehrt: Tun Sie den Daumen auf Ihr Erspartes.

… **mit Pik-Zehn:** Sie bekommen eine Position in weiter Ferne angeboten. Oder: Mit viel „Köpfchen" werden Sie etwas schon verloren Geglaubtes aus dem Feuer reißen.

… **mit Pik-Bube:** Ein Fremder versucht, Sie durch unsaubere Machenschaften zu gewinnen. Oder: Finger weg von einem Angebot, das unter Ihrem Niveau ist!

… **mit Pik-Dame:** Gehen Sie mit einer Frau, die Sie beleidigte, lieber nicht vor Gericht. Oder: Eine ältere Dame hält Ihnen einen zu großspurigen Lebenswandel vor.

… **mit Pik-König:** Bei einem bestimmten Prozeß geht es hart auf hart, aber ein Ihnen heute noch Fremder wird Sie wohl herauspauken.

… **mit Pik-As:** Geschäftlicher Ärger oder finanzielle Einbußen. Pik-As verkehrt: Sie müssen mit hohen Ausgaben rechnen, wenn Sie so weitermachen wie bisher.

### *Kombinationen von Kreuz-Bube*

*Dame und Bube helfen in einer Behörde*

… **mit Kreuz-Dame:** Hilfe durch eine Behörde. Durchaus möglich, daß auch eine günstige Nachricht vom Finanzamt oder von der Bank kommt.

… **mit Kreuz-König:** Ein Freund sorgt dafür, daß eine verfahrene Situation bereinigt wird.

… **mit Kreuz-As:** Sie haben Aussicht auf einen Gewinn; ob auch Geld dabei im Spiel ist, ergeben weitere Karten. Kreuz-As verkehrt: Passen Sie auf Ihr Geld auf.

… **mit Pik-Sieben:** In Ihre beruflichen Pläne können Sie jetzt eine Veränderung einbauen. Pik-Sieben verkehrt: Es läuft nicht alles nach Wunsch.

… **mit Pik-Acht:** Ein mißgünstiger Kollege kommt mit seiner Meinung nicht durch. Pik-Acht verkehrt: Ihre Hoffnung, endlich vorwärtszukommen, ist trügerisch.

… **mit Pik-Neun:** Jetzt sollten Sie eine Kur machen, auf jeden Fall irgendwie entspannen. Pik-Neun verkehrt: Gefahr im Verzuge, Geld zu verlieren.

…**mit Pik-Zehn:** Ihr beruflicher Erfolg scheint gesichert. Oder: Über Nacht kommt Ihnen die Erkenntnis, wie Sie Ihre Existenz auf eine andere Basis stellen können.

*Existenz auf andere Basis stellen*

…**mit Pik-Bube:** Lassen Sie sich die Laune nicht durch einen Intriganten verderben. Oder: Ein Freund wendet sich einem Fremden zu – lassen Sie ihn laufen!

…**mit Pik-Dame:** Eine Frau aus der Nachbarschaft, von der Sie bisher nicht allzuviel hielten, steht Ihnen vortrefflich zur Seite. Oder: Ein nicht ganz freundliches Pärchen macht Ihnen das Leben schwer.

…**mit Pik-König:** Wenn zwei sich streiten, sollten Sie das Weite suchen. Oder: Man gibt Ihnen guten Rat.

…**mit Pik-As:** Scheinbares Unheil löst sich in Freude auf. Pik-As verkehrt: Glücksbotschaft bringt Verlust.

### Kombinationen der Kreuz-Dame

…**mit Kreuz-König:** Ein Ehepaar, das es gut mit Ihnen meint. Oder: Sie sollten mehr auf ältere Leute hören.

…**mit Kreuz-As:** Nach allerlei Ärger kommt plötzlich hilfreiche Unterstützung für Sie. Kreuz-As verkehrt: Sie sollten mal eine nahe Verwandte besuchen, der es anscheinend nicht so gut geht.

*Nach Ärger kommt Hilfe*

…**mit Pik-Sieben:** Verluste werden im rechten Augenblick aufgefangen. Pik-Sieben verkehrt: Eine Nachbarin meint es gut, rät Ihnen aber zu genau dem Falschen.

…**mit Pik-Acht:** Sie sollten nicht auf jemanden eifersüchtig sein, der Ihnen nur helfen will. Pik-Acht verkehrt: Eine ältere Dame sehnt sich nach Ihnen und ist traurig, daß Sie nichts von sich hören lassen.

…**mit Pik-Neun:** Sie sollten sich nicht so niedergeschlagen zeigen, sondern mehr Wert auf Ihre äußere Erscheinung legen. Pik-Neun verkehrt: Ein Schicksalsschlag, der sich auf eine Verwandte bezieht.

…**mit Pik-Zehn:** Eine höhergestellte Frau ist mit Ihnen nicht sehr zufrieden. Oder: Sie müssen schon klug taktieren, um sich bei älteren Leuten durchzusetzen.

…**mit Pik-Bube:** Jemand macht Sie vor einer Dame schlecht. Oder: Aus einer Freundschaft wird nichts.

…**mit Pik-Dame:** Halten Sie sich aus dem Nachbarschaftsklatsch heraus. Oder: Mit weiblichen Verwandten haben Sie anscheinend kein besonderes Glück.

...**mit Pik-König:** Ein älterer Herr (oder eine ältere Dame) interessiert sich für Sie und Ihre Familie. Oder: Fangen Sie keinen Krach mit Leuten an, die klüger sind.

...**mit Pik-As:** Sie machen jemandem den Hof. Pik-As verkehrt: Es steht schlecht um eine Freundin.

### *Kombinationen von Kreus-König*

*Einem Meinungsmacher ist nicht zu trauen*

...**mit Kreuz-As:** Sie werden beruflich gefördert. Kreuz-As verkehrt: Trauen Sie jemandem nicht, der Ihnen seine Meinung aufschwatzen will.

...**mit Pik-Sieben:** Eine Versetzung. Pik-Sieben verkehrt: Ein Nahestehender ist hoffnungslos verliebt.

...**mit Pik-Acht:** Sie müssen schon sehr schwer arbeiten, um auf einen grünen Zweig zu kommen. Pik-Acht verkehrt: Ein wohlgemeinter Rat erweist sich für Sie als Seifenblase.

...**mit Pik-Neun:** Ein guter Freund oder Bekannter wird krank. Pik-Neun verkehrt: Es droht Gefahr aus einem Amt.

...**mit Pik-Zehn:** Im Beruf oder im Geschäft kann es zu Rückschlägen kommen. Oder: Sie tricksen einen älteren Kollegen aus, der sich gegen Sie wandte.

...**mit Pik-Bube:** Suchen Sie nicht Rat bei jemandem, der nur vorgibt, Ihr Freund zu sein. Oder: Jemand spielt Ihnen einen Streich, der Ihnen mehr schadet, als Sie denken.

...**mit Pik-Dame:** Wenn zwei sich streiten, sollten Sie sich nicht einmischen. Oder: In der Nachbarschaft geht's rund.

...**mit Pik-König:** Sie erhalten Unterstützung von jemandem, den Sie eigentlich für Ihren Gegner hielten.

...**mit Pik-As:** Sie sollten einmal den Onkel Doktor aufsuchen. Pik-As verkehrt: Ein hochgestellter Herr mag nichts mehr von Ihnen wissen.

### *Kombinationen von Kreus-As*

*Bei herbem Verlust: Kopf hoch!*

...**mit Pik-Sieben:** Sie werden sich schon wieder hochrappeln. Beide Karten verkehrt: Ein herber Verlust wird Sie erschüttern. Trotzdem: Kopf hoch!

...**mit Pik-Acht:** Geschäftlichen Ärger sollten Sie nicht in häusliche Launen umsetzen. Beide Karten verkehrt: Sie sollten die Hoffnung nicht aufgeben.

...**mit Pik-Neun:** Eine Krankheit wird überwunden. Beide Karten verkehrt: Sie steuern in eine gefährliche Lage.

... **mit Pik-Zehn:** Eine traurige Nachricht wird Sie erreichen. Kreuz-As verkehrt: Um ein gewisses Projekt steht es im Augenblick nicht allzu gut.

... **mit Pik-Bube:** Trotz mancherlei Intrigen werden Sie vorwärtskommen. Kreuz-As verkehrt: Jemand will Ihnen die Karriere verbauen.

... **mit Pik-Dame:** Hängen Sie sich nicht an eine falsche Schlange. Kreuz-As verkehrt: Eine Klatschbase versucht, Sie bei Freunden schlechtzumachen.

... **mit Pik-König:** Man verurteilt Ihr Vorgehen. Kreuz-As verkehrt: Ihrem Vater oder Schwiegervater geht's zur Zeit wohl nicht allzu gut.

... **mit Pik-As:** Prozessieren schadet Ihnen nur, den Gewinn haben lediglich die Anwälte! Also versuchen Sie eine gütliche Einigung. Beide Karten verkehrt: Bei Ihnen heißt es wahrscheinlich: „Wie gewonnen, so zerronnen!"

### Kombinationen der Pik-Sieben

... **mit Pik-Acht:** Sie sollten nicht mehr soviel arbeiten, sonst wird der Streß Sie noch schaffen. Beide Karten verkehrt: Anscheinend sind Sie hoffnungslos verliebt.

... **mit Pik-Neun:** Sie werden längere Zeit ans Bett gefesselt werden, wenn Sie nicht vernünftig leben. Beide Karten verkehrt: Das Schicksal kann nun einmal grausam sein, wenn man ihm nicht trotzt.

... **mit Pik-Zehn:** Ein Rückschlag im Beruf ist möglich, wenn Sie nicht zu kämpfen verstehen. Pik-Sieben verkehrt: Über Nacht geht Ihnen auf, daß Sie ein bisher gutes Verhältnis lösen müßten, um besser dazustehen.

... **mit Pik-Bube:** Sie haben Ärger mit mißgünstigen Kollegen. Pik-Sieben verkehrt: Man spielt falsch mit Ihnen.

... **mit Pik-Dame:** Eine falsche Freundin will dafür sorgen, daß Ihnen ein Denkzettel verpaßt wird. Pik-Sieben verkehrt: Ihre Schwiegermutter (oder einer älteren Dame, die Ihnen manchmal schon böse war) geht es nicht allzu gut, darum sollten Sie sich um sie kümmern.

... **mit Pik-König:** Ein Streitfall wird, wenn er nicht gleich zu Ihren Ungunsten verläuft, sicher lange schwelen. Pik-Sieben verkehrt: Sie sollten sich vor einem älteren Herrn in acht nehmen; er will Ihnen eins auswischen.

... **mit Pik-As:** In der Familie oder im Freundeskreis steht nicht immer alles zum Besten. Beide Karten verkehrt: Sie bekommen etwas nicht zurück, an dem Sie sehr hingen.

### Kombinationen der Pik-Acht

*Verluste in Kauf nehmen*

... **mit Pik-Neun:** Sie werden auch mal Verluste in Kauf nehmen müssen. Beide Karten verkehrt: Sie sind traurig, daß man ein falsches Spiel mit Ihnen treibt.

... **mit Pik-Zehn:** Im Beruf haben Sie zur Zeit einen ganz schönen Konkurrenzkampf auszufechten. Pik-Acht verkehrt: Sie hoffen vergebens auf eine Besserstellung.

... **mit Pik-Bube:** Jemand, der vorgab, ein treuer Freund zu sein, wendet sich gegen Sie. Pik-Acht verkehrt: Über die Lügenhaftigkeit einer bestimmten Person sind Sie traurig.

... **mit Pik-Dame:** Sie werden eifersüchtig bewacht. Pik-Acht verkehrt: Eine ältere Dame sorgt für Hoffnungslosigkeit.

... **mit Pik-König:** Ein Rivale versucht, Ihnen einen Streich zu spielen. Pik-Acht verkehrt: Es birgt immer ein Risiko in sich, wenn Sie sich gegen jemanden stellen, der offensichtlich am längeren Hebel sitzt.

... **mit Pik-As:** Das Schicksal könnte Ihnen auch mal übel mitspielen. Beide Karten verkehrt: Natürlich sind Sie traurig, wenn man Ihnen Ihre ureigensten Ideen stiehlt.

### Kombinationen der Pik-Neun

... **mit Pik-Zehn:** Trauerfall in der Nachbarschaft. Pik-Neun verkehrt: Im Beruf könnte jetzt manches schieflaufen.

*Pik-Bube spielt Verleumder*

... **mit Pik-Bube:** Ein Verleumder macht Sie krank. Pik-Neun verkehrt: Wenn Sie gegen einen Menschen vorgehen, der es nicht allzugut mit Ihnen meint, könnten Sie verlieren.

... **mit Pik-Dame:** Ärger wegen Klatsch in der Nachbarschaft. Pik-Neun verkehrt: Es ist schon traurig, wie eine gewisse Dame gegen Sie stänkert.

... **mit Pik-König:** Sie sollten einem Fremden nicht zuviel über sich und Ihre Familie erzählen. Pik-Neun verkehrt: Gefahr droht von einem Gegner, der üble Tricks anwendet, um Ihnen damit zu schaden.

... **mit Pik-As:** Sie können nach dem ersten Schreck einige Unannehmlichkeiten aus dem Wege räumen. Beide Karten verkehrt: Trennung von etwas Liebem.

### Kombinationen der Pik-Zehn

**... mit Pik-Bube:** Ein Kollege macht Ihnen Ihren Erfolg im Beruf streitig; übersehen Sie ihn einfach. Oder: In finanzieller Hinsicht wird Ihnen übel mitgespielt.

**... mit Pik-Dame:** Sie haben wohl vor, mit Leuten zu verreisen, die Sie eigentlich gar nicht so richtig mögen. Oder: Endlich erkennen Sie, was Klatsch und was Wahrheit ist. Halten Sie sich also aus allem raus.

**... mit Pik-König:** Sie finden im Beruf jemanden, der die gleichen Interessen hat wie Sie. Oder: Ein älterer Herr ergreift Partei für Sie.

**... mit Pik-As:** Machen Sie nur nicht alles kaputt! Pik-As verkehrt: Man überfällt Sie mit einem seltsamen Angebot, das Sie auf keinen Fall annehmen sollten.

### Kombinationen von Pik-Bube

**... mit Pik-Dame:** Um Sie herum ist viel Falschheit. Oder: Ein nicht gerade ehrliches Pärchen will sich Ihre Gunst regelrecht erschleichen.

**... mit Pik-König:** Unangenehme Verwicklungen, die Ihnen mehr schaden können, als Sie denken. Oder: Hüten Sie sich vor zwei recht streitbaren Herren aus Ihrer Umgebung, die Ihnen sichtlich übelwollen.

**... mit Pik-As:** Sie sind in Gefahr, einem Falschspieler zu erliegen. Pik-As verkehrt: Seien Sie froh, einen Freund verloren zu haben, der eigentlich gar keiner war.

*Vorsicht vor Falschspielern*

### Kombinationen der Pik-Dame

**... mit Pik-König:** Ein Paar, das Ihnen wohlgesinnt ist. Oder: Eine Dame will gegen Sie vorgehen.

**... mit Pik-As:** Eine Dame bereitet Ihnen Sorgen, möglicherweise auch ein Kind. Pik-As verkehrt: Ihre Freundin wird einen herben Verlust erleiden, wenn Sie ihr jetzt nicht selbstlos zur Seite stehen.

### Kombinationen von Pik-König

**... mit Pik-As:** Sie erhalten von jemandem, der es gut mit Ihnen meint, eine Nachricht, die für Ihr ferneres Leben ausschlaggebend sein könnte. Pik-As verkehrt: Ihr Partner (oder Freund) verliert etwas, an dem er sehr hing.

## Dreierkombinationen

Eigentlich könnten Sie mit dem Wissen um die Bedeutung der einzelnen Karten und der Zweierkombinationen jetzt schon mit dem Wahrsagen beginnen. Um Ihnen aber das Kartenlegen noch mehr zu erleichtern, haben wir auf den nächsten Seiten einige Dreierkombinationen zusammengestellt, deren Deutung wir vornahmen, um Ihnen die Umsetzung des bisher Gesagten in größere Zusammenhänge zu erleichtern.

*Wie man drei Karten kombiniert ...*

Sie werden dabei feststellen, daß wir jeweils die Aussage der linken und der mittleren Karte mit der Aussage der mittleren und der rechten Karte (also von zwei Zweierkombinationen) kombiniert haben.

Nur wenn eine Personenkarte abgebildet ist, haben wir die Bedeutung der beiden anderen Karten einzeln herangezogen, da es sich ja hier um einen speziellen Fall handelt, bei dem die Aussage auf eine einzelne Person abgestimmt werden muß.

Das sind also unsere Deutungsvorschläge. Trotzdem ist Ihren eigenen Ideen breiter Spielraum gelassen.

Nun schauen Sie sich unsere Musterkombinationen mit drei Karten einmal genauer an, und untersuchen Sie, wie wir zu diesen Deutungen kamen. Beachten Sie dabei auch, ob einzelne Karten richtig oder verkehrt liegen. Wenn Sie dann alles gründlich studiert haben, sollten Sie sich zur Übung einmal andere Dreierkombinationen legen und sie in der eben beschriebenen Weise ausdeuten. Viel Spaß dabei!

*Die sechs Personenkarten des französischen Spiels: Herz-König und Herz-Dame stehen für verheiratete oder in einem eheähnlichen Verhältnis lebende, Karo-König und Karo-Dame für ledige oder geschiedene und Kreuz-König und Kreuz-Dame für verwitwete Fragesteller*

**Karo-Dame, Karo-Sieben, Karo-Acht:** Wenn die Karten für eine unverheiratete Frau gelegt werden, hat diese, weil Karo-Sieben verkehrt liegt, einen Verlust erlitten, der aber ausgeglichen werden kann. Ist Karo-Dame keine Personenkarte, dann wendet sich nach einem harten Kampf alles zugunsten des Fragenden.

**Kreuz-König, Karo-Acht, Pik-Neun:** Sie gehen finanziell einen risikoreichen Weg (Pik-Neun verkehrt), bekommen aber einen Bundesgenossen, der Ihre Finanzen ordnet und dafür sorgt, daß Sie wieder besser schlafen können. Der Bundesgenosse kann natürlich auch Ihr neuer Steuerberater sein. *Finanziell ein Weg mit Risiko*

**Karo-As, Kreuz Neun, Karo-Neun:** Sie haben völlig recht, wenn Sie um den Menschen, den Sie gern haben, kämpfen (Kreuz-Neun verkehrt), auch falls er Sie enttäuscht hat. Aber ist ein kleiner Flirt so viel wert, daß man sich darüber entzweit?

259

**Wortgeklingel eines Schmeichlers**

**Herz-Zehn, Karo-Neun, Pik-König:** Hier lernt man einen bisher unbekannten Mann kennen, der ein rechter Schmeichler ist, hinter dessen Worten man aber reines Wortgeklingel vermuten kann.

**Pik-As, Karo-Zehn, Pik-Neun:** Noch lange Zeit werden Sie sich mit einem Problem herumschlagen müssen, dessen Lösung in nebelhafte Ferne gerückt ist. Trotzdem ziehen Sie daraus Erfahrungen fürs Leben, die Ihnen später nützlich sind.

**Chancen bei einer Ehefrau**

**Karo-König, Karo-Bube, Herz-Dame:** Ein lediger Fragesteller (Karo-König) rechnet sich Chancen bei einer verheirateten Frau aus, die wohl viel Geld besitzt. Eine Fragestellerin (Herz-Dame) flirtet gern mit lebenslustigen Männern. Bei anderen Fragestellerinnen könnte ein betuchter Herr den Gönner spielen, bei Fragestellern ist es vielleicht ein reiches Ehepaar, das verschwenderisch mit dem Geld umgeht.

**Herz-Bube, Karo-Dame, Kreuz-Neun:** Man soll die Freundschaft zu einer netten Person nicht aufgeben; machen Sie ihr ein Geschenk. Für eine ledige Fragestellerin ist klar, daß ihr Freund treu ist, obwohl er oft abwesend ist.

**Pik-Zehn, Karo-König, Pik-Neun:** Ein Gönner hat sehr viel gegen Ihre allzu große Risikofreudigkeit im Beruf einzuwenden; er sieht Verluste voraus. Ist Karo-König die Personenkarte, wird er von falschen Menschen umgeben. Andere Karten über oder unter dem Karo-König können belegen, ob Pik-Neun verkehrt wirklich glücklich Begonnenes gefährden kann.

*Ein Gönner sieht Verluste voraus*

  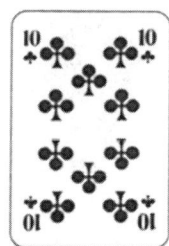

**Kreuz-König, Karo-As, Kreuz-Zehn:** Man erhält die Mitteilung eines älteren Herrn, der ein Geschäft vermittelt, das die fragende Person sorgenfrei machen könnte. Kreuz-König als Personenkarte: Ein Witwer erhält wohl einen Liebesbrief.

  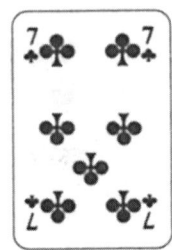

**Etwas Ärger in der Familie**

**Kreuz-Zehn, Herz-Sieben, Kreuz-Sieben:** In der Familie dessen, dem man die Karten legt, gibt es einigen Ärger, der sich aber bald in lauter Wonne auflösen wird. Darauf deutet die richtig liegende Herz-Sieben zwischen zwei Ärgerkarten.

**Pik-Sieben, Herz-Acht, Pik-Acht:** Da Pik-Sieben und Pik-Acht verkehrt liegen, wird sich ein kleiner Streit ausweiten. Keiner will nachgeben, jeder beharrt auf seinem Standpunkt. Hoffentlich deuten weitere Karten Besseres!

**Älterer Herr hilft einer Fragestellerin**

**Herz-Dame, Herz-Neun, Kreuz-König:** Einer glücklichen Fragenden wird durch einen älteren Herrn geholfen, um ein Defizit in der Haushaltskasse auszugleichen. Ist der Fragende Witwer, hilft ihm eine Freundin über trübe Stunden hinweg. Bei einer anderen Personenkarte kann die fragende Person darauf hoffen, daß Freunde (oder ein Ehepaar) helfen werden.

  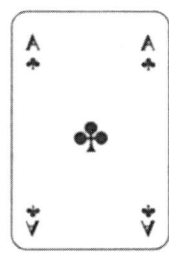

**Herz-Neun, Herz-Zehn, Kreuz-As:** Obwohl Sie immer wieder die Zusicherung erhalten, daß man für Sie sogar durchs Feuer gehen würde, sind Sie nicht ganz sicher (Herz-Neun verkehrt), daß das so ist. Weitere Karten können bei dieser Kombination darüber aussagen, ob Sie vielleicht durch zu großes berufliches Engagement in der Liebe zu kurz kommen.

*Herz-Neun verkehrt macht unsicher*

  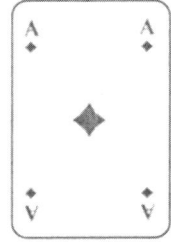

**Karo-Neun, Herz-Bube, Karo-As:** In Kürze wird ein beruflicher Wunsch (Aufbesserung der Bezüge?) in Erfüllung gehen; erwarten Sie nicht zuviel; Sie könnten sonst enttäuscht werden.

**Herz-As, Herz-Dame, Kreuz-Sieben:** Eine nahe Verwandte – bei einem verheirateten Fragenden die eigene Frau – möchte, daß Sie mal die Tapete wechseln (Herz-As verkehrt); lassen Sie sich besser nicht darauf ein. Eine verheiratete Fragestellerin hat ein einschneidendes Erlebnis, das sie auf einen Abweg zwingt.

*Wunsch nach Tapetenwechsel*

**Herz-Neun, Herz-König, Karo-Bube:** Ein verheirateter Frage-steller kann sich in dieser Verbindung auf die Erfüllung eines lang-gehegten Wunsches freuen, die ihm Geld einbringen kann. Bei anderen fragenden Personen bedeutet diese Kombination, daß ein Freund einen sympathischen Menschen vorstellt, der von nun an ihren Lebensweg mitbestimmen wird.

*Einladung wird glücklich machen*

**Karo-Zehn, Herz-As, Pik-Sieben:** In der Familie herrscht Unstimmigkeit darüber, ob man eine Einladung annehmen soll. Schließlich wird man doch zusagen und hinterher glücklich sein, weil sich alles als Volltreffer erwies. Vielleicht ist da sogar ein Gön-ner am Werk, der Lohnendes verspricht.

**Herz-Bube, Kreuz-Acht, Pik-Neun:** Sie haben zum Ärger über-haupt keinen Grund denn ein guter Freund steht Ihnen zur Seite, der dafür sorgen wird, daß Sie wieder lachen können.

**Herz-Zehn, Kreuz-König, Herz-König:** Bei einer Fragenden: Man verehrt Sie sehr, aber Sie wissen nicht, für wen Sie sich entscheiden sollen. Ist der Fragesteller ein Ehemann, kann er sich freuen: Ihm wird amtlich eine gute Nachricht überbracht, die ein Problem lösen wird. Sollte der Fragesteller ein Witwer sein, lernt er jemanden kennen, der ihm zugetan ist.

*Allgemein gesagt: auf den Rat eines Freundes hören!*

 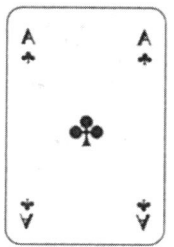 

**Pik-Zehn, Kreuz-As, Karo-Bube:** So traurig ist die Nachricht gar nicht, die Sie erschreckt hat. Hinterher wird sich schon herausstellen, daß alles nur halb so schlimm war.

**Karo-Bube, Pik-Sieben, Pik-As:** In Ihrem Umkreis entsteht Wirbel darüber, daß Sie sich immer wieder einem Menschen anvertrauen, der Ihnen eigentlich schadet. Steigen Sie ruhig von Ihrem hohen Roß herunter, und glauben Sie eher Ihren Angehörigen als einem sogenannten guten Freund.

*Vom hohen Roß heruntersteigen!*

 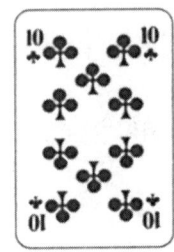 

**Herz-Acht, Kreuz-Zehn, Kreuz-Neun:** Ein Fremder sorgt für eine Überraschung, was Ihnen nicht so recht in den Kopf gehen will. Er wird nämlich behaupten, daß Ihr Freund (oder Ihre Freundin) Sie betrügt (Kreuz-Neun verkehrt weist ja auf falsche Freunde hin). Er ist aber einer Verwechslung zum Opfer gefallen.

*Ehepaar bringt Unruhe ins Heim*

**Herz-Zehn, Kreuz-Bube, Pik-Dame:** Ein sehr selbstbewußtes Ehepaar bringt viel Unruhe in Ihr trautes Heim. Aber es erweist sich schon bald als recht hilfreich, auch wenn es Ihnen zunächst das Leben schwerzumachen schien.

**Pik-Bube, Kreuz-Dame, Pik-Dame:** Eine ältere Fragestellerin sollte sich besser aus Nachbarschaftsklatsch heraushalten. Auch bei anderen Personenkarten ist viel von Schwätzereien die Rede; jedenfalls sollte man sich seine Freunde in der Nachbarschaft erst nach größter Zurückhaltung aussuchen.

266

**Herz-König, Pik-Acht, Kreuz-Acht:** Ein verheirateter Fragesteller ist sicher grundlos eifersüchtig; die Sorgen, die er sich um seine angeblich treulose Frau macht, könnten auch noch durch andere Karten, die in der Nähe stehen, vertrieben werden. Eine verheiratete Fragestellerin macht sich Gedanken über die Treue ihres Mannes. Allgemein sorgt man sich um einen netten, aber wohl nicht sehr glücklichen Menschen.

*Sorgen um treulose Ehefrau*

  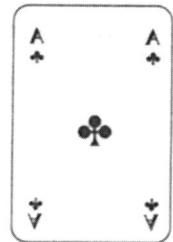

**Herz-Sieben, Pik-Neun, Kreuz-As:** Ein falscher Freund möchte Ihr glückliches Privatleben stören; glauben Sie ihm, wird sich ein Abgrund auftun (Pik-Neun und Kreuz-As verkehrt).

**Herz-As, Pik-Zehn, Kreuz-Dame:** Sie müssen erst den Widerstand einer älteren Person (Mutter?) überwinden, um in der Fremde (Herz-As verkehrt) Ihr Glück zu versuchen. Bindet man Sie fest, kann das Ihrer Karriere schaden. Eine fragende Witwe kann durch einen Umzug oder einen anderen Freundeskreis vergessen lernen, wie übel man ihr doch mitspielte.

*Ein Liebes-*
*verhältnis ist*
*wohl gestört*

**Karo-König, Pik-Bube, Herz-Sieben:** Lassen Sie sich nicht durch sogenannte gute Freunde den häuslichen Frieden stören; ziehen Sie sich lieber von ihnen zurück. Bei einem ledigen Fragesteller ist ein Liebesverhältnis gestört; wahrscheinlich ist er gegenüber einem Bekannten seiner Freundin mißtrauisch, obwohl er (Herz-Sieben) keinen Grund dazu hat.

**Karo-Zehn, Pik-Dame, Herz-Acht:** Allgemein deutet diese Kombination auf Klatschbasen hin, die über Sie schimpfen; aber Sie sind auch nicht ganz unschuldig (Herz-Acht verkehrt).

**Kreuz-Bube, Pik-König, Karo-Sieben:** Im Beruf werden Kollegen Ihnen sehr zusetzen, aber streiten Sie mit ihnen nicht; das

268

würde Ihre Position im Betrieb nur schwächen (Karo-Sieben verkehrt). Möglicherweise haben Sie aber auch zwei gefährliche Kontrahenten (vor Gericht?), die sich jedoch zum Glück selber nicht grün sind.

**Karo-Dame, Pik-As, Karo-Sieben:** Sie sollten als Fragesteller ein Erlebnis nicht überbewerten, sondern sich lieber davor hüten, durcheinandergebracht zu werden. Einer ledigen Fragestellerin kann man Ärger vorhersagen, der sich letztendlich in Wohlgefallen auflösen wird. (Es ist nämlich so, daß die negative Wirkung von Pik-As von der günstigen Aussage der Karo-Sieben fast völlig aufgehoben wird!).

*Ein Erlebnis nicht überbewerten!*

## Kombinationen mit gleichen Karten

In der eben beschriebenen Weise können Sie nun auch mehr als drei Karten in Beziehung zueinander bringen und richtig ausdeuten. Einige Kartomanten sehen im Zusammenliegen von mehreren Königen, Damen oder Buben etwas ganz Besonderes. Auch Sie können das natürlich in Ihre Deutungen einbringen. Danach bedeuten:

● **Vier Könige:** Eine besondere Auszeichnung kann der erwarten, dem man die Karten legt. Es kann aber auch nur eine Ansammlung von vielen Männern sein, die sich um eine Fragestellerin bemühen, weil diese ihnen sehr begehrenswert erscheint. Bei einem Fragesteller ist in diesem Fall aber auch der Stammtisch oder der Verein im Spiel, der zu seinem Freizeitvergnügen gehört.

*Das kann auch ein Stammtisch sein ...*

● **Drei Könige:** Hier sind meist drei streitbare Herren gemeint, die sich im positiven oder negativen Sinn für eine Fragestellerin oder einen Fragesteller interessieren. Man sollte die Bedeutung der einzelnen Königskarten in diesem Kapitel nachlesen, um zu erfahren, wie sie miteinander harmonieren. Bei drei nebeneinanderliegenden Königen kann es sich auch um besondere Pläne oder Verabredungen handeln, die eine Fragestellerin oder einen Fragesteller im Augenblick beschäftigen.

● **Vier Damen:** Bei einer Fragestellerin kann das durchaus ein Kaffeekränzchen sein, bei dem so ziemlich alles durchgehechelt wird, was die Nachbarschaft oder der Beruf hergeben. Ein Fragesteller wird wohl bei einer solchen Kartenauslage als rechter Schwerenöter bezeichnet werden können, der mehrere Eisen im Feuer hat.

*Nur zwei können sich vertragen!*

● **Drei Damen:** Hier könnte eine Freundschaft in die Brüche gehen, da sich nach einer weitverbreiteten Meinung nur zwei vertragen können, während die dritte eher die „Außenseiterin" ist. Wer diese ist, kann festgestellt werden, wenn man die Bedeutung der einzelnen Karten nachliest.

● **Vier Buben:** Die meisten Kartomanten sprechen in diesem Fall von einer fröhlichen Gesellschaft, die eine Fragestellerin oder ein Fragesteller erleben werden. Das könnte zum Beispiel wie bei den vier Königen ein Männerstammtisch sein, bei dem man etwas ganz Besonderes erfährt, oder ein Verein, dessen Fan man ist.

● **Drei Buben:** Hier trifft Ähnliches zu, was wir unter drei Damen beschrieben haben.

✱

Sie haben nun das Rüstzeug, um gekonnt die Karten auszulegen und zu deuten. Trotzdem sollte Ihnen ein kleines Beispiel zu noch mehr Sicherheit verhelfen, damit Sie sich im Laufe der Zeit auch an Größeres heranwagen und damit eventuell Ihre Zuschauer erfreuen und natürlich auch gebührend beeindrucken können. Wir wünschen Glück dazu!

### Beispiel: Legen mit beschränkter Kartenzahl

Wir wollen zum Abschluß dieses Kapitels ein Beispiel bringen, wie man auch mit beschränkter Kartenzahl erstaunliche Ergebnisse beim Wahrsagen mit französischen Spielkarten erreichen kann. Das Einfachste ist dabei, das Kreuz zu legen, das wir bei den Schemen schon am Anfang dieses Kapitels vorstellten.

*Kreuz-Dame stellt eine Witwe dar*

Das Auslegemuster mit neun Karten wurde für eine 58jährige Frau erstellt, deren Mann gerade verstorben war. Die inneren Karten mußten dabei zunächst in Beziehung zur Personenkarte gebracht werden, die diesmal Kreuz-Dame ist, weil die Fragestellerin eine Witwe ist:

● **Herz-Sieben, Kreuz-Dame, Pik-Bube** (das ist die innere Waagerechte): Die Witwe hat nach dem Tod ihres Mannes schwer zu kämpfen (Herz-Sieben verkehrt). Wir mußten ihr jedenfalls eine schwere Zeit ankündigen. Sie müsse wahrscheinlich um ihr Recht über kurz oder lang streiten, wobei ihr unaufrichtige Leute immer wieder Knüppel zwischen die Beine werfen würden (Pik-Bube). Tatsächlich hatte sie gerade erst erfahren, daß mißgünstige Angehörige ihres Mannes gegen sie einen Erbschaftsprozeß angestrengt hatten.

● **Herz-Acht, Kreuz-Dame, Karo-Zehn** (die innere Senkrechte): Wir konnten sie trösten, daß der Prozeß, von dem sie uns erzählte, erfolgreich verlaufen werde. Darauf deutet Herz-Acht hin, die das Herannahen eines guten Ereignisses ankündigt. Karo-Zehn (die Vermögenskarte) bestätigt, daß die Witwe mit großer Zähigkeit und nach hartem Einsatz einen Geldzuwachs erzielen werde.

*Karo-Zehn bestätigt Geldzuwachs*

Nach den inneren vier Karten kommen die äußeren an die Reihe. Sie schildern, was im ferneren Verlauf ihres Lebens geschehen wird:

● **Pik-König, Kreuz-Dame, Karo-As** (die äußeren Karten der Waagerechten in ihrer Beziehung zu der Personenkarte): Ein älterer Herr wird das schmutzige Spiel beenden, das man mit der Witwe treiben wollte. Sie wird durch einen Zufall mit ihm bekannt werden, was die zwischen Kreuz-Dame und Pik-König liegende Herz-Sieben aussagt, während Pik-Bube zwischen Kreuz-Dame und Karo-As auf die unfeinen Mittel hinweist, mit der man die Witwe ums Geld bringen wollte.

● **Kreuz-Zehn, Kreuz-Dame, Kreuz-Bube** (die äußeren Karten der Senkrechten in ihrer Beziehung zur Personenkarte): Auf jeden Fall wird sich unsere Fragestellerin noch gehörig ärgern (Kreuz-Zehn), bis endlich ein Urteil zu ihren Gunsten gefällt wird (Kreuz-Bube als amtlicher Glücksbote). Auch Karo-Zehn in Verbindung mit Kreuz-Bube sagt deutlich aus, daß ihre Rechnung aufgeht. Die Verbindung Herz-Acht und Karo-Zehn läßt darauf schließen, daß die Witwe einem bisher Fremden (ihrem Anwalt?) zu Dank verpflichtet sein wird, der mit seinem Einsatz letztendlich dafür sorgt, daß trotz Aufregung und Ärger doch noch alles gut verläuft.

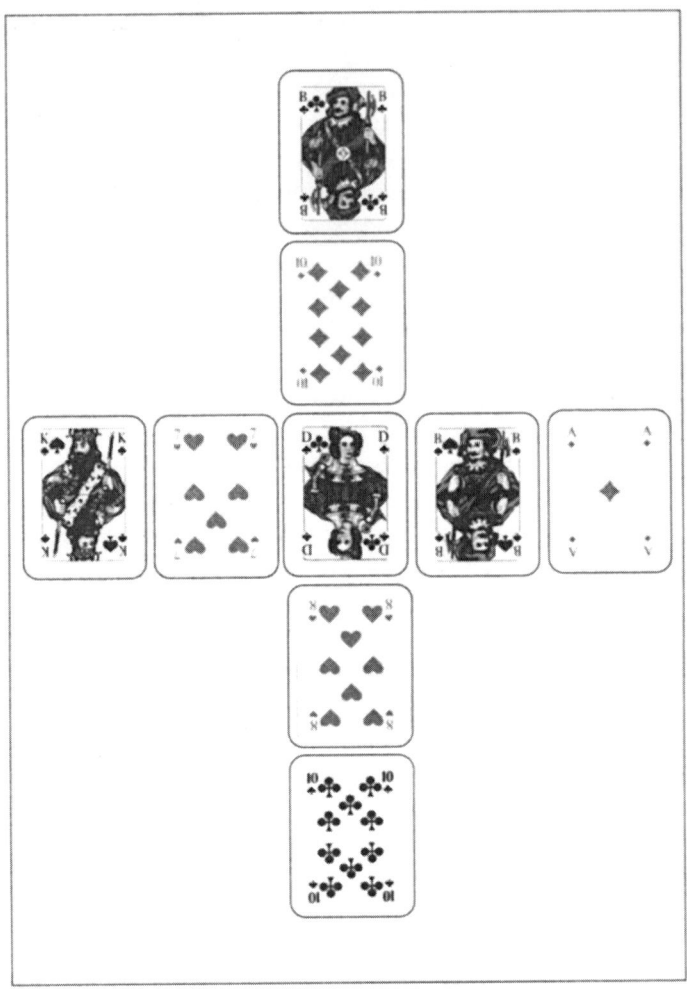

### Ein bißchen Phantasie gehört dazu

Und nun kombinieren und variieren Sie weiter! Nur ein bißchen Phantasie und viel Fingerspitzengefühl müssen Sie haben, um sich in die Lage einer Fragestellerin oder eines Fragestellers hineindenken zu können. Einer Neunzigjährigen, der Sie die Karten legen, werden Sie ja kaum etwas über Sex und körperliche Liebe erzählen und einem vor Gesundheit strotzenden jungen Mann wiederum nicht mit dem Altersstreß und seinen oft argen Folgen kommen wollen. Wer vor Publikum die Karten legt, sollte auf jeden Fall daran denken, nicht zu überdeutlich die Blätter auszulegen, damit nicht die Umstehenden hellhörig werden, die Fragestellerin (oder der Fragesteller) aber von einer Peinlichkeit in die andere gestürzt wird.

Das ernsthafte Kartenlegen, wie es erfahrene Kartomanten pflegen, ist nun einmal nur im Zwiegespräch ohne Zuschauer möglich. Trotzdem möchten wir Sie noch einmal warnen, vorsichtig vorzugehen und lieber mal etwas Bedrückendes wegzulassen, was die Karten Ihrer Meinung nach aussagen, als jemanden zu Tode zu erschrecken.

Das beste Rezept wäre sicherlich, erst einmal bei sich selbst anzufangen, für sich selbst die Karten auszulegen und nach ihrem Inhalt zu forschen, wenn man von der Ernsthaftigkeit solchen Tuns überzeugt ist. Dabei wird man an kleinen Details schon merken, ob wirklich stimmt, was aus den Karten herausgelesen wurde.

## Kartenlegen als Partyspaß

Wenn man aber mit seinem nun neugewonnenen Wissen vor anderen glänzen will, sollte man das Ganze als einen Partyspaß ansehen, mit dem man eine größere Gesellschaft prächtig unterhalten kann.

Und dazu wollen wir Ihnen zum Schluß noch ein paar Tips geben, die diesen Spaß noch erhöhen können und die natürlich genauso auf die Tarotkarten, auf die wir noch im nächsten Kapitel, dem Schlußkapitel dieses Buches zu sprechen kommen werden, anzuwenden sind:

*Ein paar Tips, die den Spaß erhöhen*

● Wenn Ihre „Versuchsperson" die Karten gemischt hat, auf Ihr Geheiß den Talon in der vorgeschriebenen Weise abgehoben hat und die Karten entsprechend ausgelegt wurden, bitten Sie die Anwesenden um absolute Ruhe, damit Sie sich konzentrieren können, und verschaffen sich zunächst schweigend einen Gesamtüberblick über die auf dem Tisch liegenden Blätter.
● Um die Spannung noch zu erhöhen, können Sie die Zuschauer bitten, ebenfalls zu schweigen, damit die Person, der Sie die Karten legen, aber auch Sie selbst sich ganz auf die Karten konzentrieren können.
● Nach diesen Schweigeminuten beginnt man ganz gemächlich mit dem Deuten der einzelnen Karten, die man zu anderen in Beziehung setzt.

● Sehr wichtig für das Gelingen des Abends ist der folgende, eigentlich selbstverständliche Hinweis, den man aber im Eifer, interessante Aussagen zu machen, leicht einmal vergessen kann! Denken Sie bei einer solchen öffentlichen Vorführung immer daran, daß Sie niemanden mit Ihren Äußerungen verletzen.

*Sie selbst haben die größte Freude*

● Wenn Sie den Partyspaß recht wortreich so vollführen, daß Ihr Publikum gebannt an Ihren Lippen hängt, werden Sie selbst vielleicht die meiste Freude an dem fröhlichen Spiel mit dem von Ihnen beschworenen Schicksal haben. Wir wünschen Ihnen gutes Gelingen!

# 20. Kapitel

# Tarot
# – der Zigeuner
# Schicksalsspiel

Immer größerer Beliebtheit erfreut sich in unseren Tagen das Wahrsagen mit Tarotkarten. Der Tarot, heißt es, sei schon im Land der Pharaonen, also dem alten Ägypten, bekannt gewesen, zumindest aber die 21 großen Arkanen (zu deutsch: Geheimnisse). Bereits im 3. Jahrtausend vor Christi Geburt läßt sich der Papyrus in Ägypten nachweisen, ein aus dem Stengelmark der Papyrusstaude fabrizierter Schriftträger, auf den die Ägypter zunächst mit einem schräg gekappten Binsenhalm, später mit einem Rohrhalm mit gespaltener Spitze ihre Hieroglyphen, die altägyptische Bilderschrift, ritzten.

*Schon die Pharaonen kannten den Tarot*

### Wer erfand den Tarot?

Antoine Court de Gébelin, 1725 in Nîmes geborener Theologe, Mystiker und Logenbruder Voltaires, wies in einem 1781 erschienenen Buch nach, daß die Ägypter den Tarot und damit das Kartenspiel erfunden haben müßten. Er las aus einigen ägyptischen Schriftzeichen heraus, daß zum Beispiel die Zeichnung der Karte II, der Hohepriesterin (französisch: La Papesse), identisch mit einer Hieroglyphe sei, die das Weihrauchfaß oder den Weihrauch selber bezeichnet, aber auch die Seele. Da der Weihrauch der Göttin Isis heilig war, die als Beherrscherin der Seelen gefeiert wurde, könne ein Bezug zu dem modernen Kartennamen hergestellt werden.

Ein katholischer Priester, der Philosoph Alphonse Louis Constant, unter seinem Pseudonym Eliphas Levi als Schriftsteller bekannt, widersprach dieser These: Nicht die Ägypter, sondern die Hebräer hätten den Tarot erfunden. Tatsächlich haben Juden bei der Erfindung der großen Arkanen mitgewirkt, zumal in gewissen Karten eine Verbindung zwischen der Kabbala, der mittelalterlichen jüdischen Geheimlehre, und dem Tarot augenfällig zu sein scheint. Aber letztendlich beweisen konnte Eliphas Levi seine Behauptung genausowenig wie jene, die dem Tarot indischen Ursprung zuschrieben.

## Die tarotgläubigen Bürger von Paris

Wie dem auch sei: Die ältesten uns überlieferten Tarotkarten entstanden Anfang des 15. Jahrhunderts in Italien, von wo sie vor allem nach Frankreich exportiert wurden, das heute zu den tarotgläubigsten Ländern der Erde zählt. Allein in Paris sollen sich mehr als eine Viertelmillion Menschen immer wieder den Tarot legen lassen.

Wir haben für unser Buch ein Tarot-de-Marseille ausgewählt, das 1760 gedruckt wurde und dessen Originalkarten heute in der französischen Nationalbibliothek in Paris aufbewahrt werden. Wir übersetzten nur die französischen Namen ins Deutsche und stilisierten die Zeichnung.

Das Spiel selbst besteht aus 78 Karten: dem Narren, den 21 großen und den 56 kleinen Arkanen. Mit diesen 78 Karten spielt man in Frankreich ein Spiel, bei dem die 21 großen Arkanen die Tarots, die Trümpfe, sind. Ähnlichkeit mit dem bayerischen Tarock hat ein anderes Spiel, das nur mit den kleinen Arkanen gespielt wird.

## Der Narr und die 21 großen Arkanen

Kartenwahrsager nehmen für ihre Kunst meistens nur den Narren und die 21 großen Arkanen her, deren Bedeutung wir noch ausführlich erklären werden. Im 18. Jahrhundert wurde der Tarot übrigens mehrfach verboten. Darüber war ein Kartenmaler so empört, daß er nicht nur aus dem Kartenblatt V, dem Hohepriester, „Le Pape" (den Papst) machte, sondern das Blatt II, die Hohepriesterin, in „La Papesse" (die Päpstin) umbenannte. Er hatte die Lacher auf seiner Seite. Und seitdem heißen die beiden Karten in Frankreich so, wie sie der humorige Maler taufte.

Übrigens haben Zigeuner der Provence sich Anfang des 19. Jahrhunderts des Tarot-de-Marseille angenommen. Ihre Auslegungen werden noch heute in tarotgläubigen Zirkeln verwendet. Und wohl darum wird der Tarot zu Recht das Schicksalsspiel der Zigeuner genannt.

✳

Selbstverständlich kann man Tarot-Karten nach einigen Kurzschemen auslegen, die wir im letzten Kapitel bei den Skatkarten kennenlernten. Wir wollen aber noch vier Auslegesysteme hinzunehmen, die nach alten Zigeunerpraktiken zusammengestellt wurden. Es handelt sich hierbei um Schemen, bei denen nur der Narr und die 21 großen Arkanen ausgelegt werden.

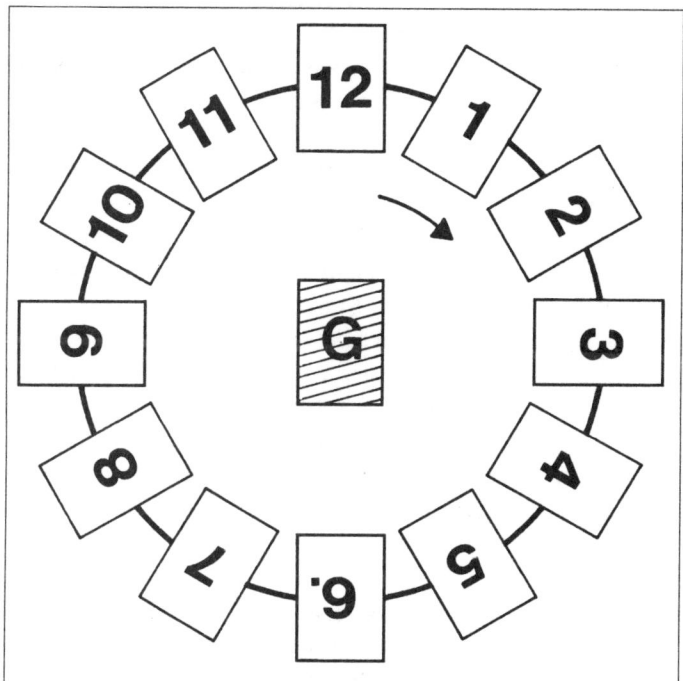

In der auf unserer Zeichnung gezeigten Reihenfolge wird die „Schicksalsuhr" ausgelegt, die von vielen Tarotgläubigen auch „Zauberrad" genannt wird, obwohl von Zaubern hier nicht die Rede sein kann. Die oberste Karte des Talons ist die Grundkarte (G)

### Die Schicksalsuhr

Wir mischen die 22 Karten, also den Narren und die 21 Arkanen, und lassen den Fragesteller in bewährter Manier abheben. Die oberste Karte ist dann die Grundkarte, die über die Tendenz der Gesamtauslage aussagen soll. Dann legen wir im Uhrzeigersinn die zwölf nächsten Karten im Kreis verdeckt um die Grundkarte.

Nun läßt man den, dem man die Schicksalsuhr legt, eine Frage stellen, die ihn zur Zeit brennend interessiert, und auf eine Karte deuten, mit der er zu beginnen wünscht. Der Kartenleger dreht diese Karte um, und zählt von ihr aus bis zum dritten verdeckten Bild, das er ebenfalls wendet. Von da aus zählt er noch zweimal bis drei und dreht diese Karten ebenfalls um.

Die Fragestellerin (oder der Fragesteller) sieht jetzt vier Karten offen daliegen, mit deren Bedeutung der Kartenleger die gestellte Frage beantworten wird, indem er genauso kombiniert, wie wir das beim Skatblatt kennengelernt haben.

Dabei beantwortet die erste Karte den Wunsch der oder des Fragenden, der hinter der Frage steht. Die zweite Karte deutet die Kraft an, die sich einer Wunscherfüllung entgegenstellt; die dritte sagt über die Unterstützung aus, die man bei der Lösung des Problems im guten Sinn erwarten kann; und die vierte Karte ist gewissermaßen das Ergebnis, das sich ergeben wird.

Da noch acht Karten verdeckt liegen, hat die Fragestellerin (oder der Fragesteller) noch zwei weitere Fragen frei. Dazu wird bei der zweiten Frage wieder auf eine Karte gedeutet und diese Karte gewendet, dann wird erneut bis drei gezählt und wie bei der ersten Frage verfahren. Bei der dritten Frage wird nur noch die Karte gezeigt, mit der der Kartenleger beginnen soll, worauf die letzten vier Karten umgedreht und gedeutet werden.

## Das Tarot-Doppelkreuz

Hier handelt es sich um eines der ältesten Auslegeschemen. Wir mischen wie bei der Schicksalsuhr die 22 Karten, und geben sie dann der (oder dem) Fragenden, die sie in dieser Reihenfolge offen auslegt:

● **Die 1. Karte** kommt in die Mitte. Sie beschäftigt sich mit der Gegenwart, also mit der augenblicklichen Lebenslage und auch der Persönlichkeit der fragenden Person.

● **Die 2. Karte** wird waagerecht über die 1. Karte gelegt, so daß sich ein kleines Kreuz ergibt. Hier ist die Familie der fragenden Person an der Reihe, ihre Umwelt und wie sie zu dieser steht. Die Karte kann meist auch beantworten, ob man in nächster Zeit persönliche Schwierigkeiten hat.

● **Die 3. Karte** wird – wie unser Schema zeigt – über die 1. Karte gelegt. Sie sagt über die jüngste Vergangenheit aus.

● **Die 4. Karte**, rechts neben die 2. Karte gelegt, soll über die weiter zurückliegende Vergangenheit der fragenden Person berichten und erhellen, welche Probleme sich daraus zur Zeit ergeben.
● **Die 5. Karte** liegt unter der 1. Karte. Auch sie beleuchtet die Vergangenheit der fragenden Person und läßt auf Ereignisse schließen, die irgendwie ihre Persönlichkeit geformt haben.
● **Die 6. Karte** kommt links neben die 2. Karte. Sie befaßt sich mit der Zukunft der fragenden Person.

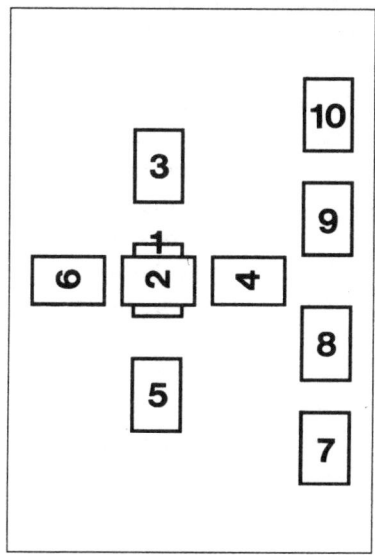

*Eines der ältesten Legeschemen ist das Tarot-Doppelkreuz, das aus sechs Karten gebildet wird. Die Karten 7 bis 10 sollen das gedeutete Bild nur abrunden*

Um festzustellen, was bei den Karten 2, 4 und 6 oben und unten ist, brauchen wir das Kreuz nur im Uhrzeigersinn zu drehen, so daß Karte 6 oben, Karte 4 unten liegt, Karte 2 in der Mitte.

Viele Kartomanten belassen es bei der Ausdeutung dieser sechs Karten, andere legen noch rechts daneben von unten nach oben vier weitere Karten aus, die das bisherige Bild vervollständigen sollen:
● **Die 7. Karte** wird die augenblickliche Position und die Haltung, wie die fragende Person zur Zeit zu den Dingen um sie herum steht, schildern.
● **Die 8. Karte** berichtet von ihrem persönlichen Einfluß im Beruf und von Problemen, die sich daraus ergeben könnten.
● **Die 9. Karte** soll über ihre Wünsche und Ängste aussagen, die möglicherweise in die Zukunft überspielt werden.

● **Die 10. Karte** ist praktisch das, was unter dem Strich bei allen vorhergegangenen Deutungen herauskommt – das Ergebnis, wie man zukünftig das Leben anfassen sollte, um vor sich und der Umwelt zu bestehen.

*Wie man die Konzentration der „Klienten" erhöht*

Auch hier kann man, um die Konzentration der Fragestellerin oder des Fragestellers auf die Einzelkarte, die gerade gedeutet wird, zu erhöhen, zunächst nur die erste Karte offen auf den Tisch legen, während die anderen Karten erst aufgedeckt werden, wenn sie an der Reihe sind.

### Das Drei-mal-drei-System

Die 22 Karten werden gemischt, in der bereits mehrfach beschriebenen Weise abgehoben und von der Fragestellerin oder dem

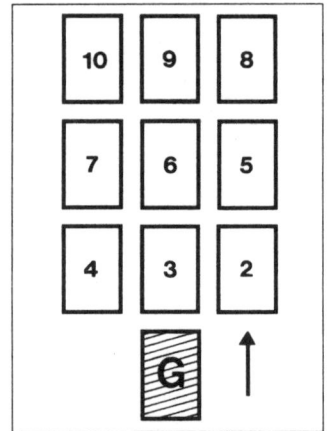

*Nach einer alten Zigeunerregel wird das Drei-mal-drei-System mit der linken Hand der Fragestellerin oder des Fragestellers ausgelegt; dabei ist die erste Karte die Grundkarte (G), die sich mit der Persönlichkeit und der Ausstrahlung des Fragenden auf die Umwelt beschäftigt*

Fragesteller mit der linken Hand (wenn schon, denn schon!) wie folgt ausgelegt:

● Die 1. Karte ist die Grundkarte, die sich mit der Persönlichkeit der fragenden Person und ihrer Ausstrahlung beschäftigt.

● Darüber legt man, vom Kartenleger aus gesehen, von rechts nach links die Karten 2, 3 und 4, die über die Vergangenheit Aussagen machen sollen. Es wird hier wie in den beiden nächsten Reihen also eine Dreierkombination gedeutet.

● Die darüberliegende Reihe mit den Karten 5, 6 und 7 berichtet über die gegenwärtige Situation des oder der Fragenden, deren Kenntnisse und derzeitige Möglichkeiten.

● Die letzte Reihe mit den Karten 8, 9 und 10 zeigt an, welche Ereignisse und Möglichkeiten der Fragestellerin oder dem Fragesteller die Zukunft bringen wird.

### Der große Stern

Wir kommen nun zu einem Tarot-System, bei dem alle 22 Karten ausgelegt werden, eine Figur, bei der die 21 großen Arkanen in Beziehung zur Personenkarte, dem Narren (Karte 0 oder XXII), gesetzt werden. Der Narr wird auf den Tisch gelegt. Nach Mischen und dem schon beschriebenen Abheben werden die 21 großen Arkanen in der aus unserer Zeichnung ersichtlichen Reihenfolge von 1 bis 21 ausgelegt.

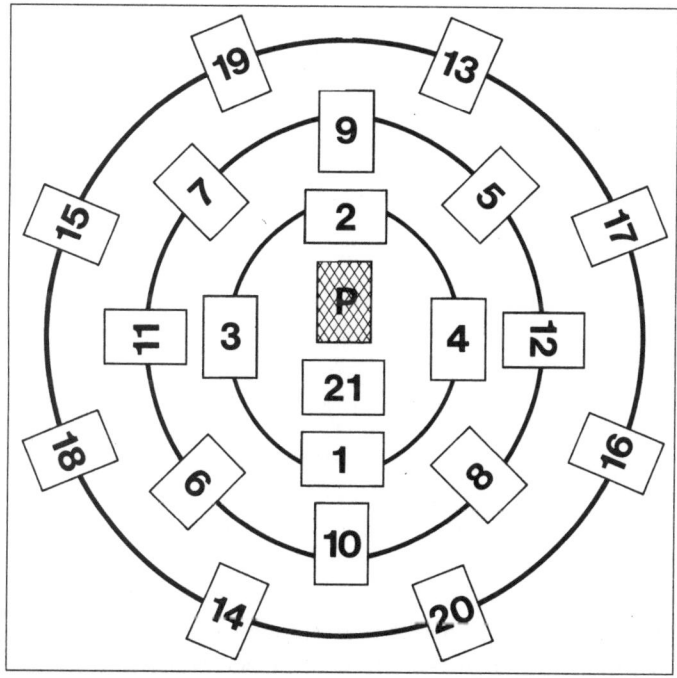

*Beim großen Stern werden die 21 großen Arkanen in Beziehung zur Personenkarte, dem Narren, gedeutet*

● Beim Deuten wird zuerst der innere Ring des großen Sterns in Beziehung zur Personenkarte, dem Narren, gesetzt. Und zwar sollen die Karten 1 bis 4 über das aussagen, was für den Fragenden in der augenblicklichen Situation wünschenswert wäre. Sie lassen auch erkennen, wie sich der „Kunde" zur Zeit fühlt.

● Der mittlere Ring des großen Sterns mit den Karten 5 bis 12 berichtet darüber, was in nächster Zukunft geschehen wird, welche Stellung die oder der Fragende einnehmen muß, um gut über die Runden zu kommen.

● Der äußere Ring des großen Sterns mit den Karten 13 bis 20 schildert, wie es der fragenden Person in einiger Zeit ergehen wird, ob ihre Zielsetzung richtig war und sie auch erreichen wird, was sie zur Zeit anstrebt.

● Die Karte 21 unter der Personenkarte beschreibt nicht nur die momentane Situation der Person, der man den großen Stern legt, sondern auch das Ziel, das sie sich für die Zukunft gesteckt hat.

Oben ist bei den Karten, die waagerecht im Kartenbild liegen, deren linke Seite.

*Auch der Generalüber blick ist wichtig*

Beim Deuten beginnt der Kartenleger am besten mit der ersten gelegten Karte eines Ringes und setzt sie in Beziehung zu der nächsten, diese dann mit der übernächsten und so fort. Anschließend folgt immer der Generalüberblick über die Kartenlage eines jeden Ringes.

So weit die Systeme, die wir beim Tarot verwenden können. Eines dieser Systeme werden wir am Schluß dieses Buches an Hand eines Beispiels noch einmal erläutern, damit Sie sehen, wie man die einzelnen Bedeutungen miteinander kombinieren kann.

## Bedeutung der einzelnen Karten

Auf den nächsten Seiten stellen wir nun in Wort und Bild den Narren und die 21 großen Arkanen und ihre Bedeutung vor, wie sie von den Zigeunern der Provence gefunden wurde.

Sehen wir uns zuerst die Karte 0 oder XXII, den Narren, an. Er schaut in die Weite und marschiert fröhlich drauflos, den Wanderstab in der Hand. All seine Habe hat er in einem kleinen Beutel bei sich. Ein Narr steht am Anfang des Tarots, und wenn er am Ende steht, ist es doch immer wieder ein Anfang: Die Welt ist groß und weit - ein Wandern von Ewigkeit zu Ewigkeit.

Der Narr wird oft als Personenkarte gelegt, und das wohl darum, weil der unbekannte Erfinder des Tarots dachte, daß die Welt ein Tollhaus sei, in dem wir Menschen die Narren spielen. Wir schauen in die Zukunft und können als Wanderer doch nicht über unseren Horizont hinausschauen.

| Der Narr | Gaukler | Hohepriesterin |

### Karte 0 oder XXII: Der Narr

Wo diese Karte erscheint, zeigt sie einen fröhlichen und begeisterungsfähigen Menschen, der freilich nicht allzu diszipliniert ist und das Leben lieber von der leichten Seite nimmt. Manchmal zeigt der Narr (französisch: Le Mat) auch die Veränderung einer Situation an, wobei – jeweils in Bezug auf die Nebenkarten – Gutes in Schlechtes und Schlechtes in Gutes verkehrt werden kann.

Steht der Narr auf dem Kopf, ist todsicher mit allerlei Verrücktheiten und Extravaganzen zu rechnen; hier tritt Unsicherheit zutage, man ist gefallen oder doch zumindest gehemmt. Die eigene Lage wird undurchschaubar. Man ist nervös, und das Schicksal spielt manchen Streich.

### Karte I: Der Gaukler

Dieser Gaukler (französisch: Le Bateleur) ist ein Zauberer, der alle Menschen verblüfft, eine starke Persönlichkeit mit praktischer Veranlagung. Manchmal greift er zur List, bleibt dabei aber immer diplomatisch. Sein Selbstvertrauen ist durch nichts zu brechen. Er ist ein ganz normaler Mensch, der sein Schicksal in die eigenen Hände nimmt.

*Ein Zauberer, der jeden verblüfft*

Steht der Gaukler auf dem Kopf, hat man heftigen Streit und manche Hindernisse zu erwarten, die man aber in persönlichem

Einsatz aus dem Wege räumen kann. In beiden Fällen ist der Gaukler also positiv zu werten. Von manchen Kartomanten werden diesem Blatt magische Kräfte nachgesagt, die sich auf Fragende übertragen könnten.

### Karte II: Die Hohepriesterin

*Eine Karte, die alles Schöne umreißt*

Das ewig Weibliche zieht uns hinan – die Hohepriesterin (französisch: La Papesse oder Junon) läßt das logische Denken bevorzugen. Man ist verantwortungsbewußt und immer für einen gerechten Vergleich zu haben. Sie steht auch für die gute Wendung eines Problems, überhaupt für alles Gute und Schöne, für Kunst und Wissenschaft, für den Geist und das Kunstverständnis der fragenden Person.

Steht die Hohepriesterin auf dem Kopf, kehrt sie manches, was wir eben beschrieben haben, ins Gegenteil. Dann ist sie streitlustig, ein bißchen verantwortungslos und nicht immer gescheit. Ein Fragesteller hat in diesem Falle Angst vor der eigenen Courage, wenn er einem weiblichen Wesen gegenübertritt. Eine Fragestellerin läßt sich, statt logisch zu denken, nur noch von ihren Gefühlen treiben und ist trotzdem nicht der alles überragenden Liebe fähig.

### Karte III: Die Herrscherin

Als Person ist die Herrscherin (L' Impératrice) eine weibliche Verwandte, die Mutter, Schwester oder Tochter. Sie tritt auch als selbstbewußte Chefin ins Bild. Es handelt sich meistens um eine sehr praktisch veranlagte Person, die hingebungsvoll an ihren Lieben hängt. Die Karte steht außerdem für typisch weibliche Tugenden. Man nimmt an allem Anteil, was Gefühl verlangt. Alles wird in die Praxis umgesetzt und zum guten Ende gebracht. Im übertragenen Sinn kann es sich manchmal um ein Liebesgeständnis handeln, das die fragende Person von einem bestimmten Menschen in ihrer Umgebung erwartet.

*Das Gefühl steht manchmal auf dem Kopf*

Auf dem Kopf stehend, ist die Herrscherin das gerade Gegenteil: Da wird von Faulheit, Gefühllosigkeit, Ängstlichkeit und manchmal sogar von Lieblosigkeit gesprochen. Die umgekehrte Karte fördert Nachbarklatsch und Geheimnisse, die nicht lange geheim bleiben werden. Manchmal wird auch von der ernsten Gefahr gesprochen, in den zwischenmenschlichen Beziehungen versagen zu können.

| Herrscherin | Herrscher | Hoherpriester |

### Karte IIII: Der Herrscher

Beim Herrscher (L' Empéreur) ist ein starker Mann gefragt, der sich durchsetzt und immer bereit ist, soviel wie nur möglich zu erreichen. Gefühl ist für ihn Frauensache. Er ist die Autorität, deren Willensstärke sich jedermann unterordnet. Mit dieser Karte gewinnt man an Geltung und oft auch an Geld. Man wird sich durchsetzen und – koste es, was es wolle – zielbewußt nach vorne streben. Aber: Man sollte stets erst nachdenken, bevor man handelt.

Steht der Herrscher auf dem Kopf, haben wir es mit einem labilen Typen zu tun, der manchmal noch an Mutters Rockzipfel hängt, ein Schwächling, der sich in allen Lebenslagen feige hinter anderen versteckt. Die umgekehrte Karte kann auch Geldverlust und schlechtes Planen bedeuten und auf eine Abkühlung intimer Beziehungen hinweisen.

### Karte V: Der Hohepriester

Mit dem Hohenpriester (Le Pape oder Jupiter) tritt ein netter Mensch ins Bild, immer freundlich und zuvorkommend.

Er strebt für sich und seine Mitmenschen die soziale Sicherstellung an, ist gefühlsbetont und einsichtig. Im übertragenen Sinn gewinnt man mit dieser Karte Lebenssicherheit. Man ist herzlich und erfreut sich großer Beliebtheit. Man strebt das voll-

Die Liebenden

Der Wagen

Gerechtigkeit

kommene Glück in Liebe und Ehe an. Übrigens stimmen mit dieser Karte meist auch die Finanzen.

Steht die Karte auf dem Kopf, wird vieles, was wir eben beschrieben haben, übertrieben dargeboten, aber es steckt nichts dahinter. Man kann hier von Schwierigkeiten reden, die sogar zum Ruin führen können. Man macht Bekanntschaften, die recht oberflächlich sind. Selbst ein guter Freund wird gern ausgenommen; enge Beziehungen halten nie lange.

### Karte VI: Die Liebenden

*Amor putscht die Leidenschaften hoch*

Amor schießt mit dem Pfeil und putscht die Leidenschaften hoch. Man will sich zusammentun. Alles Schöne drücken die Liebenden (Les Amoureux) aus – vor allem das Streben nach absoluter Harmonie und selbstloser Liebe. Man ist im Glück und peilt den persönlichen Erfolg an. Mit Leidenschaft verteidigt man seine Ehre (bei jungen Damen die Unschuld) und setzt Vertrauen gegen Vertrauen. Man ist erhaben über jedweden Zweifel.

Wenn die Liebenden auf dem Kopf stehen, kann das Ehestreit oder das Ende einer Liebesbeziehung bedeuten. Die umgekehrte Karte weist auf Egoismus hin, der es unmöglich macht, geliebt zu werden. Man zögert Probleme hinaus, bis sie sich von selbst erledigen. An der eigenen Unentschlossenheit scheitert manch hochfliegender Plan.

### Karte VII: Der Wagen

Der Wagen (Le Chariot) wird von zwei Pferden gezogen, die in entgegengesetzte Richtung streben. Man lernt verborgene Gegner oder schlechte Freunde kennen. Gute Taten bringen Tadel ein. Das Kartenbild zeigt einen Menschen, der alles erreicht hat, plötzlich aber blind in die Zukunft fährt. Manchmal läßt die Karte einen Umzug erahnen oder eine Reise ins Ungewisse. Es triumphiert die Oberflächlichkeit.

Steht die Karte auf dem Kopf, ist man wirklichkeitsfremd und versagt gerade dort, wo man eigentlich Erfolg haben müßte. Man ist auf der Flucht vor sich selbst, vor seinen Mitmenschen und vor jeder Verantwortung. Man geht planlos durchs Leben und verschwendet seine kostbare Zeit.

*Gute Taten bringen Tadel ein*

### Karte VIII: Die Gerechtigkeit

Bei der Karte der Gerechtigkeit (La Justice) triumphiert die Anständigkeit. Man lebt nach Recht und Gesetz. Jedes Ziel wird ausdauernd verfolgt, der Ellenbogen jedoch nicht eingesetzt. Man schließt nur Kompromisse, wenn man damit einem Menschen helfen kann, der in Not geriet. Das schafft Vertrauen. Da ist alles ausbalanciert: Das Gleichgewicht der Kräfte soll erhalten bleiben. Man ist auf Tradition bedacht, die freilich den Fortschritt nicht hemmen darf.

Steht die Karte auf dem Kopf, ist es mit der Gerechtigkeit nicht weit her, das Gleichgewicht ist gestört, es kommt zu ungerechtem Urteil, die Intoleranz schießt Blüten. Hier haben Lügen lange Beine, und das Zusammenleben mit anderen Menschen wird oft zur Qual. Noch so gute Pläne müssen aufgegeben werden. Manchmal geht auch ein Prozeß verloren. Man sieht: diese auf dem Kopf stehende Karte bringt in den meisten Fällen nur Verdruß.

*Lügen haben oft auch lange Beine*

### Karte VIIII: Der Einsiedler

Der Einsiedler (L' Hermite) ist ein Weiser, der nur seinem Gewissen folgt. Er lebt zurückgezogen von der lauten Welt und horcht in sich hinein. Mit anderen Worten: Man hat ein verschlossenes Wesen, schließt nur selten Freundschaften und bleibt selbst dem besten Freund gegenüber zurückhaltend. Oft steht der Sinn nach Trennung, nach Scheidung. Die Karte steht auch für die Intelligenz, aber ebenso für die Kritiklust eines Menschen. Die Grundtendenz heißt Verschwiegenheit: Man verschanzt sich hinter

Geheimnissen und schlägt im rechten Augenblick zu. Immer auf der Suche nach dem Stein der Weisen wird man seinen Weg machen.

Steht die Karte auf dem Kopf, zeigt man falschen Stolz und nimmt noch so gut gemeinte Hilfestellung nicht an. Man ist ein bißchen unbesonnen, läßt andere gern auf sich warten und verschließt sich gegenüber allem, was eigentlich hilfreich und nützlich wäre. Manchmal rennt man blind in ein Unheil, weil man erst im nachhinein denkt.

### Karte X: Das Schicksalsrad

*Am Ende stürzt man doch ab*

Das Schicksalsrad (La Roue de Fortune) dreht sich für Mensch und Tier. Man klammert sich daran und stürzt am Ende doch ab. Die Karte steht für die eigene Lebensführung, für rasche Abänderung gefaßter Pläne und für den Hochmut, der zu Fall kommen kann. Im allgemeinen ist sie jedoch positiv zu deuten, wenn eine andere positive Karte neben ihr liegt. Aber sie kann manches auch ins Negative verkehren. Hier wird das Auf und Ab des Lebens geschildert und auf die Tatsache hingewiesen, daß man am Ende gegen sein Schicksal machtlos ist.

Steht das Rad auf dem Kopf, ist von plötzlichem Unglück die Rede, man versagt, stellt sich wider besseres Wissen taub und verkennt vor allem die eigene Lage.

Einsiedler

Schicksalsrad

Die Kraft

### Karte XI: Die Kraft

Die Kraft (La Force) deutet an, daß man mit Löwenmut sein Schicksal zwingen wird. Man ist anderen geistig überlegen, sorgt aber auch dafür, daß man körperlich fit bleibt. Tatkräftig geht man Probleme an und löst sie im Handumdrehen. Wer so handelt, den muß man lieben, der wird selbst von Gegnern verehrt. Trotz kämpferischer Grundhaltung ist man für den Frieden, für den Ausgleich in allen Lebenslagen.

*Mit Löwenmut das Schicksal zwingen*

Das gerade Gegenteil ist der Fall, wenn die Karte auf dem Kopf steht. Dann ist man eher ein Schwächling, der sich im Beruf nicht so recht durchsetzen kann, der berühmte Pantoffelheld (oder eine schwache Frau) in den eigenen vier Wänden. Ohne jedes Engagement läßt man alles mit sich und den Seinen geschehen. Nur den noch Schwächeren gegenüber ist man stark und spielt sich ihnen gegenüber auf.

### Karte XII: Der Gehenkte

Vom Sich-Hängenlassen ist beim Gehenkten (Le Pendu) die Rede und von mangelnder Risikobereitschaft. Es wird alles so hingenommen, wie man es vorgesetzt bekommt. Man versucht gar nicht erst, sich gegen das Schicksal mal aufzulehnen. Oft ist man auch gerade durch eine Talsohle des Lebens geschritten und wartet geduldig ab, weil es eigentlich ja nur noch besser werden kann.

Gehenkter

Der Tod

Mäßigung

Das wäre dann die positive Aussage dieser Karte. Sie rät von augenblicklichen Geldanlagen ab, weil der Erfolg ausbleiben würde.

Die auf dem Kopf stehende Karte spricht von enttäuschten Hoffnungen und nicht in Erfüllung gehenden Träumen. Man stellt die Frage nach dem Sinn des Lebens und resigniert.

### Karte XIII: Der Tod

*Hier ist vom Lebensende nicht die Rede*

Beim Tod (La Mort) ist weniger vom Lebensende die Rede als vielmehr von etwas Abgestorbenem, das man notwendigerweise aufgeben mußte, um nicht ins Schleudern zu geraten. Die Karte deutet auf das Ende von familiären und persönlichen Schwierigkeiten, ebenso auf die Veränderung des eigenen Personenstands hin, vielleicht sogar auf eine Hochzeit, die ja das Ende der Junggesellenzeit bedeutet. Schlimme Gewohnheiten werden hier abgelegt und müssen besserer Einsicht das Feld räumen. Nur in einigen wenigen Fällen kann die Karte auch eine Krankheit signalisieren, die eine Lebensweise beschließt, bei der man Raubbau mit dem eigenen Körper trieb. Natürlich ist der Tod das Sinnbild für die Vergänglichkeit alles Irdischen.

Steht der Tod auf dem Kopf, gilt das als ein Zeichen dafür, daß man seinen augenblicklichen Lebensstil nicht verändern möchte. Man will weiterwursteln, sich allem fügen, was da kommen mag. Manchmal verspricht die auf dem Kopf stehende Karte auch Genesung nach langer Krankheit.

### Karte XIIII: Die Mäßigung

*Immer auf den Ausgleich bedacht*

Mit dem Bild der Mäßigung (La Tempérance) ist man immer auf den Ausgleich bedacht und versucht, auch seine Feinde zu verstehen oder aus eigenem Falschverhalten die Lehren zu ziehen. Meistens geht man in eine glückliche Zukunft. Negativ macht sich bemerkbar, daß in vielen Situationen der Antriebsmotor fehlt, mit dessen Hilfe man Konkurrenten überholen könnte. Und deshalb wohl steht die Karte auch für zu große Bescheidenheit, die freilich mit einer von Herzen kommenden Freundlichkeit gepaart ist.

Steht die Karte auf dem Kopf, wird ein etwas mürrischer Menschentyp geschildert, der sich am liebsten mit aller Welt anlegen möchte. Was die anderen tun und lassen, ist ihm gleichgültig. Die umgekehrte Karte steht für Wünsche, die niemals erfüllt werden können, ja sogar für Potenzschwierigkeiten. Sie beleuchtet manchmal die Verzweiflung in der Liebe, weil der, den man liebt, jemand anderen mag.

### Karte XV: Der Teufel
Alle Unannehmlichkeiten dieser Welt sind in diese Karte vom Teufel (Le Diable) verpackt. Sie schildert den Menschen, der es kaum zu etwas bringen und immer vor anderen buckeln wird, weil er es einfach nicht versteht, etwas aus sich zu machen. Der Teufel kündet Unheil an. Das können finanzielle Tiefschläge sein, persönliche Abgründe und schlechte Einflüsse, denen man in seiner Umwelt nachgibt. Manchmal läßt der Teufel auch auf eine Krankheit schließen.

*Er buckelt vor anderen und kündet Unheil an*

Steht der Teufel auf dem Kopf, gibt sich mancher ausgelassen dem Triebleben und allen irdischen Freuden hin. Man überwindet Angstzustände, gibt sich freier und entschlossener. Man räumt Unangenehmes beiseite und will das Schicksal zwingen, auch wenn es einem übel mitgespielt hat. Die umgekehrte Karte steht ebenso für einen eingebildeten Kranken.

### Karte XVI: Die Zerstörung
Auf der Karte von der Zerstörung (La Maison de Dieu, wörtlich übersetzt: das Gotteshaus) stürzt ein Turm in sich zusammen

Der Teufel

Die Zerstörung

Der Stern

und reißt alles mit sich in die Tiefe. Im übertragenen Sinne steht man nach einem Zusammenbruch vor einer völlig neuen Situation, muß von unten anfangen und sich allmählich wieder hinaufarbeiten. Man verändert sein Leben gewissermaßen um 180 Grad, bricht mit der Tradition. Mit der Karte wird ein Liebesverhältnis auf eine neue Basis gestellt, nur manchmal ist von dem Bruch einer bestehenden Verbindung die Rede. In jedem Fall aber wird man, wenn diese Karte aufgelegt wird, etwas verlieren, im schlimmsten Fall die Existenz, die man sich selber aufgebaut hat.

Steht die Karte auf dem Kopf, geschieht nichts, was Spannungszustände im Leben hervorrufen könnte. Die Langeweile packt den, der die Karte so aufliegen hat. Er ist kaum in der Lage, sich in die Diskussion anderer einzuschalten. Hier ist von Stillstand, von Monotonie die Rede.

### Karte XVII: Der Stern

*Wenn die Sterne günstig stehen …*

Wo der Stern (L'Étoile) aufgelegt wird, ist das Glück nie weit: Die Sterne stehen günstig! Mit dieser Karte soll die Verbindung der Kartomantie mit der Astrologie aufgezeigt werden. Von Geburt an hat man die Hoffnung, daß alles sich zum Besten wenden wird. Auch Liebesglück wird versprochen. Man geht in der Familie auf und ist mit sich zufrieden.

Steht die Karte auf dem Kopf, verscherzt man sich manche Möglichkeit zu einer Besserstellung. Hoffnungen werden enttäuscht. Man ist mit nichts zufrieden und nörgelt gern an allem und jedem herum. Pläne werden gemacht, um gleich darauf wieder umgestoßen zu werden. Man setzt sich ins Zwielicht und oft auch ins Unrecht. Das Verhältnis zur Umwelt ist gestört.

### Karte XVIII: Der Mond

Auch der Mond (La Lune) nimmt auf die Astrologie Bezug, was aus dem abgebildeten Tierkreiszeichen Krebs ersichtlich ist, dessen Beherrscher ja der Mond ist. Hier lernt man einen Menschen kennen, der alles hinauszögert, der aber mit viel Gefühl seinen Mitmenschen gegenübertritt. Die eigenen vier Wände sind seine Welt. Manche Kartomanten deuten den Mond als Unglückskarte, weil er oft Enttäuschungen verspricht. Man gelangt in Situationen, aus denen es nur einen Ausweg zu geben scheint, wenn man mit Lügen und üblen Tricks arbeitet. Die Karte spricht auch von

Skandalen, von Verrat und Diffamierung. Die positive Grundtendenz erhellt aber daraus, daß manche Menschen aus einer unglücklichen Lage geläutert hervorkommen und aus ihren Erfahrungen sehr wohl lernen. Oft werden seltsame Vorahnungen mit
diesem Blatt angezeigt.

*Trotz allem:
positive
Grund-
tendenz*

    Steht der Mond auf dem Kopf, wird man kaum große Fehler
machen und stets rechtzeitig vorsorgen. Zwar kommt man mal
in eine etwas mißliche Lage, wird sich aber immer wieder frei-
strampeln. Die umgekehrte Karte steht auch für heimliche Liebe
und süße Geheimnisse.

### Karte XVIIII: Die Sonne

Die Sonne (Le Soleil) ist die Erfolgskarte schlechthin. Auf allen
Wegen wird sie scheinen, die Liebe wird blühen und der Berufserfolg sicher sein. Dem Glück sind keine Grenzen gesetzt. Man
tut allerdings auch etwas dafür: Man setzt sich ein, um seine
Verhältnisse zu verbessern, und arbeitet wie ein Wilder, was dann
freilich Streß im Gefolge hat. Die Karte umschreibt ebenso die
Liebe auf den ersten Blick. Alle, für die diese Karte aufgelegt wird,
haben auf jeden Fall eine positive Einstellung zum Leben.

*Die Erfolgs –
und Glücks-
karte des
Tarots*

**Der Mond**

**Die Sonne**

    Steht die Sonne auf dem Kopf, bedeutet das genau das Umge-
kehrte von dem, was wir eben beschrieben haben. Hier ist Lie-

besleid angesagt, die Finanzen verschlechtern sich, nur mühsam kann man sich durchrackern. Das meiste, was man plant, ist zum Scheitern verurteilt, weil es nicht gründlich genug vorbereitet wurde. Ein Leben großer Mühen wird in den meisten Fällen schlecht gelohnt.

### Karte XX: Das Gericht

*Rechenschafts-*
*bericht über*
*das eigene*
*Leben*

Mit dem Gericht (Le Jugement) ist wohl das Jüngste Gericht gemeint, das die guten von den bösen Menschen scheidet. Hier wird gewissermaßen ein Rechenschaftsbericht gegeben über das Leben der fragenden Person. Die Karte verspricht nur den aufrechten Typen Glück und Erfolg, den anderen aber das Zurückfallen in ein Nichts. Manchmal ist auch von einem Vermögensverlust die Rede, der aber immer auf eigenem Verschulden gründet. Die Gerichtskarte fordert auf, sich selbst zu erkennen und daraus die Lehren für die Zukunft zu ziehen.

Steht sie auf dem Kopf, kommt selbst der Gerechte ins Schleudern. Das Leben ist schwer. Jeder Erfolg muß hart erkämpft wer-

**Das Gericht**

**Die Welt**

den, aber niemand weiß, ob er ihn auch erreicht. Man ist gewissermaßen im Wartestand, der jedoch im allgemeinen die Hoffnung zuläßt, daß sich eigentlich alles nur noch zum Besseren wenden kann.

### Karte XXI: Die Welt

Die Welt (Le Monde) umschreibt das Resultat unserer Bemühungen. Wer diese Karte aufgelegt hat, dem braucht es um den
Erfolg nicht bange zu sein. Sie ist die stärkste unter den großen
Arkanen und kann schlechte Aussagen anderer Blätter ins gerade Gegenteil verkehren. Hier ist stets von einem glückhaften
Abschluß eines Lebensabschnittes die Rede. Das kann etwa eine
bestandene Prüfung, die Beförderung im Beruf oder eine finanziell vorteilhafte Heirat sein. Auf jeden Fall ist die Karte immer
wieder positiv zu werten.

*Die stärkste unter den großen Arkanen*

Steht sie auf dem Kopf, wirkt sie deutlich negativ – etwa so:
Eine Prüfung wird nur mit Mühe bestanden oder muß wiederholt werden, das erhoffte Glück im Spiel verschlingt das eigene
Geld, und aus der erhofften reichen Heirat wird nichts. Die umgekehrte Karte steht mithin für die Enttäuschung, die das Leben
mit sich bringt, und für die Unfähigkeit, sich selbst an die Kandare
zu nehmen. Zu gern gibt man anderen die Schuld am eigenen
Versagen.


## Beispiel: Das Tarot-Doppelkreuz

Um Ihnen ein Beispiel zu geben, wie man ein Auslegesystem der
großen Arkanen deutet, haben wir hier das Tarot-Doppelkreuz-
System gewählt.

Die Fragestellerin war in diesem Fall die gutaussehende Maria
U. (44 Jahre alt, geschieden, keine Kinder).

Sie erzählte uns, sie habe nach Jahren der „Abstinenz" einen
neuen Freund gefunden, der acht Jahre jünger sei als sie und sie
unbedingt sofort heiraten wolle. Sie habe ihn gern, hege aber
wegen seines Alters Bedenken. Ihr geschiedener Ehemann (52),
von dem sie sich „in aller Freundschaft" getrennt habe, lebe seit
drei Jahren mit dem „Scheidungsgrund", einem heute 35jähri-
gen Mannequin, zusammen. Obwohl er bei einer Wiederverheiratung seiner Exfrau aller Zahlungsverpflichtungen ihr gegenüber ledig wäre, habe er ihr geraten, den acht Jahre jüngeren
Freund nicht zu heiraten, der Altersunterschied sei zu groß.

*Ihr Freund ist acht Jahre jünger*

Nach den Formalitäten, also dem gründlichen Mischen und
Abheben der 22 Karten, gingen wir nach dem am Anfang dieses Kapitels geschilderten Legeschema des Tarot-Doppelkreuzes
vor. Und das kam bei der Kartenlage heraus:

Das Tarot-Doppelkreuz legten wir einer 44jährigen geschiedenen Frau, der von einem acht Jahre jüngeren Mann ein Heiratsantrag gemacht wurde. Ihre Frage an die Karten: Soll sie diese neue Bindung eingehen oder nicht?

● **Karte 1** beschäftigt sich mit Marias augenblicklicher Lage (Karte VIIII: Der Einsiedler): Die 44jährige steht an einem Wendepunkt in ihrem Leben, aber sie weiß nicht recht, ob sie dem spontanen Antrag ihres Freundes oder dem Rat ihres Exmannes folgen soll. Sie ist überdrüssig, allein zu sein, worauf ihre Aussage „nach Jahren der Abstinenz" hinweist.

296

● **Karte 2**, die waagerecht auf die Karte vom Einsiedler gelegt wird, schildert, wie Frau U. zu ihrer Umwelt steht (Karte XVIIII: Die Sonne, die richtig liegt, weil bei den waagerecht liegenden Karten der obere Rand stets links ist): Maria stört sich nicht daran, was die Leute zu ihrer Liaison sagen. Sie liebt den jüngeren Mann; im tiefsten Inneren wird sie sich schon mit dem Gedanken an eine Wiederverheiratung beschäftigt haben. Sie will aber nicht, daß ihr die Gefühle über den Kopf wachsen, weshalb sie ihren Exmann nach seiner Meinung fragte.

*Sie liebt den jüngeren Mann aus vollem Herzen*

● **Karte 3** sagt über die jüngste Vergangenheit und die derzeitigen Möglichkeiten aus (Karte XVIII: Der Mond verkehrt): Die 44jährige wollte sich freimachen von allen Bindungen, die ihr schon einmal das Leben vergällten. Aber dann kam der neue Freund und stellte mit seinem Antrag alle ihre Pläne für die Zukunft auf den Kopf und in Frage, zumal er dem auf viel Gefühl basierenden Verhältnis durch seinen Heiratsantrag eine feste Grundlage geben will.

● **Karte 4** weist auf die weiter zurückliegende Vergangenheit hin, aber auch darauf, welche Probleme sich aus ihr ergeben (Karte XIII: Der Tod verkehrt): Maria hat sich durch den Schock, ausgelöst durch die Liebe ihres Mannes zu einer anderen Frau und die nachfolgende Scheidung, wohl sehr einsam gefühlt. Lange Zeit wollte sie den Lebensstil einer von allem abgeschotteten Frau beibehalten. Plötzlich jedoch bekommt ihr Leben einen neuen Inhalt.

● **Karte 5** läßt auf Ereignisse schließen, welche die Persönlichkeit der Fragestellerin geformt haben (Karte VII: Der Wagen): Frau U. schien alles im Leben erreicht zu haben, was sie sich erträumte. Die lebenslustige Dame hatte blind auf die Zukunft vertraut. Da gestand ihr der Ehemann den ernsthaften Seitensprung. Sie entschied sich sofort dazu, daraus die Konsequenzen zu ziehen, zog aus dem gemeinsamen Heim aus und stellte ihr Leben auf eigene Füße.

*Sie hatte blind auf die Zukunft gebaut*

● **Karte 6** befaßt sich mit der Zukunft (Karte VI: Die Liebenden): Trotz aller Zweifel strebt Maria nach absoluter Harmonie, die sie in dem Verhältnis mit dem jüngeren Freund zu finden hofft. Gewiß erscheint auch ihr der Altersunterschied ungewöhnlich, im Grunde ihres Herzens jedoch ist ihre Entscheidung für den acht Jahre Jüngeren schon gefaßt. Der Rat ihres Exmannes ließ sie nur kurz unschlüssig werden.

## Die Bestätigung des Kartenbildes

Um das Bild zu vervollständigen, legten wir auch noch die vier weiteren Karten aus, um zu erfahren, ob das, was bei dem eigentlichen Doppelkreuz herauskam, bestätigt wurde:

● **Karte 7** schildert die augenblickliche Haltung der Fragestellerin (Karte I: Der Gaukler): Das selbstbewußte Verhalten der 44jährigen überzeugt sehr. Sie hat ihr Schicksal in die eigenen Hände genommen und setzt sich über alle Vorurteile hinweg, um wieder glücklich zu sein – mögen die Leute auch noch so sehr über das „unmögliche" Verhältnis lästern.

● **Karte 8** spricht von den Problemen, die sich aus dem jetzigen Verhalten ergeben (Karte III: Die Herrscherin verkehrt): Natürlich hängt Maria U. der Illusion nach, daß die neue Ehe ganz anders, nämlich liebevoller verlaufen würde als die erste. Aber sie verdrängt den Gedanken, daß ihr Verhältnis von näheren Anverwandten oder Nachbarn mit scheelen Augen betrachtet werden könnte.

*Was geht Maria ihre Umwelt an?!*

● **Karte 9** sagt über Wünsche und Ängste aus, die in die Zukunft überspielt werden könnten (Karte XIII: Die Mäßigung): Was geht Maria ihre Umwelt an?! Sie will vor sich selbst bestehen und ihrem Freund eine gute Frau sein. Kleinliche Ehekräche, die ihre erste Ehe zeitweise verdüsterten, stehen nicht auf ihrem Zukunftsplan. Sie will als wissende Frau über den Dingen stehen und mehr Verständnis für den zukünftigen Ehemann aufbringen als für ihren geschiedenen; denn auch sie hat aus eigenem Fehlverhalten gelernt. Schließlich weiß sie, daß in einer Ehe nie einer allein Schuld an einer Trennung trägt.

● **Karte 10** deutet den weiteren Lebensweg an (Karte X: Das Schicksalsrad): Da die vorherige Karte Positives aussagt, kann auch das Schicksalsrad positiv gedeutet werden. Frau U. wird jedenfalls das Beste aus der gemeinsamen Zukunft mit dem acht Jahre jüngeren Freund machen. Das Verhältnis wird sich festigen. Die Liebe der beiden wird alles überwinden, was sich ihnen entgegenstellt. Maria wird glücklich werden.

Unsere Begegnung mit Maria liegt einige Jahre zurück. Ab und zu trafen wir sie wieder. Sie erschien uns als ausgeglichener, fröhlicher Menschentyp, der in der Ehe mit dem jüngeren Mann selbst jung geblieben und eigentlich – so scheint es uns – noch attraktiver geworden ist.

✳

Kleine Anmerkung zum Schluß: Vergleichen Sie doch einmal, wie wir die Bedeutung der einzelnen Karten ins Bild des Tarot-Doppelkreuzes umgesetzt haben. Gerade daraus können Sie für eigene Versuche lernen, wie man mit viel Phantasie auf eine vernünftige Schlußfolgerung kommen kann.

Aber seien Sie vorsichtig, wenn Sie die Karten anderen legen: Diese könnten möglicherweise nicht so Positives aussagen wie in unserem Beispiel.